PONS

Reisewörterbuch Polnisch

bearbeitet von
Janusz Hoppe
Waldemar Klemm

Ernst Klett Verlag GmbH
Stuttgart Düsseldorf Leipzig

Bildquellen

Bundesverband Selbsthilfe Körperbehinderter, Krautheim: 57; G. Herrmann u. C. Haug, Heilbronn: 21, 37, 41, 53, 65, 87, 89, 91, 95, 137; Ifa, Stuttgart: 27, 75, 97, 103, 109, 111, 116; LOT, Frankfurt/M.: 40; R. Schaupp, Augsburg: 49, 107; M. Schemberger, Stuttgart: 125; Wolpert und Strehle, Fotodesign, Stuttgart: 11

Karten vordere und hintere innere Umschlagseiten: Polnisches Fremdenverkehrsamt, Berlin

PONS Reisewörterbuch
Bearbeitet von:
Janusz Hoppe
Dr. Waldemar Klemm

Redaktion:
Barbara Pflüger
Regina Reinboth-Kämpf

Die Deutsche Bibliothek – CIP-Einheitsaufnahme
Ein Titeldatensatz für diese Publikation
ist bei der Deutschen Bibliothek erhältlich

1. Auflage 2000 - Nachdruck 2001

Internet: www.pons.de
E-mail: info@pons.de
Umschlaggestaltung: Ira Häußler, Stuttgart; Erwin Poell, Heidelberg
Layout und Satz: Fotosatz Kaufmann, Stuttgart
Reproduktionen: Günther Piltz, Stuttgart
Druck: Druckhaus Münster
Printed in Germany

ISBN 3-12-518171-2

INHALT

Aussprache

Buch-stabe	Laut-zeichen	Aussprache	Beispiel
	[˜]	bedeutet, dass der Laut nasal ist	
	[ˌ]	bedeutet, dass der vorhergehende Konsonant erweicht wird	
	[͡]	bedeutet sehr enge Verbindung beider gekennzeichneter Teile des Lautes	
a	[a]	wie das kurze a in Ball	brat (Bruder) [brat]
ą	[ɔ̃]	nasales o, wie on in Bonbon	wąsy (Schnurrbart) [vɔ̃sɨ]
b	[b]	wie b in Bus	bar (Bar) [bar]
c	[t͡s]	wie z in Zeit	co (was) [t͡sɔ]
ć, ci	[t͡ɕ]	weiches tsch	robić (machen) [rɔbˈit͡ɕ] ciasny (eng) [t͡ɕasnɨ]
cz	[t͡ʃ]	wie tsch in Tscheche	czas (Zeit) [t͡ʃas]
d	[d]	wie d in denn	dom (Haus) [dɔm]
dz	[d͡z]	wie eine enge Verbindung von d + stimmhaftem s	dzwonić (anrufen) [d͡zvɔɲit͡ɕ]
dź, dzi	[d͡ʑ]	weiches dsch	dzień (Tag) [d͡ʑɛɲ] dźwięk (Laut) [d͡ʑvˌɛ̃k]
dż	[d͡ʒ]	wie j im engl. John	dżem (Marmelade) [d͡ʒɛm]
e	[ɛ]	wie das kurze offene e in Ecke	krem (Creme) [krɛm]
ę	[ɛ̃]	nasales e wie in Cousin	często (oft) [t͡ʃɛ̃stɔ]
f	[f]	wie f in fest	fala (Welle) [fala]
g	[g]	wie g in beugen	góra (Berg) [gura]
gi	[ɟ]	weiches g	giełda (Börse) [ɟɛwda] drogi (teuer, lieb) [drɔɟi]
h, ch	[x]	wie ch in ach	hamulec (Bremse) [xamulɛt͡s], choroba (Krankheit) [xɔrɔba]
i	[i]	wie i in wir	wino (Wein) [vˌinɔ]
j	[j]	wie j in jawohl	ja (ich) [ja]
k	[k]	wie k in kochen	koło (Rad) [kɔwɔ]

ki	[c]	weiches k	kieszeń (Tasche) [cɛʃɛɲ] kino (Kino) [cinɔ]
l	[l]	wie l in leicht	lato (Sommer) [latɔ]
ł, u nach Vokal	[w]	wie u in Auto	ładny (schön) [wadnɨ] auto [awtɔ]
m	[m]	wie m in Mutter	matka (Mutter) [matka]
n	[n]	wie n in Nord	nos (Nase) [nɔs]
n	[ŋ]	wie n in Bank	bank (Bank) [baŋk]
ń, ni	[ɲ]	wie gn in Cognac	koń (Pferd) [kɔɲ] nie (nein) [ɲɛ]
o	[ɔ]	wie o in Block	oko (Auge) [ɔkɔ]
p	[p]	wie p in Post	potem (danach) [pɔtɛm]
r	[r]	Zungenspitzen-r	rok (Jahr) [rɔk]
s	[s]	wie s in Kost	sen (Traum) [sɛn]
sz	[ʃ]	wie sch in Schule	szafa (Schrank) [ʃafa]
ś, si	[ɕ]	weiches sch	śpiew (Gesang) [ɕpjɛf] siostra (Schwester) [ɕɔstra]
t	[t]	wie t in Tag	to (das) [tɔ]
u, ó	[u]	wie u in plus	tu (hier) [tu] góra (Berg) [gura]
w	[v]	wie w in Westen	wagon (Wagen) [vagɔn]
y	[ɨ]	wie i in bin	typ (Typ) [tɨp]
z	[z]	wie s in Sommer	zamek (Schloss) [zamɛk]
ź, zi	[ʑ]	stimmhafte Entsprechung zu ś, si	źle (schlecht) [ʑlɛ] zioło (Kraut) [ʑɔwɔ]
ż, rz	[ʒ]	wie j in Journal	może (vielleicht) [mɔʒɛ] morze (Meer) [mɔʒɛ]

Besonderheiten der Aussprache

- Die Vokale werden in der Regel kurz und offen ausgesprochen.
- Doppelvokale und Doppelkonsonanten werden immer als zwei Laute ausgesprochen: netto [nɛttɔ], Anna [anna], idee [idɛɛ].
- Das Polnische besitzt drei Arten von Konsonanten: harte, weiche und erweichte. Die beiden letzten sind im Deutschen unbekannt. Die Besonderheit der weichen Konsonanten (ś/si, dź/dzi, ń/ni, ć/ci, ź/zi) besteht darin, dass bei der Artikulation die Zunge gegen den harten Gaumen (Palatum) drückt und eine Enge bildet. Die Palata-

lität wird in der Schrift vor Vokalen mit dem Buchstaben i, vor Konsonanten und am Wortende mit dem Akzent gekennzeichnet. Vor dem i wird die Palatalität nicht extra gekennzeichnet.
Zu den weichen Konsonanten gehören auch ki, gi, chi/hi. Bei ihrer Artikulation drückt die Zunge gegen den hinteren Teil des Gaumens (Postpalatum). Orthographisch wird die Palatalität mit dem Buchstaben i markiert.
Zu den erweichten Konsonanten zählen bi, fi, mi, pi, wi, die nur vor Vokalen vorkommen. In der Schrift wird die Erweichung durch die Verbindung des Konsonanten mit i erreicht. Vor i wird die Erweichung nicht extra gekennzeichnet.

- Vor stimmlosen Konsonanten sowie am Wortende werden stimmhafte Konsonanten stimmlos: babka (Großmutter) [bapka], grzyb (Pilz) [gʒɨp].
  Stimmlose Konsonanten werden vor stimmhaften – mit Ausnahme von w und rz – stimmhaft: prośba (Bitte) [prɔʑba].

Hinweise zur Betonung:

- Die Betonung im Polnischen ist feststehend und liegt auf der vorletzten Silbe. Zahlreiche Wörter griechischer und lateinischer Herkunft werden auf der drittletzten Silbe betont. Manche Verbformen (des Präteritums und des Konjunktivs) werden auf der drittletzten oder viertletzten Silbe betont.

Hinweise zum Wörterbuchteil und zu den Wortlisten:

- Die männlichen Substantive enden meistens auf einen Konsonanten, die weiblichen auf -a, die sächlichen auf -o oder -e. Bei Abweichungen von dieser Regel – z. B. jesień *f* (Herbst), muzeum *n* (Museum) – wird das Geschlecht angegeben. (Beim natürlichen Geschlecht wird jedoch auf die Angaben verzichtet.)

Das polnische Alphabet

A	a	[a]	I	i	[i]	R	r	[ɛr]
	ą	[ɔ̃]	J	j	[jɔt]	S	s	[ɛs]
B	b	[bɛ]	K	k	[ka]	Ś	ś	[ɛɕ]
C	c	[t͡sɛ]	L	l	[ɛl]	T	t	[tɛ]
Ć	ć	[t͡ɕɛ]	Ł	ł	[ɛw]	U	u	[u]
D	d	[dɛ]	M	m	[ɛm]	W	w	[vu]
E	e	[ɛ]	N	n	[ɛn]	Y	y	[igrɛk, ɨ]
	ę	[ɛ̃]		ń	[ɛɲ]	Z	z	[zɛt]
F	f	[ɛf]	O	o	[ɔ]	Ź	ź	[ʑɛt]
G	g	[gɛ]	ó	ó	[u]	Ż	ż	[ʒɛt]
H	h	[xa]	P	p	[pɛ]			

Abkürzungen im Reisewörterbuch

acc	Akkusativ (biernik)
adj	Adjektiv
adv	Adverb
dat	Dativ (celownik)
f	Femininum, weiblich (rodzaj żeński)
fam	umgangssprachlich, familiär (potocznie)
gen	Genitiv (dopełniacz)
instr	Instrumentalis (narzędnik)
jdm	jemandem
jdn	jemanden
lok	Lokativ (miejscownik)
m	Maskulinum, männlich (rodzaj męski)
mp	männlichpersonal
n	Neutrum, sächlich (rodzaj nijaki)
nmp	nichtmännlichpersonal
nom	Nominativ (mianownik)
pl	Plural (liczba mnoga)
sg	Singular, Einzahl (liczba pojedyncza)
vok	Vokativ (wołacz)

Allgemeines

Das Wichtigste in Kürze

Ja.	**Tak.** [tak]
Nein.	**Nie.** [ɲɛ]
Bitte.	**Proszę.** [prɔʃɛ̃]
Danke.	**Dziękuję.** [d͡ʑɛŋkujɛ̃]
Wie bitte?	**Słucham?** [swuxam]
Selbstverständlich!	**Oczywiście!** [ɔt͡ʃɨvʲiɕt͡ɕɛ]
Einverstanden!	**Zgoda!** [zgɔda]
Okay!	**Okay!** [ɔkɛj]
In Ordnung!	**W porządku!** [f‿pɔʒɔntku]
Verzeihung!	**Przepraszam!** [pʃɛpraʃam]
Einen Augenblick, bitte.	**Chwileczkę, proszę.** [xvʲilɛt͡ʃkɛ̃ prɔʃɛ̃]
Genug!	**Dosyć!** [dɔsɨt͡ɕ]
Hilfe!	**Ratunku!** [ratunku]
Achtung!	**Uwaga!** [uvaga]
Vorsicht!	**Ostrożnie!** [ɔstrɔʒɲɛ]
Wer?	**Kto?** [ktɔ]
Was?	**Co?** [t͡sɔ]
Welcher/Welche/Welches?	**Który/Która/Które?** [kturɨ/ktura/kturɛ]
Wem?	**Komu?** [kɔmu]
Wen?	**Kogo?** [kɔgɔ]
Wo?	**Gdzie?** [gd͡ʑɛ]
Wo ist/Wo sind …?	**Gdzie jest/Gdzie są …?** [gdʑɛ jɛst/gdʑɛ sɔ̃]
Woher?	**Skąd?** [skɔnt]
Wohin?	**Dokąd?** [dɔkɔnt]
Warum?	**Dlaczego?** [dlat͡ʃɛgɔ]
Weshalb?	**Dlaczego?** [dlat͡ʃɛgɔ]
Wozu?	**Po co?** [pɔ t͡sɔ]
Wie?	**Jak?** [jak]
Wie viel?	**Ile?** [ilɛ]

Wie viele?	**Ile?** [ilɛ]
Wie lange?	**Jak długo?** [jag dwugɔ]
Wann?	**Kiedy?** [cɛdɨ]
Ich möchte …	**Chciałbym/Chciałabym …** [x͡tɕawbɨm/x͡tɕawabɨm]
Gibt es …?	**Czy jest, są …?** [t͡ʃɨ jɛst, sɔ̃]

Zahlen – Maße – Gewichte

0	**zero** [zɛrɔ]
1	**jeden** [jɛdɛn]
2	**dwa** [dva]
3	**trzy** [tʃɨ]
4	**cztery** [t͡ʃtɛrɨ]
5	**pięć** [p̜ɛɲt͡ɕ]
6	**sześć** [ʃɛɕt͡ɕ]
7	**siedem** [ɕɛdɛm]
8	**osiem** [ɔɕɛm]
9	**dziewięć** [dʑɛv̜ɛɲt͡ɕ]
10	**dziesięć** [dʑɛɕɛɲt͡ɕ]
11	**jedenaście** [jɛdɛnaɕt͡ɕɛ]
12	**dwanaście** [dvanaɕt͡ɕɛ]
13	**trzynaście** [t͡ʃɨnaɕt͡ɕɛ]
14	**czternaście** [t͡ʃtɛrnaɕtɕɛ]
15	**piętnaście** [p̜ɛtnaɕt͡ɕɛ]
16	**szesnaście** [ʃɛsnaɕt͡ɕɛ]
17	**siedemnaście** [ɕɛdɛmnaɕt͡ɕɛ]
18	**osiemnaście** [ɔɕɛmnaɕt͡ɕɛ]
19	**dziewiętnaście** [d͡ʑɛv̜ɛtnaɕt͡ɕɛ]
20	**dwadzieścia** [dvad͡ʑɛɕt͡ɕa]
21	**dwadzieścia jeden** [dvad͡ʑɛɕt͡ɕa jɛdɛn]
22	**dwadzieścia dwa** [dvad͡ʑɛɕt͡ɕa dva]
23	**dwadzieścia trzy** [dvad͡ʑɛɕt͡ɕa tʃɨ]
24	**dwadzieścia cztery** [dvad͡ʑɛɕt͡ɕa t͡ʃtɛrɨ]
25	**dwadzieścia pięć** [dvad͡ʑɛɕt͡ɕa p̜ɛɲt͡ɕ]
26	**dwadzieścia sześć** [dvad͡ʑɛɕt͡ɕa ʃɛɕt͡ɕ]
27	**dwadzieścia siedem** [dvad͡ʑɛɕt͡ɕa ɕɛdɛm]
28	**dwadzieścia osiem** [dvad͡ʑɛɕt͡ɕa ɔɕɛm]
29	**dwadzieścia dziewięć** [dvad͡ʑɛɕt͡ɕa dʑɛv̜ɛɲt͡ɕ]
30	**trzydzieści** [t͡ʃɨdʑɛɕt͡ɕi]
31	**trzydzieści jeden** [t͡ʃɨdʑɛɕt͡ɕi jɛdɛn]
32	**trzydzieści dwa** [t͡ʃɨdʑɛɕt͡ɕi dva]
40	**czterdzieści** [t͡ʃtɛrd͡ʑɛɕtɕi]
50	**pięćdziesiąt** [p̜ɛɲd͡ʑɛɕɔnt]
60	**sześćdziesiąt** [ʃɛɕd͡ʑɛɕɔnt]
70	**siedemdziesiąt** [ɕɛdɛmd͡ʑɛɕɔnt]

80	**osiemdziesiąt** [ɔɕɛmd͡ʑɛɕɔnt]
90	**dziewięćdziesiąt** [d͡ʑɛvˌɛɲd͡ʑɛɕɔnt]
100	**sto** [stɔ]
101	**sto jeden** [stɔ jɛdɛn]
200	**dwieście** [dv'ɛɕt͡ɕɛ]
300	**trzysta** [tʃɨsta]
1 000	**tysiąc** [tɨɕont͡s]
2 000	**dwa tysiące** [dva tɨɕɔnt͡sɛ]
3 000	**trzy tysiące** [tʃɨtɨɕɔnt͡sɛ]
10 000	**dziesięć tysięcy** [d͡ʑɛɕɛɲt͡ɕ tɨɕɛnt͡sɨ]
100 000	**sto tysięcy** [stɔ tɨɕɛnt͡sɨ]
1 000 000	**milion** [miljɔn]
1.	**pierwszy** [pˌɛrfʃɨ]
2.	**drugi** [druɟi]
3.	**trzeci** [tʃɛt͡ɕi]
4.	**czwarty** [t͡ʃvartɨ]
5.	**piąty** [pˌɔntɨ]
6.	**szósty** [ʃustɨ]
7.	**siódmy** [ɕudmɨ]
8.	**ósmy** [usmɨ]
9.	**dziewiąty** [dʑɛvˌɔntɨ]
10.	**dziesiąty** [dʑɛɕɔntɨ]
1/2	**jedna druga** [jɛdna druga]
1/3	**jedna trzecia** [jɛdna tʃɛt͡ɕa]
1/4	**jedna czwarta** [jɛdna t͡ʃvarta]
3/4	**trzy czwarte** [tʃɨ t͡ʃvartɛ]
3,5 %	**trzy i pół procenta** [tʃɨ i puw prɔt͡sɛnta]
27 °C	**dwadzieścia siedem stopni Celsjusza** [dvad͡ʑɛɕt͡ɕa ɕɛdɛm stɔpɲi t͡sɛlsjuʃa]
–5 °C	**minus pięć stopni Celsjusza** [minus pˌɛɲt͡ɕ stɔpɲi t͡sɛlsjuʃa]
1999	**tysiąc dziewięćset dziewięćdziesiąt dziewięć** [tɨɕɔnt͡s d͡ʑɛvjɛɲt͡ɕsɛt d͡ʑɛvjɛɲdʑɛɕˌɔnt d͡ʑɛvjɛɲt͡ɕ]
2000	**dwutysięczny** [dvutɨt͡ɕɛt͡ʃnɨ]
2001	**dwutysięczny pierwszy** [dvutɨt͡ɕɛt͡ʃnɨ pjɛrfʃɨ]
Millimeter	**milimetr** [milimɛtr]
Zentimeter	**centymetr** [t͡sɛntɨmɛtr]
Meter	**metr** [mɛtr]
Kilometer	**kilometr** [cilɔmɛtr]
Quadratmeter	**metr kwadratowy** [mɛtr kvadratɔvɨ]
Liter	**litr** [litr]
Gramm	**gram** [gram]
100 Gramm	**sto gram** [stɔ gram]
Pfund	**funt** [funt]
Kilogramm	**kilogram** [cilɔgram]

Zeitangaben

Uhrzeit

Wie viel Uhr ist es?	**Która godzina?** [ktura gɔdʑina]
Es ist (genau/ungefähr)…	**Jest (dokładnie/około)…** [jɛst dɔkwadɲɛ/ɔkɔwɔ]
3 Uhr.	**trzecia.** [tʃɛtɕa]
5 nach 3.	**pięć po trzeciej.** [pʲɛɲtɕ pɔ tʃɛtɕɛj]
3 Uhr 10.	**trzecia dziesięć.** [tʃɛtɕa d͡ʑɛɕɛɲt͡ɕ]
Viertel nach 3.	**kwadrans po trzeciej.** [kvadrans pɔ tʃɛtɕɛj]
halb 4.	**wpół do czwartej.** [fpuw dɔ t͡ʃvartɛj]
Viertel vor 4.	**za kwadrans czwarta.** [za kvadrans t͡ʃvarta]
5 vor 4.	**za pięć czwarta.** [za pʲɛɲtɕ t͡ʃvarta]
1 Uhr.	**pierwsza.** [pʲɛrfʃa]
12 Uhr mittags.	**dwunasta w południe.** [dvunasta f pɔwudɲɛ]
Mitternacht.	**północ.** [puwnɔt͡s]
Es ist spät/zu früh.	**Jest późno/za wcześnie.** [jɛst puʑnɔ/za ft͡ʃɛɕɲɛ]
Um wie viel Uhr?/ Wann?	**O której godzinie?** [ɔ kturɛj gɔdʑiɲɛ] / **Kiedy?** [cɛdɨ]
Um 1 Uhr.	**O pierwszej.** [ɔ pʲɛrfʃɛj]
Um 2 Uhr.	**O drugiej.** [ɔ druɟɛj]
Gegen 4 Uhr.	**Koło czwartej.** [kɔwɔ t͡ʃvartɛj]
In einer Stunde.	**Za godzinę.** [za gɔdʑinɛ̃]
In zwei Stunden.	**Za dwie godziny.** [za dvʲɛ gɔdʑinɨ]
Nicht vor 9 Uhr morgens.	**Nie przed dziewiątą rano.** [nʲɛ pʃɛt dʑɛvʲɔntɔ̃ ranɔ]
Nach 8 Uhr abends.	**Po ósmej wieczorem.** [pɔ usmɛj vʲɛt͡ʃɔrɛm]
Zwischen 3 und 4.	**Między trzecią a czwartą.** [mʲɛnd͡zɨ tʃɛtɕɔ̃ a t͡ʃvartɔ̃]
Wie lange?	**Jak długo?** [jak dwugɔ]
Zwei Stunden (lang).	**Dwie godziny.** [dvʲɛ gɔdʑinɨ]

Von 10 bis 11.	**Od dziesiątej do jedenastej.** [ɔd dʑɛɕɔntɛj dɔ jɛdɛnastɛj]
Bis 5 Uhr.	**Do piątej.** [dɔ pʲɔntɛj]
Seit wann?	**Od kiedy?** [ɔt cɛdɨ]
Seit 8 Uhr morgens.	**Od ósmej rano.** [ɔd usmɛj ranɔ]
Seit einer halben Stunde.	**Od pół godziny.** [ɔt puw gɔdʑinɨ]
Seit acht Tagen.	**Od tygodnia.** [ɔt tɨgɔdɲa]

abends	**wieczorem** [vʲɛt͡ʃɔrɛm]
am Sonntag	**w niedzielę** [v ɲɛdʑɛlɛ̃]
am Wochenende	**pod koniec tygodnia** [pɔt kɔɲɛt͡s tɨgɔdɲa]
bald	**wkrótce** [fkrut͡tsɛ]
diese Woche	**w tym tygodniu** [f tɨm tɨgɔdɲu]
gestern	**wczoraj** [ft͡ʃɔraj]
heute	**dzisiaj** [dʑiɕaj]
heute Morgen/Abend	**dzisiaj rano/wieczorem** [dʑiɕaj ranɔ/vʲɛt͡ʃɔrɛm]
in 14 Tagen	**za dwa tygodnie** [za dva tɨgɔdɲɛ]
innerhalb einer Woche	**w ciągu tygodnia** [f t͡ɕɔŋgu tɨgɔdɲa]
jeden Tag	**każdego dnia** [kaʒdɛgɔ dɲa]
jetzt	**teraz** [tɛras]
kürzlich	**niedawno** [ɲɛdavnɔ]
letzten Montag	**zeszłego poniedziałku** [zɛʃwɛgɔ pɔɲɛd͡ʑawku]
manchmal	**czasem** [t͡ʃasɛm]
mittags	**w południe** [f pɔwudɲɛ]
morgen	**jutro** [jutrɔ]
morgen früh/Abend	**jutro rano/wieczorem** [jutrɔ ranɔ/vʲɛt͡ʃɔrɛm]
morgens	**rankiem** [rancɛm]
nachmittags	**po południu** [pɔ pɔwudɲu]
nächstes Jahr	**w przyszłym roku** [f pʃɨʃwɨm rɔku]
nachts	**nocą** [nɔt͡sɔ̃]
stündlich	**co godzinę** [t͡sɔ̃ gɔdʑinɛ̃]
täglich	**codziennie** [t͡sɔdʑɛɲɲɛ]
tagsüber	**w ciągu dnia** [f t͡ɕɔŋgu dɲa]
übermorgen	**pojutrze** [pɔjutʃɛ]
um diese Zeit	**o tej porze** [ɔ tɛj pɔʒɛ]
vor zehn Minuten	**przed dziesięcioma minutami** [pʃɛt dʑɛɕɛɲt͡ɕɔma minutami]
vorgestern	**przedwczoraj** [pʃɛtft͡ʃɔraj]
vormittags	**przed południem** [pʃɛt pɔwudɲɛm]

Wochentage

Montag	**poniedziałek** [pɔɲɛdʑawɛk]
Dienstag	**wtorek** [ftɔrɛk]
Mittwoch	**środa** [ɕrɔda]
Donnerstag	**czwartek** [t͡ʃvartɛk]
Freitag	**piątek** [p,ɔntɛk]
Samstag	**sobota** [sɔbɔta]
Sonntag	**niedziela** [ɲɛdʑɛla]

Monate

Januar	**styczeń** [stɨt͡ʃɛɲ]
Februar	**luty** [lutɨ]
März	**marzec** [maʒɛt͡s]
April	**kwiecień** [kv,ɛt͡ɕɛɲ]
Mai	**maj** [maj]
Juni	**czerwiec** [t͡ʃɛrv,ɛt͡s]
Juli	**lipiec** [l,ip,ɛt͡s]
August	**sierpień** [ɕɛrp,ɛɲ]
September	**wrzesień** [vʒɛɕɛɲ]
Oktober	**październik** [paʑdʑɛrɲik]
November	**listopad** [listɔpat]
Dezember	**grudzień** [grudʑɛɲ]

Jahreszeiten

Frühling	**wiosna** [v,ɔsna]
Sommer	**lato** [latɔ]
Herbst	**jesień** [jɛɕɛɲ]
Winter	**zima** [ʑima]

Feiertage

Neujahr	**Nowy Rok** [nɔvɨ rɔk]
Ostern	**Wielkanoc** [v,ɛlkanɔt͡s]

Ostermontag	**poniedziałek wielkanocny** [pɔɲɛd͡ʑawɛk vʲɛlkanɔt͡snɨ]
1. Mai	**Pierwszy Maja** [pʲɛrfʃɨ maja]
3. Mai (Nationalfeiertag)	**Trzeci Maja, Święto Konstytucji 3 Maja (1791)** [tʃɛt͡ɕi maja, ɕfʲɛntɔ kɔnstɨtut͡sji tʃɛt͡ɕɛgɔ maja]
Christi Himmelfahrt	**Wniebowstąpienie Pańskie** [vɲɛbɔfstɔmpʲɛɲɛ paɲscɛ]
Pfingsten	**Zielone Świątki** [ʑɛlɔnɛ ɕfʲɔntci]
Pfingstmontag	**poniedziałek zielonoświątkowy** [pɔɲɛd͡ʑawɛk ʑɛlɔnɔɕfʲɔntkɔvɨ]
Fronleichnam	**Boże Ciało** [bɔʒɛ t͡ɕawɔ]
Mariä Himmelfahrt	**Wniebowzięcie Najświętszej Marii Panny** [vɲɛbɔvʑɛɲt͡ɕɛ najɕfʲjɛntʃɛj marji pannɨ]
Allerheiligen	**Wszystkich Świętych** [fʃɨstkix ɕfʲɛntɨx]
11 Listopada (Nationalfeiertag)	**Jedenasty Listopada, Święto Niepodległości (11.11.1918)** [jɛdɛnastɨ listɔpada, ɕfʲɛntɔ ɲɛpɔdlɛgwɔɕt͡ɕi]
Heiliger Abend	**Wigilia** [vʲiɟilja]
Weihnachten	**Boże Narodzenie** [bɔʒɛ narɔd͡zɛɲɛ]
1. Weihnachtsfeiertag	**pierwszy dzień świąt Bożego Narodzenia** [pʲɛrfʃɨ d͡ʑɛɲ ɕfʲɔnt bɔʒɛgɔ narɔd͡zɛɲa]
2. Weihnachtsfeiertag	**drugi dzień świąt Bożego Narodzenia** [drugi d͡ʑɛɲ ɕfʲɔnt bɔʒɛgɔ narɔd͡zɛɲa]
Silvester	**Wieczór sylwestrowy** [vʲɛt͡ʃur sɨlvɛstrɔvɨ]

Datum

Den Wievielten haben wir heute?	**Którego mamy dzisiaj?** [kturɛgɔ mamɨ dʑiɕaj]
Heute ist der 1. Mai.	**Dzisiaj jest pierwszy maja.** [dʑiɕaj jɛst pʲɛrfʃɨ maja]

Wetter

Wie wird das Wetter heute?	**Jaka będzie dzisiaj pogoda?** [jaka bɛɲd͡ʑɛ d͡ʑiɕaj pɔgɔda]
Es bleibt schön/schlecht.	**utrzyma się ładna/zła pogoda.** [utʃɨma ɕɛ̃ wadna/zwa pɔgɔda]
Es wird wärmer/kälter.	**będzie cieplej/zimniej.** [bɛɲd͡ʑɛ t͡ɕɛplɛj/ʑimɲɛj]
Es soll regnen/schneien.	**Ma padać deszcz/śnieg.** [ma padat͡ɕ dɛʃtʃ/ɕɲɛg]
Es ist kalt/heiß/schwül.	**Jest zimno/gorąco/parno.** [jɛst ʑimnɔ/gɔrɔnt͡sɔ/parnɔ]
Es zieht ein Gewitter auf.	**Nadciąga burza.** [nadt͡ɕɔŋga buʒa]
Es ist neblig/windig.	**Jest mgliście/wietrzno.** [jɛst mglʲiɕt͡ɕɛ/vʲɛtʃnɔ]
Die Sonne scheint.	**Świeci słońce.** [ɕvʲɛt͡ɕi swɔɲt͡sɛ]
Wie viel Grad haben wir heute?	**Ile stopni mamy dzisiaj?** [ilɛ stɔpɲi mamɨ d͡ʑiɕaj]
Es ist 20 Grad Celsius.	**Jest 20 stopni Celsjusza.** [jɛst dvad͡ʑɛɕt͡ɕa stɔpɲi t͡sɛlsjuʃa]

bewölkt	**pochmurnie** [pɔxmurɲɛ]
Blitz	**błyskawica** [bwɨskavit͡sa]
Bö	**porywisty wicher** [pɔrɨvʲistɨ vʲixɛr]
diesig	**mgliście** [mglʲiɕt͡ɕɛ]
Donner	**grzmot** [gʒmɔt]
Ebbe	**odpływ (morza)** [ɔdpwɨf (mɔʒa)]
Eis	**lód** [lut]
feucht-kühl	**wilgotnie i chłodno** [vʲilgɔtɲɛ i xwɔdnɔ]
feucht-warm	**wilgotnie i ciepło** [vʲilgɔtɲɛ i t͡ɕɛpwɔ]
Flaute	**bezwietrznie** [bɛzvʲɛtʃɲɛ]
Flut	**przypływ (morza)** [pʃɨpwɨf (mɔʒa)]
Frost	**mróz** [mrus]
Glatteis	**gołoledź** [gɔwɔlɛtɕ]
Graupel	**drobny grad** [drɔbnɨ grat]
Hagel	**grad** [grat]
heiß	**gorąco** [gɔrɔnt͡sɔ]
heiter	**pogodnie** [pɔgɔdɲɛ]
Hitze	**upał** [upaw]
kalt	**zimno** [ʑimnɔ]
Klima	**klimat** [klʲimat]
Luft	**powietrze** [pɔvʲɛtʃɛ]
nass	**mokro** [mɔkrɔ]

Nebel	**mgła** [mgwa]
neblig	**mgliście** [mgliɕtɕɛ]
Nieselregen	**mżawka** [mʒafka]
Regen	**deszcz** [dɛʃtʃ]
Regenschauer	**przelotny deszcz** [pʃɛlɔtnɨ dɛʃtʃ]
regnerisch	**deszczowy** [dɛʃtʃɔvɨ]
Schnee	**śnieg** [ɕɲɛg]
Schneesturm	**zamieć śnieżna** [zam,ɛtɕ ɕɲɛʒna]
schwül	**parno** [parnɔ]
Sonne	**słońce** [swɔɲtsɛ]
sonnig	**słonecznie** [swɔnɛtʃɲɛ]
Tauwetter	**odwilż** [ɔdv,ilʃ]
Temperatur	**temperatura** [tɛmpɛratura]
trocken	**sucho** [suxɔ]
Überschwemmung	**powódź** [pɔvutɕ]
warm	**ciepło** [tɕɛpwɔ]
wechselhaft	**zmiennie** [zm,ɛɲɲɛ]
Wetterbericht	**prognoza pogody** [prɔgnɔza pɔgɔdɨ]
Wind	**wiatr** [v,atr]
Windstärke	**siła wiatru** [ɕiwa v,atru]
Wolke	**chmura** [xmura]
Wolkenbruch	**oberwanie chmury** [ɔbɛrvaɲɛ xmurɨ]

Farben

beige	**beżowy** [bɛʒɔvɨ]
blau	**niebieski** [ɲɛb,ɛski]
braun	**brązowy** [brɔ̃zovɨ]
gelb	**żółty** [ʒuwtɨ]
golden	**złoty** [zwɔtɨ]
grau	**szary** [ʃarɨ]
grün	**zielony** [ʑɛlɔnɨ]
lila	**lila** [l,ila]
orange	**pomarańczowy** [pɔmaraɲtʃɔvɨ]
rosa	**różowy** [ruʒɔvɨ]
rot	**czerwony** [tʃɛrvɔnɨ]
schwarz	**czarny** [tʃarnɨ]
silbern	**srebrny** [srɛbrnɨ]
türkisfarben	**turkusowy** [turkusɔvɨ]
violett	**fioletowy** [f,ɔlɛtɔvɨ]
weiß	**biały** [b,jawɨ]
hell …	**jasno …** [jasnɔ]
dunkel …	**ciemno …** [tɕɛmnɔ]
farbig	**kolorowy** [kɔlɔrɔvɨ]
einfarbig	**jednokolorowy** [jɛdnɔkɔlɔrɔvɨ]

Zwischenmenschliches

Begrüßung und Verabschiedung

Begrüßung

Guten Morgen!	**Dzień dobry!** [dʑɛɲ dɔbrɨ]
Guten Tag!	**Dzień dobry!** [dʑɛɲ dɔbrɨ]
Guten Abend!	**Dobry wieczór!** [dobrɨ vʲɛt͡ʃur]
Hallo!/Grüß dich!	**Halo!/Witam!** [xalɔ/vʲitam]
Wie geht's?	**Co słychać?** [t͡sɔ swɨxat͡ɕ]
Wie geht es Ihnen/dir?	**Jak się panu/pani powodzi? Jak ci się powodzi?** [jak ɕɛ̃ panu/paɲi pɔvɔdʑi/jak tɕi ɕɛ̃ pɔvɔdʑi]
Danke. Und Ihnen/dir?	**Dziękuję. A panu/pani/tobie?** [dʑɛ̃kujɛ̃. a panu/paɲi/tɔbʲɛ]
Wie ist Ihr Name, bitte?	**Przepraszam, jak się pan/pani nazywa?** [pʃɛpraʃam, jak ɕɛ̃ pan/paɲi nazɨva]
Wie heißt du?	**Jak się nazywasz?** [jak ɕɛ̃ nazɨvaʃ]
Ich heiße …	**Nazywam się …** [nazɨvam ɕɛ̃]

Vorstellung

Darf ich bekannt machen?	**Wolno mi przedstawić?** [vɔlnɔ mʲi pʃɛtstavʲit͡ɕ]
Das ist …	**To jest …** [tɔ jɛst]
Frau …	**pani …** [paɲi]
Herr …	**pan …** [pan]
mein Mann.	**mój mąż.** [muj mɔ̃ʃ]
meine Frau.	**moja żona.** [mɔja ʒɔna]
mein Sohn.	**mój syn.** [muj sɨn]
meine Tochter.	**moja córka.** [mɔja t͡surka]
mein Freund/meine Freundin.	**mój chłopiec/moja dziewczyna.** [muj xwɔpʲɛt͡s/mɔja d͡ʑɛft͡ʃɨna]
mein Kollege/meine Kollegin.	**mój kolega/moja koleżanka.** [muj kɔlɛga/mɔja kɔlɛʒanka]
Freut mich, Sie kennen zu lernen.	**Cieszę się, że mogę pana/panią poznać.** [t͡ɕɛʃɛ̃ ɕɛ̃, ʒɛ mogɛ̃ pana/paɲɔ̃ pɔznat͡ɕ]

Abschied

Auf Wiedersehen!	**Do widzenia!** [dɔ vʲid͡zɛɲa]
Bis bald!	**Do rychłego zobaczenia!** [dɔ rɨxwɛgɔ zɔbat͡ʃɛɲa]
Bis später!	**Do zobaczenia wkrótce!** [dɔ zɔbat͡ʃɛɲa fkrut͡tsɛ]
Bis morgen!	**Do jutra!** [dɔ jutra]
Gute Nacht!	**Dobranoc!** [dɔbranɔt͡s]
Tschüss!	**Serwus!** [sɛrvus]
Alles Gute!	**Wszystkiego dobrego!** [fʃɨstcɛgɔ dɔbrɛgɔ]
Gute Reise!	**Szczęśliwej podróży!** [ʃt͡ʃɛ̃ɕlʲivɛj pɔdruʒɨ]

Höflichkeit

Bitte und Dank

Bitte.	**Proszę.** [prɔʃɛ̃]
Ja, bitte.	**Tak, proszę.** [tak, prɔʃɛ̃]
Nein, danke.	**Nie, dziękuję.** [ɲɛ, d͡ʑɛ̃kujɛ̃]
Gestatten Sie?	**Pozwoli pan/pani?** [pɔzvɔlʲi pan/paɲi]
Können Sie mir bitte helfen?	**Czy może mi pan/pani pomóc?** [t͡ʃɨ mɔʒɛ mʲi pan/paɲi pɔmut͡s]
Danke.	**Dziękuję.** [d͡ʑɛ̃kujɛ̃]
Vielen Dank.	**Dziękuję bardzo.** [d͡ʑɛ̃kujɛ̃ bard͡zɔ]
Das ist nett, danke.	**To jest miłe, dziękuję.** [tɔ jɛst mʲiwɛ, d͡ʑɛ̃kujɛ̃]
Bitte sehr.	**Proszę bardzo.** [prɔʃɛ̃ bard͡zɔ̃]

Entschuldigung

Entschuldigung!	**Przepraszam!** [pʃɛpraʃam]
Es war nicht so gemeint.	**Tego nie miałem/miałam na myśli.** [tɛgɔ ɲɛ mʲjawɛm/mʲjawam na mɨɕlʲi]
Es ist leider nicht möglich.	**To nie jest niestety możliwe.** [tɔ ɲɛ jɛst ɲɛstɛtɨ mɔʒlʲivɛ]

Glückwunsch

Herzlichen Glückwunsch!	**Serdeczne gratulacje!** [sɛrdɛt͡ʃnɛ gratulat͡sjɛ]
Alles Gute!	**Wszystkiego dobrego!** [fʃɨstcɛgɔ dɔbrɛgɔ]
Alles Gute zum Geburtstag!	**Wszystkiego dobrego z okazji urodzin!** [fʃɨstcɛgɔ dɔbrɛgɔ z ɔkazji urɔd͡ʑin]
Viel Erfolg!	**Powodzenia!** [pɔvɔd͡zɛɲa]
Viel Glück!	**Dużo szczęścia!** [duʒɔ ʃt͡ʃɛ̃ɕt͡ɕa]

Meinung und Gefühle

Das gefällt mir (nicht).	**To mi się (nie) podoba.** [tɔ mʲi ɕɛ̃ (ɲɛ) pɔdɔba]
Ich möchte lieber …	**Wolałbym/wolałabym bardziej …** [vɔlawbɨm/vɔlawabɨm bardʑɛj]
Am liebsten wäre mir …	**Najlepiej byłoby …** [najlɛpʲɛj bɨwɔbɨ]
Mit Vergnügen!	**Z przyjemnością!** [s pʃɨjɛmnɔɕt͡ɕɔ̃]
Prima!	**Wspaniale!** [fspaɲalɛ]
Ich habe keine Lust dazu.	**Na to nie mam ochoty.** [na tɔ ɲɛ mam ɔxɔtɨ]
Ich will nicht.	**Nie chcę.** [ɲɛ xt͡sɛ̃]
Auf gar keinen Fall!	**W żadnym wypadku!** [v ʒadnɨm vɨpatku]
Ich weiß noch nicht.	**Jeszcze nie wiem.** [jɛʃt͡ʃɛ ɲɛ vʲjɛm]
Vielleicht.	**Może.** [mɔʒɛ]
Wahrscheinlich.	**Prawdopodobnie.** [pravdɔpɔdɔbɲɛ]

Smalltalk

Angaben zur Person

Wie alt sind Sie/bist du?	**Ile pan/pani ma lat/masz lat?** [ilɛ pan/paɲi ma lat/maʃ lat]
Ich bin 39.	**Mam trzydzieści dziewięć lat.** [mam tʃɨd͡ʑɛɕt͡ɕi d͡ʑɛvʲɛɲt͡ɕ lat]
Was machen Sie/machst du beruflich?	**Jaki zawód pan/pani wykonuje/wykonujesz?** [jaci zavut pan/paɲi vɨkɔnujɛ/vɨkɔnujɛʃ]

Ich bin …	**Jestem …** [jɛstɛm]
Ich arbeite bei …	**Pracuję w (na) …** [pra͡tsujɛ̃ v(na)]
Ich bin Rentner/in.	**Jestem rencist-ą/ką.** [jɛstɛm rɛn͡tɕist-ɔ̃/kɔ̃]
Ich gehe noch zur Schule.	**Chodzę jeszcze do szkoły.** [xɔ͡dzɛ̃ jɛʃtʃɛ dɔ ʃkɔwɨ]
Ich bin Student/in.	**Jestem student-em/ką.** [jɛstɛm studɛnt-ɛm/kɔ̃]

Herkunft und Aufenthalt

Woher kommen Sie/kommst du?	**Skąd pan/pani jest?/skąd jesteś?** [skɔnt pan/paɲi jɛst/skɔnt jɛstɛɕ]
Ich bin aus …	**Jestem z …** [jɛstɛm z]
Sind Sie/Bist du schon lange hier?	**Jest pan/pani/Jesteś już długo tutaj?** [jɛst pan/paɲi/jɛstɛɕ juʃ dwugɔ tutaj]
Ich bin seit … hier.	**Jestem tutaj od …** [jɛstɛm tutaj ɔt]
Wie lange bleiben Sie/bleibst du?	**Jak długo zostanie pan/pani/zostaniesz?** [jak dwugɔ zɔstaɲɛ pan/paɲi/zostaɲɛʃ]

Verabredung

Haben Sie/Hast du für morgen schon etwas vor?	**Zaplanował(a) pan/pani/ Zaplanowałeś (-łaś) już coś na jutro?** [zaplanɔvaw(a) pan/paɲi/zaplanɔvawɛɕ (-waɕ) juʃ ͡tsɔɕ na jutrɔ]
Wollen wir zusammen hingehen?	**Pójdziemy razem?** [pujdʑɛmɨ razɛm]
Darf ich Sie/dich zum Essen einladen?	**Czy mogę pana/panią/cię zaprosić na objad (kolację)?** [͡tʃɨ mɔgɛ̃ pana/paɲɔ̃/͡tɕɛ̃ zaprɔɕi͡tɕ na ɔbjat/kɔla͡tsjɛ̃]
Wann treffen wir uns?	**Kiedy się spotkamy?** [cɛdɨ ɕɛ̃ spɔtkamɨ]
Darf ich Sie/dich abholen?	**Czy mogę przyjść po pana/panią/ciebie?** [͡tʃɨ mɔgɛ̃ pʃɨjɕ͡tɕ pɔ pana/paɲɔ̃/͡tɕɛbʲɛ]
Treffen wir uns um 9 Uhr.	**Spotkamy się o dziewiątej.** [spɔtkamɨ ɕɛ̃ ɔ dʑɛvʲɔntɛj]
Sind Sie verheiratet?	**Jest pan żonaty/pani mężatką?** [jɛst pan ʒɔnatɨ/paɲi mɛ̃ʒatkɔ̃]

Hast du einen Freund/eine Freundin?	**Masz chłopaka/dziewczynę?** [maʃ xwɔpaka dʑɛft͡ʃɨnɛ̃]
Kann ich Sie/dich wieder sehen?	**Czy mogę pana/panią/cię znowu zobaczyć?** [t͡ʃɨ mɔgɛ̃ pana/paɲɔ̃/t͡ɕɛ̃ znɔvu zɔbat͡ʃɨt͡ɕ]
Vielen Dank für den netten Abend.	**Bardzo dziękuję za miły wieczór.** [bard͡zɔ dʑɛ̃kujɛ̃ za miwɨ vʲɛt͡ʃur]
Lassen Sie mich bitte in Ruhe!	**Proszę mnie zostawić w spokoju.** [prɔʃɛ̃ mɲɛ zɔstavitɕ f spɔkɔju]
Hau ab!	**Zjeżdżaj!** [zjɛʒd͡ʒaj]
Jetzt reicht's!	**Teraz mam dosyć!** [tɛras mam dɔsɨt͡ɕ] **Starczy!** [start͡ʃɨ]

Verständigungsschwierigkeiten

Wie bitte?	**Proszę?** [prɔʃɛ̃]
Ich verstehe Sie/dich nicht. Bitte, wiederholen Sie/wiederhole es.	**Nie rozumiem pana/panią/ciebie. Proszę powtórzyć/powtórz.** [ɲɛ rɔzumʲjɛm pana/paɲɔ̃/t͡ɕɛbʲɛ. prɔʃɛ̃ pɔftuʒɨt͡ɕ/pɔftuʃ]
Bitte sprechen Sie/sprich etwas langsamer.	**Proszę mówić/mów trochę wolniej.** [prɔʃɛ̃ muvʲit͡ɕ/muf trɔxɛ̃ vɔlɲɛj]
Ich verstehe/habe verstanden.	**Rozumiem/zrozumiałem/zrozumiałam.** [rɔzumʲjɛm/zrɔzumʲjawɛm/zrɔzumʲjawam]
Sprechen Sie/Sprichst du …	**Mówi pan/pani/mówisz …** [muvʲi pan/paɲi/muvʲiʃ]
Polnisch?	**po polsku?** [pɔ pɔlsku]
Deutsch?	**po niemiecku?** [pɔ ɲɛmʲjɛt͡sku]
Englisch?	**po angielsku?** [pɔ anɟɛlsku]
Ich spreche nur wenig …	**Mówię tylko trochę …** [muvʲjɛ̃ tɨlkɔ trɔxɛ̃]
Schreiben Sie/Schreibe es mir bitte auf!	**Proszę napisać mi/napisz mi!** [prɔʃɛ̃ napʲisat͡ɕ mʲi/napʲiʃ mʲi]

Unterwegs

Fragen nach dem Weg

Ortsangaben

links	**na lewo** [na lɛvɔ]
rechts	**na prawo** [na pravɔ]
geradeaus	**prosto** [prɔstɔ]
vor	**przed** [pʃɛt]
hinter	**za** [za]
neben	**obok** [ɔbɔk]
gegenüber	**naprzeciw** [napʃɛtɕif]
hier	**tutaj** [tutaj]
dort	**tam** [tam]
nah	**blisko** [bl,iskɔ]
weit	**daleko** [dalɛkɔ]
nach	*(in Richtung)* **do** [dɔ], **na** [na]; *(Reihenfolge)* **za** [za]
Ampel	**światła** [ɕv,jatwa]
Baustelle	**budowa** [budɔva]
Kreuzung	**skrzyżowanie** [skʃɨʒɔvaɲɛ]
Kurve	**zakręt** [zakrɛnt]
Landstraße	**droga** [drɔga], **szosa** [ʃɔsa]
Schnellstraße	**trasa szybkiego ruchu** [trasa ʃɨpcɛgɔ ruxu]
Straße	**ulica** [ul,i͡tsa], **droga** [drɔga]

Wegbeschreibung

Entschuldigung, wie komme ich nach …?	**Przepraszam, jak dostanę się do …?** [pʃɛpraʃam, jak dɔstanɛ̃ ɕɛ̃ dɔ]
Immer geradeaus bis …	**Cały czas prosto, aż do …** [͡tsawɨ ͡tʃas prɔstɔ, aʃ dɔ]
Dann …	**Potem …** [pɔtɛm]
an der Ampel	**na światłach** [na ɕv,jatwax]

an der nächsten Ecke	**za następnym rogiem** [za nastɛmpnɨm rɔɟɛm]
links/rechts abbiegen.	**skręcić na lewo/na prawo.** [skrɛɲt͡ɕit͡ɕ na lɛvɔ/na pravɔ]
Folgen Sie den Schildern.	**Niech pan/pani kieruje się drogowskazami.** [nʲɛx pan/paɲi cɛrujɛ ɕɛ̃ drɔgɔfskazamʲi]
Wie weit ist das?	**Jak to jest daleko?** [jak tɔ jɛst dalɛkɔ]
Mit dem Auto/Fahrrad benötigt man …	**Samochodem/rowerem potrzeba …** [samɔxɔdɛm/rɔvɛrɛm potʃɛba]

Der allgemeine Straßenzustand in Polen lässt z. T. zu wünschen übrig. Mit Ausnahme des schlesischen Raums und eines Teilstücks zwischen Posen und Warschau gibt es dort keine Autobahnen.

Bitte, ist das die Straße nach …?	**Przepraszam, czy to droga do …?** [pʃɛpraʃam, t͡ʃɨ tɔ drɔga dɔ]
Sie sind hier falsch. Sie müssen zurückfahren bis …	**Pan/pani pomylił/a kierunek. Pan/pani musi jechać z powrotem do …** [pan/paɲi pɔmɨliw/a cɛrunɛk pan/paɲi muɕi jɛxat͡ɕ s pɔvrɔtɛm dɔ]

An der Grenze

Passkontrolle

Touristen brauchen bei der Einreise nach Polen einen gültigen Reisepass, ein Visum wird nicht mehr verlangt. Kinderausweise müssen mit Lichtbild versehen sein.

Ihren Pass, bitte!	**Proszę pana/pani paszport!** [prɔʃɛ̃ pana/paɲi paʃpɔrt]
Ihr Pass ist abgelaufen.	**Termin ważności pana/pani paszportu upłynął.** [tɛrmin vaʒnɔɕt͡ɕi pana/paɲi paʃpɔrtu upwɨnɔw]
Ich gehöre zu der Reisegesellschaft aus …	**Należę do wycieczki z …** [nalɛʒɛ̃ dɔ vɨt͡ɕɛt͡ʃci z]

Zollkontrolle

Haben Sie etwas zu verzollen?	**Czy ma pan/pani coś do oclenia?** [t͡ʃɨ ma pan/paɲi t͡sɔɕ dɔ ɔt͡slɛɲa]

Nein, ich habe nur ein paar Geschenke.	**Nie, mam tylko kilka prezentów.** [ɲɛ, mam tɨlkɔ cilka prɛzɛntuf]
Fahren Sie bitte rechts/links heran.	**Proszę zjechać na prawo/na lewo.** [prɔʃɛ̃ zjɛxat͡ɕ na pravɔ/na lɛvɔ]

Ein in Deutschland gemeldetes Fahrzeug darf in Polen nicht von jemandem geführt werden, der dort seinen ersten oder zweiten Wohnsitz hat. Selbst wenn der Fahrer eine Vollmacht vorweisen kann, wird der Wagen bei einer Polizeikontrolle u.U. beschlagnahmt.

Öffnen Sie bitte den Kofferraum/diesen Koffer.	**Proszę otworzyć bagażnik/tę walizkę.** [prɔʃɛ̃ ɔtfɔʒɨt͡ɕ bagaʒɲik/tɛ̃ val͵iskɛ̃]
Muss ich das verzollen?	**Czy muszę to oclić?** [t͡ʃɨ muʃɛ̃ tɔ ɔt͡sl͵it͡ɕ]

Personalien

Familienname	**nazwisko** [nazv͵iskɔ]
Familienstand	**stan cywilny** [stan t͡sɨv͵ilnɨ]
ledig	**stan wolny** [stan vɔlnɨ]
verheiratet	**żonaty/zamężna** [ʒɔnatɨ/zamɛ̃ʒna]
verwitwet	**wdowiec/wdowa** [vdɔv͵ɛt͡s/vdɔva]
Geburtsdatum	**data urodzenia** [data urɔd͡zɛɲa]
Geburtsname	**nazwisko panieńskie** [nazv͵iskɔ paɲɛɲscɛ]
Geburtsort	**miejsce urodzenia** [m͵ɛjst͡sɛ urɔd͡zɛɲa]
Staatsangehörigkeit	**obywatelstwo** [ɔbɨvatɛlstvɔ]
Vorname	**imię** [im͵jɛ̃]
Wohnort	**miejsce zamieszkania** [m͵ɛjst͡sɛ zam͵ɛʃkaɲa]

Grenze

Ausreise	**wyjazd** [vɨjast]
Bestimmungen	**przepisy** [pʃɛp͵isɨ]
Einreise	**wjazd** [vjast]
Führerschein	**prawo jazdy** [pravɔ jazdɨ]
Gesundheitszeugnis, amtstierärztliches	**urzędowe świadectwo zdrowia od weterynarza** [uʒɛndɔvɛ ɕv͵jadɛt͡stvɔ zdrɔv͵ja ɔd vɛtɛrɨnaʒa]
Grenzübergang	**przejście graniczne** [pʃɛjɕt͡ɕɛ graɲit͡ʃnɛ]
grüne Versicherungskarte	**polisa ubezpieczeniowa** [pɔl͵isa ubɛsp͵ɛt͡ʃɛɲɔva]
gültig	**ważny** [vaʒnɨ]
internationaler Impfpass	**międzynarodowa książeczka zdrowia** [m͵jɛ̃d͡zɨnarɔdɔva kɕɔ̃ʒɛt͡ʃka zdrɔv͵ja]
Kinderausweis	**dowód osobisty dziecka** [dɔvut ɔsɔb͵istɨ d͡ʑɛt͡ska]
Nationalitätskennzeichen	**znak rozpoznawczy państwa** [znak rɔspɔznaft͡ʃɨ paɲstva]

Passkontrolle	**kontrola paszportowa** [kɔntrɔla paʃpɔrtɔva]
Personalausweis	**dowód osobisty** [dɔvut ɔsɔbˌistɨ]
Reisepass	**paszport** [paʃpɔrt]
Tollwut	**wścieklizna** [vɕt͡ɕɛklˌizna]
Tollwutimpfbescheinigung	**zaświadczenie o szczepieniu przeciw wściekliźnie** [zaɕvˌjatt͡ʃɛɲɛ ɔ ʃt͡ʃɛpˌɛɲu pʃɛt͡ɕif fɕt͡ɕɛklˌiʑɲɛ]
Zoll	**cło** [t͡swɔ]
Zollbeamter/-beamtin	**celni-k/czka** [t͡sɛlɲi-k/t͡ʃka]
Zollgebühren	**opłata celna** [ɔpwata t͡sɛlna]
Zollkontrolle	**kontrola celna** [kɔntrɔla t͡sɛlna]
zollpflichtig	**podlegający ocleniu** [pɔdlɛgajɔ̃t͡sɨ ɔt͡slɛɲu]

Auto und Motorrad

Autofahrer benötigen in Polen die grüne Versicherungskarte; für Wohnwagenanhänger braucht man eine zusätzliche Versicherungskarte.
Vom 1.10 bis 31.3. muss auch bei Tag das Abblendlicht eingeschaltet werden.

An der Tankstelle ➢auch Werkstatt, S. 33

Wo ist bitte die nächste Tankstelle?	**Przepraszam, gdzie jest najbliższa stacja benzynowa?** [pʃɛpraʃam, gdʑɛ jɛst najblˌiʃʃa stat͡sja bɛnzɨnɔva]
Ich möchte ... Liter	**Chciałbym/chciałabym ... litrów** [xt͡ɕawbɨm/xt͡ɕawabɨm ... lˌitruf]
Normalbenzin.	**benzyny niskooktanowej.** [bɛnzɨnɨ ɲiskɔɔktanɔvɛj]
Super.	**wysokooktanowej.** [vɨsɔkɔɔktanɔvɛj]
Diesel.	**ropy.** [rɔpɨ]
Gemisch.	**mieszanki.** [mˌɛʃanki]
bleifrei/verbleit/mit ... Oktan.	**bezołowiowej/ołowiowej/ ... oktanowej.** [bɛzɔwɔvˌjɔvɛj/ɔwɔvˌjɔvɛj/ ... ɔktanɔvɛj]
Super bitte, für 100 000 Zloty.	**Proszę wysokooktanową za 100 000 zł.** [prɔʃɛ̃ vɨsɔkɔɔktanɔvɔ̃ za stɔ tɨɕɛnt͡ɕɨ zwɔtɨx]

Voll tanken, bitte.	**Proszę do pełna.** [prɔʃɛ̃ dɔ pɛwna]
Prüfen Sie bitte den Ölstand/den Reifendruck.	**Proszę sprawdzić poziom oleju/ciśnienie w oponach.** [prɔʃɛ̃ spravdʑit͡ɕ pɔʑɔm olɛju/t͡ɕiɕɲɛɲɛ v ɔpɔnax]
Ich möchte eine Straßenkarte dieser Gegend, bitte.	**Poproszę mapę samochodową tej okolicy.** [pɔprɔʃɛ̃ mapɛ̃ samɔxɔdɔvɔ̃ tɛj ɔkɔlʲit͡sɨ]
Wo sind bitte die Toiletten?	**Przepraszam, gdzie są toalety?** [pʃɛpraʃam, gdʑɛ sɔ̃ tɔalɛtɨ]

Parken

Gibt es hier in der Nähe eine Parkmöglichkeit?	**Czy jest tu w pobliżu możliwość zaparkowania?** [t͡ʃɨ jɛst tu f pɔblʲiʒu mɔʒlʲivɔɕt͡ɕ zaparkɔvaɲa]
Kann ich den Wagen hier abstellen?	**Czy mogę tutaj zaparkować samochód?** [t͡ʃɨ mɔgɛ̃ tutaj zaparkɔvat͡ɕ samɔxut]
Ist der Parkplatz bewacht?	**Czy ten parking jest strzeżony?** [t͡ʃɨ tɛn parciŋ jɛst stʃɛʒɔnɨ]

Der Besitzer eines neuen Wagens ist gut beraten, sein Auto auf bewachten Parkplätzen *(parking strzeżony)* stehen zu lassen. Der Abschluss einer Kaskoversicherung ist ratsam.

Wie hoch ist die Parkgebühr pro …	**Ile kosztuje parkowanie za …** [ilɛ kɔʃtujɛ parkɔvaɲɛ za]
Stunde?	**godzinę?** [gɔdʑinɛ̃]
Tag?	**dzień?** [dʑɛɲ]
Nacht?	**noc?** [nɔt͡s]

Eine Panne

Ich habe eine Panne/einen Platten.	**Mam awarię/przebitą oponę.** [mam avarjɛ̃/pʃɛbitɔ̃ ɔpɔnɛ̃]
Würden Sie bitte den Pannendienst anrufen?	**Czy mógłby pan/mogłaby pani zadzwonić po pomoc drogową?** [t͡ʃɨ mugwbɨ pan/mɔgwabɨ paɲi zad͡zvɔɲit͡ɕ pɔ pɔmɔt͡s drɔgɔvɔ̃]

Könnten Sie mir mit Benzin aushelfen?	**Czy mógłby mnie pan/mogłaby mnie pani poratować benzyną?** [t͡ʃɨ mugwbɨ mɲɛ pan/mɔgwabɨ mɲɛ paɲi pɔratɔvat͡ɕ bɛnzɨnɔ̃]
Könnten Sie mir beim Reifenwechsel helfen?	**Czy mógłby mi pan/mogłaby mi pani pomóc przy zmianie koła?** [t͡ʃɨ mugwbɨ mʲi pan/mɔgwabɨ mʲi paɲi pɔmut͡s pʃɨ zmʲjaɲɛ kɔwa]
Würden Sie mich bis zur nächsten Tankstelle mitnehmen?	**Wziąłby/wzięłaby mnie pan/pani do najbliższej stacji benzynowej?** [vʑʲɔwbɨ/vʑɛwabɨ mɲɛ pan/paɲi dɔ najblʲiʃʃɛj stat͡sji b͡ɛnzɨnɔvɛj]

In der Werkstatt

Wo ist hier in der Nähe eine Werkstatt?	**Gdzie jest tu w pobliżu warsztat naprawczy?** [gdʑɛ jɛst tu f pɔblʲiʒu varʃtat napraft͡ʃɨ]
Mein Wagen springt nicht an.	**Mój samochód nie chce zapalić.** [muj samɔxut ɲɛ xt͡sɛ zapalʲit͡ɕ]
Können Sie mit mir kommen/mich abschleppen?	**Czy mógłby pan/mogłaby pani pójść ze mną/odholować mnie?** [t͡ʃɨ mugwbɨ pan/wɔgwabɨ paɲi pujɕt͡ɕ zɛ mnɔ̃/otxɔlovat͡ɕ mɲɛ]
Mit dem Motor stimmt was nicht.	**Z silnikiem jest coś nie w porządku.** [s ɕilɲicɛm jɛst t͡sɔɕ ɲɛ f pɔʒɔ̃tku]
… ist/sind defekt.	**… jest/są zepsute.** [jɛst/sɔ̃ zɛpsutɛ]
Der Wagen verliert Öl.	**Samochód traci olej.** [samɔxut trat͡ɕi ɔlɛj]
Können Sie mal nachsehen?	**Czy może pan/pani sprawdzić?** [t͡ʃɨ mɔʒɛ pan/paɲi spravd͡ʑit͡ɕ]
Machen Sie bitte nur die nötigsten Reparaturen.	**Proszę wykonać tylko najpotrzebniejsze naprawy.** [prɔʃɛ̃ vɨkɔnat͡ɕ tɨlkɔ najpɔtʃɛbɲɛjʃɛ napravɨ]
Wann ist der Wagen/das Motorrad fertig?	**Kiedy wóz/motocykl będzie gotowy?** [cɛdɨ vus/mɔtɔt͡sɨkl bɛɲdʑɛ gɔtɔvɨ]
Was wird es kosten?	**Ile to będzie kosztować?** [ilɛ tɔ bɛɲdʑɛ kɔʃtɔvat͡ɕ]

Verkehrsunfall

Es ist ein Unfall passiert.	**Zdarzył się wypadek.** [zdaʒɨw ɕɛ̃ vɨpadɛk]
Rufen Sie bitte schnell …	**Proszę wezwać szybko …** [prɔʃɛ̃ vɛzvat͡ɕ ʃɨpkɔ]
einen Krankenwagen.	**karetkę pogotowia.** [kavɛtkɛ̃ pɔgɔtɔvʲa]
die Polizei.	**policję.** [pɔlʲit͡sjɛ̃]
die Feuerwehr.	**straż pożarną.** [straʃ pɔʒarnɔ̃]
Haben Sie Verbandszeug?	**Czy ma pan/pani bandaże?** [tʃɨ ma pan/paɲi bandaʒɛ]
Es war Ihre Schuld.	**To była pana/pani wina.** [tɔ bɨwa pana/paɲi vina]
Sie haben …	**Pan/pani …** [pan/paɲi]
die Vorfahrt nicht beachtet.	**nie przestrzegał/a pierwszeństwa przejazdu.** [ɲɛ pʃɛstʃɛgaw/a pʲɛrfʃɛɲstfa pʃɛjazdu]
die Fahrspur gewechselt, ohne zu blinken.	**zmienił/a pas, nie włączając kierunkowskazu.** [zmʲɛɲiw/a pas, ɲɛ vwɔ̃tʃajɔ̃t͡s cɛrunkɔfskazu]
Sie sind …	**Pan/pani …** [pan/paɲi]
zu schnell gefahren.	**jechał/a za szybko.** [jɛxaw/a za ʃɨpkɔ]
zu dicht aufgefahren.	**podjechał/a za blisko.** [pɔdjɛxaw/a za blʲiskɔ]
bei Rot über die Kreuzung.	**przejechał/a skrzyżowanie na czerwonych światłach.** [pʃɛjɛxaw/a skʃɨʒɔvaɲɛ na t͡ʃɛrvɔnɨx ɕvjatwax]
Sollen wir die Polizei holen, oder können wir uns so einigen?	**Wezwać policję, czy się ugodzimy?** [vɛzvat͡ɕ pɔlʲit͡sjɛ̃, t͡ʃɨ ɕɛ̃ ugɔdʑimɨ]
Ich möchte den Schaden durch meine Versicherung regeln lassen.	**Chciałbym/chciałabym tę szkodę uregulować przez moją ubezpieczalnię.** [xt͡ɕawbɨm/xt͡ɕawabɨm tɛ̃ ʃkɔdɛ̃ urɛgulɔvat͡ɕ pʃɛs mɔjɔ̃ ubɛspʲɛtʃalɲɛ̃]
Geben Sie mir bitte Ihren Namen und Ihre Anschrift.	**Proszę mi podać pana/pani nazwisko i adres.** [prɔʃɛ̃ mʲi pɔdat͡ɕ pana/paɲi nazvʲiskɔ i adrɛs]
Vielen Dank für Ihre Hilfe.	**Bardzo dziękuję za pana/pani pomoc.** [bard͡zɔ dʑɛ̃kujɛ̃ za pana/paɲi pɔmɔt͡s]

Auto-, Motorrad- und Fahrradvermietung

Ich möchte für zwei Tage/ eine Woche … mieten.	**Chciałbym/chciałabym wypożyczyć na dwa dni/tydzień…** [xt͡ɕawbɨm/xt͡ɕawabɨm vɨpɔʒɨt͡ʃɨt͡ɕ na dva dɲi/tɨdʑɛɲ]
einen (Gelände-)Wagen	**samochód (terenowy).** [samɔxut tɛrɛnɔvɨ]
ein Motorrad	**motocykl.** [mɔtɔt͡sɨkl]
ein Fahrrad	**rower.** [rɔvɛr]
Wie hoch ist die Tages-/ Wochenpauschale?	**Jaki wysoki jest ryczałt na dzień/ tydzień?** [jaci vɨsɔci jɛst rɨt͡ʃawt na d͡ʑɛɲ/tɨdʑɛɲ]
Wie viel verlangen Sie pro gefahrenen Kilometer?	**Ile chce pan/pani za przejechany km?** [ilɛ xt͡sɛ pan/paɲi za pʃɛjɛxanɨ cilɔmɛtr]
Wie viel muss ich als Kaution hinterlegen?	**Jaką wysoką kaucję muszę dać w zastaw?** [jakɔ̃ vɨsɔkɔ̃ kawt͡sjɛ̃ muʃɛ̃ dat͡ɕ v zastaf]
Ich nehme den… / das…	**Wezmę go.** [vɛzmɛ̃ gɔ]
Ist das Fahrzeug vollkaskoversichert?	**Czy pojazd ma autokasko?** [t͡ʃɨ pɔjast ma awtɔkaskɔ]
Kann ich den Wagen gleich mitnehmen?	**Czy mogę ten samochód zaraz zabrać ?** [t͡ʃɨ mɔgɛ̃ tɛn samɔxut zaras zabrat͡ɕ]
Ist es möglich, das Fahrzeug in… abzugeben?	**Czy można oddać pojazd w…?** [t͡ʃɨ mɔʒna ɔddat͡ɕ pɔjast v]
Darf ich Ihren Führerschein sehen?	**Czy mogę zobaczyć pana/pani prawo jazdy?** [t͡ʃɨ mɔgɛ̃ zɔbat͡ʃɨt͡ɕ pana/paɲi pravɔ jazdɨ]

abbiegen	**skręcić** [skrɛɲt͡ɕit͡ɕ]
Abblendlicht	**światła mijania** [ɕvʲjatwa mʲijaɲa]
Abschleppdienst	**pomoc drogowa** [pɔmɔt͡s drɔgɔva]
abschleppen	**odholować** [ɔtxɔlɔvat͡ɕ]
Abschleppseil	**linka holownicza** [lʲinka xɔlɔvɲit͡ʃa]
Abschleppwagen	**samochód holujący** [samɔxut xɔlujɔ̃t͡sɨ]
Achse	**oś** [ɔɕ]
Alarmanlage	**system alarmowy** [sɨstɛm alarmɔvɨ]
Allradantrieb	**napęd na wszystkie koła** [napɛnt na fʃɨstkʲɛ kɔwa]
Anhänger	**przyczepa** [pʃɨt͡ʃɛpa]
Anlasser	**rozrusznik** [rɔzruʃɲik]

anspringen	**zapalić** [zapal̦it͡ɕ]
Auspuff	**rura wydechowa** [rura vɨdɛxɔva]
	tłumik [twum̦ik]
Autobahn	**autostrada** [awtɔstrada]
Autobahngebühren	**opłaty za autostradę** [ɔpwatɨ za awtɔstradɛ̃]
Automatik(getriebe)	**automatyczna skrzynia biegów** [awtɔmatɨt͡ʃna skʃɨɲa b̦jɛguf]
Automobilclub	**klub automobilowy** [klup awtɔmɔb̦ilɔvɨ]
Autoreifen	**opona samochodowa** [ɔpɔna samɔxɔdɔva]
Benzin	**benzyna** [bɛnzɨna]
Benzinkanister	**kanister na benzynę** [kaɲistɛr na bɛnzɨnɛ̃]
Benzinpumpe	**pompa benzynowa** [pɔmpa bɛnzɨnɔva]
Blinker	**kierunkowskaz** [cɛrunkɔfskas]
Bremsbelag	**okładzina hamulca** [ɔkwadʑina xamul͡tsa]
Bremse	**hamulec** [xamule͡ts]
bremsen	**hamować** [xamɔvat͡ɕ]
Bremsflüssigkeit	**płyn hamulcowy** [pwɨn xamul͡tsɔvɨ]
Bremshebel	**rączka hamulca** [rɔ̃t͡ʃka xamul͡tsa]
Bremslichter	**światła hamulcowe** [ɕ͡v̦jatwa xamul͡tsɔvɛ]
Bußgeld	**mandat** [mandat]
Defekt	**defekt** [dɛfɛkt]
Dichtung	**uszczelka** [uʃt͡ʃɛlka]
Düse	**dysza** [dɨʃa]
Einspritzpumpe	**pompa wtryskowa** [pɔompa ftrɨskɔva]
Ersatzrad	**koło zapasowe** [kɔwɔ zapasovɛ]
Ersatzteile	**części zamienne** [t͡ʃɛ̃ɕt͡ɕi zam̦ɛnnɛ]
Fahrrad	**rower** [rɔvɛr]
Fahrradweg	**droga dla rowerów** [drɔga dla rɔvɛruf]
Federung	**sprężynowanie** [sprɛ̃ʒɨnɔvaɲɛ]
Fehlzündung	**niewłaściwy zapłon** [ɲɛvwaɕt͡ɕivɨ zapwɔn]
Felge	**obręcz koła** [ɔbrɛ̃t͡ʃ kɔwa]
Fernlicht	**światła drogowe** [ɕv̦jatwa drɔgɔvɛ]
Flickzeug	**łatki do opon** [watci dɔ ɔpɔn]
Frostschutzmittel	**odmrażacz** [ɔdmraʒat͡ʃ]
Führerschein	**prawo jazdy** [pravɔ jazdɨ]
Gang	**bieg** [b̦jɛg]
erster Gang	**pierwszy bieg** [p̦ɛrf͡ʃɨ b̦jɛg]
Rückwärtsgang	**wsteczny bieg** [fstɛt͡ʃnɨ b̦jɛg]
Gangschaltung	**zmiana biegów** [zm̦jana b̦jɛguf]
Gas geben	**dodać gazu** [dɔdat͡ɕ gazu]
Gaspedal	**pedał gazu** [pɛdaw gazu]
Gebläse	**nawiew powietrza** [nav̦jɛv pɔv̦jɛt͡ʃa]
Getriebe	**skrzynia biegów** [skʃɨɲa b̦jɛguf]

Handbremse	**hamulec ręczny** [xamulet͡s rɛ̃t͡ʃnɨ]
Hebel	**rączka** [rɔ̃tʃka]
Heizung	**ogrzewanie** [ɔgʒɛvaɲɛ]
Hupe	**klakson** [klaksɔn]
Lichthupe	**sygnał świetlny** [sɨgnaw ɕvʲjɛtlnɨ]
Kabel	**kabel** [kabɛl]
Karosserie	**karoseria** [karɔsɛrʲja]
Keilriemen	**pasek klinowy** [pasɛk klʲinɔvɨ]
Kette	**łańcuch** [waɲt͡sux]
Kofferraum	**bagażnik samochodu** [bagaʒɲik samɔxɔdu]
Kolben	**tłok** [twɔk]
Kotflügel	**błotnik** [bwɔtɲik]
Kugellager	**łożysko** [wɔʒɨskɔ]
Kühler	**chłodnica** [xwɔdɲit͡sa]
Kühlwasser	**płyn chłodniczy** [pwɨn xwɔdɲit͡ʃɨ]
Kupplung	**sprzęgło** [spʃɛ̃gwɔ]
Kupplungshebel	**pedał sprzęgła** [pɛdaw spʃɛ̃gwa]
Kurzschluss	**zwarcie** [zvart͡ɕɛ]
Lastwagen	**samochód ciężarowy** [samɔxut t͡ɕɛ̃ʒarɔvɨ]
Lenker, Lenkrad	**kierownica** [cɛrɔvɲit͡sa]
Lichtmaschine	**alternator** [altɛrnatɔr]
Luftfilter	**filtr powietrza** [filtr pɔvʲjɛtʃa]
Mantel *(Reifen)*	**płaszcz opony samochodowej** [pwaʃtʃ ɔpɔnɨ samɔxɔdɔvɛj]
Mofa	**motorower** [mɔtɔrɔvɛr]
Moped	**moped** [mɔpɛt]

Frauenburg, Blick vom Kopernikus-Turm auf das frische Haff

Motor	**silnik** [ɕilɲik]
Motorrad	**motocykl** [mɔtɔt͡sɨkl]
Motorroller	**skuter** [skutɛr]
Notrufsäule	**telefon pierwszej pomocy na autostradzie** [tɛlɛfɔn pʲɛrfʃɛj pɔmɔt͡sɨ na awtɔstradʑɛ]
Nummernschild	**numer rejestracyjny na szyldzie** [numɛr rɛjɛstrat͡sɨjnɨ na ʃɨld͡ʑɛ]
Oktanzahl	**liczba oktanowa** [lʲit͡ʃba ɔktanɔva]
Öl	**olej** [ɔlɛj]
Ölwechsel	**wymiana oleju** [vɨmʲjana ɔlɛju]
Panne	**awaria** [avarʲja]
Pannendienst	**pomoc drogowa** [pɔmɔt͡s drɔgɔva]
Papiere	**dokumenty** [dɔkumɛntɨ]
Parkhaus	**parking** [parciŋg]
Parkplatz	**parking** [parciŋg]
Parkscheibe	**tarcza zegarowa do parkowania na czas** [tart͡ʃa zɛgarɔva dɔ parkɔvaɲa na t͡ʃas]
Parkuhr	**zegar parkingowy** [zɛgar parciŋgɔvɨ]
Pedal	**pedał** [pɛdaw]
Plattfuß	**przebita opona** [pʃɛbʲita ɔpɔna]
Promille	**promile** [prɔmʲilɛ]

Die Promillegrenze liegt in Polen bei 0,2. Auch geringfügige Überschreitungen werden streng bestraft.

PS	**KM** [kaɛm]
Rad	**koło** [kɔwɔ]
Radarkontrolle	**kontrola radarowa** [kɔntrɔla radarɔva]
Radkreuz	**klucz krzyżowy do koła** [klut͡ʃ kʃɨʒɔvɨ dɔ kɔwa]
Raststätte	**zajazd** [zajazt]
Reifen	**opona** [ɔpɔna]
Reserverad	**koło zapasowe** [kowɔ zapasɔvɛ]
Rücklicht	**światło wsteczne** [ɕvʲjatwɔ fstɛt͡ʃnɛ]
Rückspiegel	**lusterko wsteczne** [lustɛrkɔ fstɛt͡ʃnɛ]
Schalthebel	**rączka do przełączania** [vɔ̃t͡ʃka dɔ pʃɛwɔ̃t͡ʃaɲa]
Scheibenwischer	**wycieraczka na szybę** [vɨtɕɛrat͡ʃka na ʃɨbɛ̃]
Scheinwerfer	**reflektor** [rɛflɛktɔr]
Schiebedach	**dach odsuwany** [dax ɔtsuvanɨ]
Schlauch *(Reifen)*	**dętka** [dɛntka]
Schraube	**śruba** [ɕruba]
Schraubenmutter	**naśrubek** [naɕrubɛk]
Schraubenschlüssel	**klucz maszynowy** [klut͡ʃ maʃɨnɔvɨ]
Schraubenzieher	**śrubokręt** [ɕrubɔkrɛ̃t]

Sicherheitsgurt **pas bezpieczeństwa** [pas bɛsp,ɛt͡ʃɛɲstva]
Sicherung **bezpiecznik** [bɛsp,ɛt͡ʃɲik]
Speiche **szprycha** [ʃprɨxa]
Standlicht **światło postojowe** [ɕv,jatwɔ pɔstɔjɔvɛ]
Starthilfekabel **kabel pomocniczy do rozruchu** [kabɛl pɔmɔt͡sɲit͡ʃɨ dɔ rɔzruxu]
Stau **korek** [kɔrɛk]
Steckschlüssel **klucz nasadowy** [klut͡ʃ nasadɔvɨ]
Stoßdämpfer **amortyzator** [amɔrtɨzatɔr]
Stoßstange **zderzak** [zdɛʒak]
Straßenbenutzungsgebühr **podatek drogowy** [pɔdatɛk drɔgɔvɨ]

Von Personenbeförderungsfahrzeugen, d.h. auch Minibussen mit mehr als 5 Insassen, wird in Polen eine nach Fahrzeuggröße gestaffelte Straßenbenutzungsgebühr verlangt. Die Gebührenkarten erhalten Sie bei den polnischen Zollämtern und an bestimmten Tankstellen.

Straßenkarte **mapa drogowa** [mapa drɔgɔva]
Sturzhelm **hełm ochronny** [xɛwm ɔxrɔnnɨ]
Tachometer **szybkościomierz** [ʃɨpkɔɕt͡ɕɔm,jɛʃ]
Tank **bak** [bak]
Tankstelle **stacja benzynowa** [stat͡sja bɛnzɨnɔva]
trampen **podróżować autostopem** [pɔdruʒɔvat͡ɕ awtɔstɔpɛm]
Tramper **autostopowicz** [awtɔstɔpɔv,it͡ʃ]
Tretlager **łożysko osi pedałów** [wɔʒɨskɔ ɔɕi pɛdawuf]
überholen **wymijać** [vɨm,ijat͡ɕ]
Umleitung **objazd** [ɔbjast]
Ventil **zawór** [zavur]
Vergaser **gaźnik** [gaʑɲik]
Versicherungskarte, grüne **polisa ubezpieczeniowa, zielona** [pɔl,isa ubɛsp,ɛt͡ʃɛɲɔva, ʑɛlɔna]
Verteiler **rozdzielacz** [rɔʑd͡ʑɛlat͡ʃ]
vierspurig **czteropasmowy** [t͡ʃtɛrɔpasmɔvɨ]
Vollkasko **autokasko** [awtɔkaskɔ]
Vorderlicht **światła przednie** [ɕv,jatwa pʃɛdɲɛ]
Wagenheber **lewarek do samochodu** [lɛvarɛk dɔ samɔxɔdu]
Warnblinker **światła awaryjne** [ɕv,jatwa avarɨjnɛ]
Warndreieck **trójkąt ostrzegawczy** [trujkɔnt ɔstʃɛgaft͡ʃɨ]
Wegweiser **przewodnik** [pʃɛvɔdɲik]
Werkstatt **warsztat naprawczy** [varʃtat napraft͡ʃɨ]
Werkzeug **narzędzia** [naʒɛɲd͡ʑa]
Windschutzscheibe **przednia szyba w aucie** [pʃɛdɲa ʃɨba v awt͡ɕɛ]
Winterreifen **opona na śnieg** [ɔpɔna na ɕɲɛg]

Zündkerze	**świeca zapłonowa** [ɕvˌjɛt͡sa zapwɔnɔva]
Zündschloss	**stacyjka zapłonowa** [stat͡sɨjka zapwɔnɔva]
Zündschlüssel	**kluczyk zapłonowy** [klut͡ʃik zapwɔnɔvɨ]
Zündung	**zapłon** [zapwɔn]
Zylinder	**cylinder** [t͡sɨlˌindɛr]
Zylinderkopf	**głowica cylindra** [gwɔvit͡sa t͡sɨlˌindra]

Flugzeug

Einen Flug buchen

Wann fliegt die nächste Maschine nach …?	**Kiedy leci następny samolot do …?** [cɛdɨ lɛtɕi nastɛmpnɨ samɔlɔt dɔ]
Ich möchte einen einfachen Flug/Hin- und Rückflug nach … buchen.	**Chciałbym/chciałabym zarezerwować lot/lot powrotny do …** [xt͡ɕawbɨm/xt͡ɕawabɨm zarɛzɛrvɔvatɕ lɔt/lɔt pɔvrɔtnɨ dɔ]
Sind noch Plätze frei?	**Czy są jeszcze wolne miejsca?** [t͡ʃɨ sɔ̃ jɛʃt͡ʃɛ vɔlnɛ mˌɛjst͡sa]
Was kostet der Flug Touristenklasse/1. Klasse?	**Ile kosztuje lot klasą turystyczną/pierwszą klasą?** [ilɛ kɔʃtujɛ lɔt klasɔ̃ turɨstɨt͡ʃnɔ̃/pˌɛrfʃɔ̃ klasɔ̃]
Wie viel Gepäck ist frei?	**Ile bagażu zwolnione jest od dodatkowej opłaty?** [ilɛ bagaʒu zvɔlɲɔnɛ jɛst ɔd dɔdatkɔvɛj ɔpwatɨ]
Wann muss ich am Flughafen sein?	**Kiedy muszę być na lotnisku?** [cɛdɨ muʃɛ̃ bɨt͡ɕ na lɔtɲisku]
Ich möchte diesen Flug stornieren/umbuchen.	**Chciałbym/chciałabym anulować ten lot/zmienić rezerwację.** [xt͡ɕawbɨm/xt͡ɕawabɨm anulɔvat͡ɕ tɛn lɔt/zmˌɛɲit͡ɕ rɛzɛrvat͡sjɛ̃]

Am Flughafen

Wo ist …	**Gdzie jest …** [gdʑɛ jɛst]
der Schalter der …-Fluggesellschaft?	**okienko towarzystwa lotniczego …?** [ɔcɛnkɔ tɔvaʒɨstva lɔtɲit͡ʃɛgɔ]
der Informationsschalter?	**informacja?** [infɔrmat͡sja]
der Warteraum?	**poczekalnia?** [pɔt͡ʃɛkalɲa]
Hat die Maschine nach … Verspätung?	**Czy samolot do … ma spóźnienie?** [t͡ʃɨ samɔlɔt dɔ… ma spuʑɲɛɲɛ]
Ist die Maschine aus … schon gelandet?	**Czy samolot z … już wylądował?** [t͡ʃɨ samɔlɔt z… juʃ vɨlɔ̃dɔvaw]

Ankunft ➢auch Fundbüro, S. 140

Ich finde mein Gepäck/meinen Koffer nicht.	**Nie mogę znaleźć mego bagażu/ mojej walizki.** [ɲɛ mɔgɛ̃ znalɛɕt͡ɕ mɛgɔ bagaʒu/mɔjɛj val,isci]
Mein Koffer ist beschädigt worden.	**Moja walizka została uszkodzona.** [mɔja val,iska zɔstawa uʃkɔd͡zɔna]
An wen kann ich mich wenden?	**Do kogo mogę się zwrócić?** [dɔ kɔgɔ mɔgɛ̃ ɕɛ̃ zvrut͡ɕit͡ɕ]

Blick vom Kulturpalast, Warschau (Warszawa)

➢ **auch Eisenbahn, S. 45**

Abflug	**odlot** [ɔdlɔt]
planmäßiger Abflug	**planowy odlot** [planɔvɨ ɔdlɔt]
Ankunft	**przyjazd** [pʃɨjast], **przylot** [pʃɨlɔt]
Ankunftszeit	**czas przyjazdu/przylotu** [t͡ʃas pʃɨjazdu/pʃɨlɔtu]
Anschluss	**połączenie** [pɔwɔnt͡ʃɛɲɛ]
Auslandsflug	**lot zagraniczny** [lɔt zagraɲit͡ʃnɨ]
Besatzung	**załoga** [zawɔga]
Bordkarte	**karta pokładowa** [karta pɔkwadɔva]
buchen	**rezerwować** [rɛzɛrvɔvat͡ɕ]
Business class	**business class** [biznɛs klas]
Charterflug	**lot czarterowy** [lɔt t͡ʃartɛrɔvɨ]
Direktflug	**lot bezpośredni** [lɔt bɛspɔɕrɛdɲi]
Economy class	**economy class** [ɛkɔnɔmi klas]
einchecken	**odprawiać przed odlotem** [ɔtpravʲjat͡ɕ pʃɛd ɔdlɔtɛm]
Fensterplatz	**miejsce przy oknie** [mʲjɛjst͡sɛ pʃɨ ɔkɲɛ]
Flug	**lot** [lɔt]
Fluggesellschaft	**towarzystwo lotnicze** [tɔvaʒɨstvɔ lɔtɲit͡ʃɛ]
Flughafen	**lotnisko** [lɔtɲiskɔ]
Flughafenbus	**autobus lotniskowy** [awtɔbus lɔtɲiskɔvɨ]
Flughafengebühr	**opłata lotniskowa** [ɔpwata lɔtɲiskɔva]
Flugplan	**rozkład lotów** [rɔskwat lɔtuf]
Flugschein	**bilet lotniczy** [bʲilɛt lɔtɲit͡ʃɨ]
Flugsteig	**wyjście do samolotu** [vɨjɕt͡ɕɛ dɔ samɔlɔtu]
Flugzeug	**samolot** [samɔlɔt]
Gang *(im Flugzeug)*	**przejście** [pʃɛjɕt͡ɕɛ]
Gepäck	**bagaż** [bagaʃ]
Gepäckabfertigung	**odprawa bagażu** [ɔtprava bagaʒu]
Gepäckausgabe	**wydawanie bagażu** [vɨdavaɲɛ bagaʒu]
Gepäckwagen	**tragarz** [tragaʃ]
Handgepäck	**bagaż ręczny** [bagaʃ rɛ̃t͡ʃnɨ]
Inlandsflug	**lot krajowy** [lɔt krajɔvɨ]
landen	**lądować** [lɔ̃dɔvat͡ɕ]
Last-Minute-Flug	**last-minute-lot** [last-minit-lɔt]
Linienflug	**lot liniowy** [lɔt liɲɔvɨ]
Luftsicherheitsgebühr	**opłata za bezpieczeństwo lotu** [ɔpwata za bɛspʲɛt͡ʃɛɲstfɔ lɔtu]
Nichtraucher	**dla niepalących** [dla ɲɛpalɔ̃t͡sɨx]
Notausgang	**wyjście zapasowe** [vɨjɕt͡ɕɛ zapasɔvɛ]
Notlandung	**lądowanie awaryjne** [lɔ̃dɔvaɲɛ avarɨjnɛ]
Notrutsche	**trap awaryjny** [trap avarɨjnɨ]
Passagier	**pasażer** [pasaʒɛr]
Raucher	**dla palących** [dla palɔ̃t͡sɨx]
Reiseziel	**cel podróży** [t͡sɛl pɔdruʒɨ]

Schalter	**okienko** [ɔcɛnkɔ]
Schwimmweste	**kamizelka ratunkowa** [kam̦izɛlka ratunkɔva]
Sicherheitsgurt	**pas bezpieczeństwa** [pas bɛsp̦ɛt͡ʃɛɲstva]
Sicherheitskontrolle	**kontrola bezpieczeństwa** [kɔntrɔla bɛsp̦ɛt͡ʃɛɲstfa]
Steward/ess	**steward/esa** [stjuart/stjuardɛsa]
stornieren	**anulować** [anulɔvat͡ɕ]
umbuchen	**zmienić rezerwację** [zm̦ɛɲit͡ɕ rɛzɛrvat͡sjɛ̃]
Verspätung	**spóźnienie** [spuʑɲɛɲɛ]
zollfreier Laden	**sklep wolnocłowy** [sklɛp vɔlnɔt͡swɔvɨ]
Zwischenlandung	**międzylądowanie** [m̦ɛ̃d͡zɨlɔ̃dɔvaɲɛ]

Eisenbahn

Fahrkarten kaufen

Eine einfache Fahrt 2. Klasse/1. Klasse nach…, bitte.	**Proszę bilet drugiej klasy/pierwszej klasy do…** [prɔʃɛ̃ b̦ilɛt druɟɛj klasɨ/p̦ɛrfʃɛj klasɨ dɔ]
Zweimal … hin und zurück, bitte.	**Proszę dwa razy powrotny do…** [prɔʃɛ̃ dva razɨ pɔvrɔtnɨ dɔ]
Gibt es eine Ermäßigung für Kinder/kinderreiche Familien/Studenten?	**Czy jest też zniżka dla dzieci/rodzin wielodzietnych/studentów?** [t͡ʃɨ jɛst tɛʃ zɲiʃka dla d͡ʑɛt͡ɕi/rɔd͡ʑin v̦ɛlɔd͡ʑɛtnɨx/studɛntuf]
Bitte eine Platzkarte für den Zug um … Uhr nach…	**Proszę o miejscówkę na pociąg o godzinie … do…** [prɔʃɛ̃ ɔ m̦ɛjst͡sufkɛ̃ na pɔt͡ɕɔ̃ŋk ɔ gɔd͡ʑiɲɛ … dɔ]
Einen Fensterplatz?	**Miejsce przy oknie?** [m̦ɛjst͡sɛ pʃɨ ɔkɲɛ]
Ich möchte einen Liegewagenplatz/Schlafwagenplatz für den Zug um 20 Uhr nach…	**Chciałbym/chciałabym kuszetkę/wagon sypialny na pociąg o godzinie dwudziestej do…** [xt͡ɕawbɨm/xt͡ɕawabɨm kuʃɛtkɛ̃/vagɔn sɨp̦alnɨ na pɔt͡ɕɔ̃ŋk ɔ gɔd͡ʑiɲɛ dvud͡ʑɛstɛj dɔ]

Im Bahnhof

Ich möchte diesen Koffer als Reisegepäck aufgeben.	**Chciałbym/chciałabym nadać tę walizkę na bagaż.** [xt͡ɕawbɨm/xt͡ɕawabɨm nadat͡ɕ tɛ̃ val̦iskɛ̃ na bagaʃ]

Hat der Zug aus … Verspätung?	**Czy pociąg z … ma spóźnienie?** [t͡ʃɨ pɔt͡ɕɔ̃ŋk z… ma spuʑɲɛɲɛ]
Habe ich in … Anschluss nach …/an die Fähre?	**Czy mam w … połączenie do … /na prom?** [t͡ʃɨ mam v… pɔwɔ̃t͡ʃɛɲɛ dɔ…/na prɔm]
(Wo) Muss ich umsteigen?	**(Gdzie) Muszę przesiadać?** [(gdʑɛ) muʃɛ̃ pʃɛɕadat͡ɕ]
Von welchem Gleis fährt der Zug nach … ab?	**Z którego toru odjeżdża pociąg do …?** [s kturɛgɔ tɔru ɔdjɛʒd͡ʒa pɔt͡ɕɔ̃ŋk dɔ]

Hinweise und Informationen

Centrum	Zentrum
Dla palących	Raucher
Dla niepalących	Nichtraucher
Dworzec	Bahnhof
Hamulec bezpieczeństwa	Notbremse
Informacja	Auskunft
Objazd	Umleitung
Odjazd	Abfahrt
Palenie wzbronione	Rauchen nicht gestattet
Przyjazd	Ankunft
Poczekalnia	Wartesaal
Postój taksówek	Taxistand
Rozkład jazdy	Fahrplan
Wagon sypialny	Schlafwagen
Wagon z miejscami do leżenia	Liegewagen
Wejście	Eingang
Wyjście	Ausgang
Woln-e /-y/-a	frei
Woda niezdatna do picia	kein Trinkwasser
Zajęte	besetzt
Zawiadowca stacji	Stationsvorsteher

Im Zug

Verzeihung, ist dieser Platz noch frei?	**Przepraszam, czy to miejsce jest jeszcze wolne?** [pʃɛpraʃam, t͡ʃɨ tɔ mʲɛjst͡sɛ jɛst jɛʃt͡ʃɛ vɔlnɛ]
Können Sie mir bitte helfen?	**Czy może mi pan/pani pomóc?** [t͡ʃɨ mɔʒɛ mʲi pan/paɲi pɔmut͡s]
Darf ich das Fenster öffnen/schließen?	**Czy mogę otworzyć/zamknąć okno?** [t͡ʃɨ mɔgɛ̃ ɔtfɔʒɨt͡ɕ/zamknɔ̃t͡ɕ ɔknɔ]

Entschuldigen Sie, bitte. Dies ist ein Nichtraucherabteil.	**Przepraszam, to jest przedział dla niepalących.** [pʃɛpraʃam, tɔ jɛst pʃɛdʑaw dla ɲɛpalɔ̃t͡sɨx]
Entschuldigen Sie, das ist mein Platz. Ich habe eine Platzkarte.	**Przepraszam, to jest moje miejsce. Mam miejscówkę.** [pʃɛpraʃam, tɔ jɛst mɔjɛ mʲɛjst͡sɛ mam mʲɛjst͡sufkɛ̃]
Die Fahrkarten, bitte.	**Bilety poproszę.** [bʲilɛtɨ pɔprɔʃɛ̃]
Ist noch jemand zugestiegen?	**Czy ktoś dosiadł?** [t͡ʃɨ ktɔɕ dɔɕadw]
Wie lange haben wir hier Aufenthalt?	**Jak długo zatrzymamy się tutaj?** [jak dwugɔ zatʃɨmamɨ ɕɛ̃ tutaj]

➢ **auch Flugzeug, S. 42**

Abfahrt	**odjazd** [ɔdjast]
Abfahrtszeit	**czas odjazdu** [t͡ʃas ɔdjazdu]
Abteil	**przedział** [pʃɛd͡ɕaw]
ankommen	**przyjechać** [pʃɨjɛxat͡ɕ], **przybyć** [pʃɨbɨt͡ɕ]
Aufenthalt	**pobyt** [pɔbɨt]
aussteigen	**wysiadać** [vɨɕadat͡ɕ]
Autoreisezug	**pociąg z wagonami na samochody** [pɔt͡ɕɔ̃ŋk z vagɔnamʲi na samɔxɔdɨ]
Bahnhof	**dworzec** [dvɔʒɛt͡s]
Bahnhofsrestaurant	**restauracja dworcowa** [rɛstawrat͡sja dvɔrt͡sɔva]
besetzt	**zajęte** [zajɛntɛ]
D-Zug	**pociąg dalekobieżny** [pɔt͡ɕɔ̃ŋk dalɛkɔbʲɛʒnɨ]
EC (Eurocity)	**EC (Eurocity)** [ɛsɛ (ɛwrɔsitɨ)]
Eilzug	**pociąg przyśpieszony** [pɔt͡ɕɔ̃ŋk pʃɨɕpʲɛʃɔnɨ]
einsteigen	**wsiadać** [fɕadat͡ɕ]
Eisenbahn	**kolej (żelazna)** [kɔlɛj (ʒɛlazna)]
Ermäßigung	**zniżka** [zɲiʃka]
Fahrkarte	**bilet** [bʲilɛt]
Fahrkartenkontrolle	**kontrola biletów** [kɔntrɔla bʲilɛtuf]
Fahrkartenschalter	**okienko z biletami** [ɔɕɛnkɔ z bʲilɛtamʲi]
Fahrplan	**rozkład jazdy** [rɔskwat jazdɨ]
Fahrpreis	**cena biletu** [t͡sɛna bʲilɛtu]
Fensterplatz	**miejsce przy oknie** [mʲɛjst͡sɛ pʃɨ ɔkɲɛ]
frei	**wolne** [vɔlnɛ]
Gang	**korytarz** [kɔrɨtaʃ]
Gepäck	**bagaż** [bagaʃ]
Gepäckaufbewahrung	**przechowalnia bagażu** [pʃɛxɔvalɲa bagaʒu]
Gepäckschalter	**okienko odprawy bagażowej** [ɔɕɛnkɔ ɔtpravɨ bagaʒɔvɛj]

Gepäckschein	**kwit bagażowy** [kvit bagaʒɔvɨ]
Gepäckträger	**bagażowy** [bagaʒɔvɨ]
Gepäckwagen	**wózek na bagaż** [vuzɛk na bagaʃ]
Gleis	**tor** [tɔr]
Großraumwagen	**wagon bez przedziałów** [vagɔn bɛs pʃɛdʑawuf]
Hauptbahnhof	**dworzec główny** [dvɔʒɛt͡s gwuvnɨ]
IC (Intercity)	**IC (Intercity)** [intɛrsitɨ]
Interrail	**Interrail** [interrajl]
Kinderfahrkarte	**bilet dla dziecka** [bilɛt dla dʑɛt͡ska]
Kurswagen	**wagon bezpośredni** [vagɔn bɛspɔɕrɛdɲi]
Liegewagenkarte	**bilet na kuszetkę** [bilɛt na kuʃɛtkɛ̃]
nachlösen	**dokupić** [dɔkupit͡ɕ]
Nichtraucherabteil	**przedział dla niepalących** [pʃɛdʑaw dla ɲɛpalɔ̃t͡sɨx]
Notbremse	**hamulec bezpieczeństwa** [xamulɛt͡s bɛspɛt͡ʃɛɲstva]
Platzkarte	**miejscówka** [mɛjst͡sufka]
Raucherabteil	**przedział dla palących** [pʃɛdʑaw dla palɔ̃t͡sɨx]
Reservierung	**rezerwacja** [rɛzervat͡sja]
Rückfahrkarte	**bilet powrotny** [bilɛt pɔvrɔtnɨ]
Sammelfahrschein	**bilet zbiorowy** [bilɛt zbɔrɔvɨ]
Schlafwagenkarte	**bilet na wagon sypialny** [bilɛt na vagɔn sɨpalnɨ]
Schließfach	**skrytka na bagaż** [skrɨtka na bagaʃ]
Schnellzug	**pociąg pośpieszny** [pɔt͡ɕɔ̃ŋk pɔɕpɛʃnɨ]
Speisewagen	**wagon restauracyjny** [vagɔn rɛstawrat͡sɨjnɨ]
Toilette	**toaleta** [tɔalɛta]
Wagennummer	**numer wagonu** [numɛr vagɔnu]
Wartesaal	**poczekalnia** [pɔtʃɛkalɲa]
Waschraum	**umywalnia** [umɨvalɲa]
Zug	**pociąg** [pɔt͡ɕɔ̃ŋk]
Zuschlag	**dopłata** [dɔpwata]
zuschlagpflichtig	**obowiązkowa dopłata** [ɔbɔvjɔ̃skɔva dɔpwata]

Schiff

Auskunft

Welche ist die beste Schiffsverbindung nach …?	**Jakie jest najlepsze połączenie statkiem do …?** [jacɛ jɛst najlɛpʃɛ pɔwɔ̃t͡ʃɛɲɛ statcɛm dɔ]
Wann fährt das nächste Schiff/die nächste Fähre nach … ab?	**Kiedy odchodzi następny statek/prom do …?** [cɛdɨ ɔtxɔdʑi nastɛ̃pnɨ statɛk/prɔm dɔ]
Wann legen wir in … an?	**Kiedy przybijemy do …?** [cɛdɨ pʃɨbʲijɛmɨ dɔ]
Wie lange haben wir Aufenthalt in …?	**Jak długo zatrzymamy się w …?** [jak dwugɔ zatʃɨmamɨ ɕɛ̃ v]
Ich möchte eine Schiffskarte nach …	**Poproszę bilet na statek do …** [pɔprɔʃɛ̃ bʲilɛt na statɛk dɔ]
Ich möchte eine Karte für die Rundfahrt um … Uhr.	**Poproszę bilet na wycieczkę o … godzinie.** [pɔprɔʃɛ̃ bʲilɛt na vɨt͡ɕɛt͡ʃkɛ̃ ɔ … gɔdʑiɲɛ]

An Bord

Wo ist der Speisesaal/der Aufenthaltsraum?	**Gdzie jest restauracja/świetlica?** [gdʑɛ jɛst rɛstawrat͡sja/ɕvʲjɛtlʲit͡sa]
Steward, bringen Sie mir bitte …	**Steward, proszę przynieść mi …** [stjuart, prɔʃɛ̃ pʃɨɲɛɕt͡ɕ mʲi]
Ich fühle mich nicht wohl.	**Nie czuję sie dobrze.** [ɲɛ t͡ʃujɛ̃ ɕɛ̃ dɔbʒɛ]
Rufen Sie bitte den Schiffsarzt!	**Proszę zawołać lekarza okrętowego!** [prɔʃɛ̃ zavɔwat͡ɕ lɛkaʒa ɔkrɛntɔvɛgɔ]
Geben Sie mir bitte ein Mittel gegen Seekrankheit.	**Proszę mi dać środek przeciw chorobie morskiej.** [prɔʃɛ̃ mʲi dat͡ɕ ɕrɔdɛk pʃɛt͡ɕif xɔrɔbʲɛ mɔrscɛj]

➢ **auch Flugzeug, S. 42, und Eisenbahn, S. 45**

anlaufen	**zawinąć** [zavʲinɔ̃t͡ɕ]
anlegen in	**przybić** [pʃɨbʲit͡ɕ]
auslaufen	**wypłynąć** [vɨpwɨnɔ̃t͡ɕ]
ausschiffen	**opuścić statek** [ɔpuɕt͡ɕit͡ɕ statɛk]
Buchung	**rezerwacja** [rɛzɛrvat͡sja]
Dampfer	**parowiec** [parɔvʲɛt͡s]
Deck	**pokład** [pɔkwat]
einschiffen	**zaokrętować** [zaɔkrɛ̃tɔvat͡ɕ]

Fähre	**prom** [prɔm]
Autofähre	**prom samochodowy** [prɔm samɔxɔdɔvɨ]
Eisenbahnfähre	**prom kolejowy** [prɔm kɔlɛjɔvɨ]
Fahrkarte	**bilet** [bˌilɛt]
Hafen	**port** [pɔrt]
Hafengebühr	**opłata portowa** [ɔpwata pɔrtɔva]
Jacht	**jacht** [jaxt]
Kabine	**kabina** [kabˌina]
Kai	**nabrzeże** [nabʒɛʒɛ]
Kajüte	**kajuta** [kajuta]
Kreuzfahrt	**wycieczka statkiem po morzu** [vɨt͡ɕɛt͡ʃka statcɛm pɔ mɔʒu]
Kurs	**rejs** [rɛjs]
Küste	**wybrzeże** [vɨbʒɛʒɛ], **brzeg** [bʒɛk]
Landausflug	**wycieczka na ląd** [vɨt͡ɕɛt͡ʃka na lɔ̃t]
Landesteg	**miejsce zacumowania statku** [mˌɛjst͡sɛ zat͡sumɔvaɲa statku]
Leuchtturm	**latarnia morska** [latarɲa mɔrska]
Luftkissenboot	**poduszkowiec** [pɔduʃkɔvˌɛt͡s]
Motorboot	**motorówka** [mɔtɔrufka]
Passagier	**pasażer** [pasaʒɛr]
Promenadendeck	**pokład spacerowy** [pɔkwat spat͡sɛrɔvɨ]
Rettungsboot	**łódka ratownicza** [wutka ratɔvɲit͡ʃa]
Rettungsring	**koło ratunkowe** [kɔwɔ ratunkɔvɛ]
Ruderboot	**łódź z wiosłami** [wut͡ɕ z vˌɔswamˌi]
Rundfahrt	**wycieczka po morzu** [vɨt͡ɕɛt͡ʃka pɔ mɔʒu]
Schwimmweste	**kamizelka ratunkowa** [kamˌizɛlka ratunkɔva]
Seegang	**fala** [fala]
seekrank	**cierpiący na chorobę morską** [t͡ɕɛrpˌɔ̃t͡sɨ na xɔvɔbɛ̃ mɔrskɔ̃]
Segelboot	**żaglówka** [ʒaglufka]
Sonnendeck	**pokład dla opalających się** [pɔkwat dla ɔpalajɔ̃t͡sɨx ɕɛ̃]
Steward	**steward** [stjuart]
Tragflächenboot	**wodolot** [vɔdɔlɔt]
Überfahrt	**przejażdżka** [pʃɛjaʃt͡ʃka]
Ufer	**brzeg** [bʒɛk]
Verbindung	**połączenie** [pɔwɔ̃t͡ʃɛɲɛ]
Welle	**fala** [fala]
Zwischendeck	**międzypokład** [mˌjɛ̃d͡zɨpɔkwat]

Nahverkehrsmittel

Bitte, wo ist die nächste ...-Haltestelle? — **Przepraszam, gdzie jest tu następny przystanek...?** [pʃɛpraʃam, gdʑɛ jɛst tu nastɛmpnɨ pʃɨstanɛk]

Bus — **autobusowy** [awtɔbusɔvɨ]

E-Bus — **autobusu pośpiesznego** [awtɔbusu pɔɕp̦ɛʃnɛgɔ]

Obus — **trolejbusowy** [trɔlɛjbusɔvɨ]

Straßenbahn — **tramwajowy** [tramvajɔvɨ]

S-Bahn — **kolejki miejskiej** [kɔlɛjci m̦ɛjscɛj]

U-Bahn — **metra** [mɛtra]

Welcher Bus/Welche Straßenbahn fährt nach ...? — **Który autobus/który tramwaj jedzie do...?** [kturɨ awtɔbus/kturɨ tramvaj jɛdʑɛ dɔ]

Wann/Wo fährt der Bus ab? — **Kiedy/Gdzie odjeżdża autobus?** [cɛdɨ/gdʑɛ ɔdjɛʒdʒa awtɔbus]

In welche Richtung muss ich fahren? — **W którym kierunku muszę jechać?** [f kturɨm cɛrunku muʃɛ̃ jɛxat͡ɕ]

Wie viele Haltestellen sind es? — **Ile mamy przystanków?** [ilɛ mamɨ pʃɨstankuf]

Wo muss ich aussteigen/umsteigen? — **Gdzie muszę wysiąść/przesiąść się?** [gdʑɛ muʃɛ̃ vɨɕɔ̃ɕt͡ɕ/pʃɛɕɔ̃ɕt͡ɕ ɕɛ̃]

Geben Sie mir bitte Bescheid, wenn ich aussteigen muss.	**Proszę mi powiedzieć, kiedy muszę wysiąść?** [prɔʃɛ̃ m,i pɔv,ɛdʑɛt͡ɕ, cɛdɨ muʃɛ̃ vɨɕɔ̃ɕt͡ɕ]
Ist dies der richtige Bus nach …?	**Czy ten autobus jest do …?** [t͡ʃɨ tɛn awtɔbus jɛst dɔ]
Wann fährt die erste/letzte U-Bahn nach …?	**Kiedy jedzie pierwsze/ostatnie metro do …?** [cɛdɨ jɛdʑɛ p,ɛrfʃɛ/ɔstatɲɛ mɛtrɔ dɔ]
Wo kann ich den Fahrschein kaufen?	**Gdzie mogę kupić bilet?** [gdʑɛ mɔgɛ̃ kup,it͡ɕ b,ilɛt]
Bitte, einen Fahrschein nach …	**Poproszę bilet do …** [pɔprɔʃɛ̃ b,ilɛt dɔ]

Abfahrt	**odjazd** [ɔdjast]
aussteigen	**wysiadać** [vɨɕadat͡ɕ]
Bus	**autobus** [awtɔbus]
Busbahnhof	**dworzec autobusowy** [dvɔʒɛt͡s awtɔbusɔvɨ]
einsteigen	**wsiadać** [fɕadat͡ɕ]
Endstation	**stacja końcowa** [stat͡sja kɔɲt͡sɔva]
entwerten	**skasować** [skasɔvat͡ɕ]
Fahrer/in	**pasażer/ka** [pasaʒɛr/ka]
Fahrkartenautomat	**automat do biletów** [awtɔmat dɔ b,ilɛtuf]
Fahrplan	**rozkład jazdy** [rɔskwat jazdɨ]
Fahrpreis	**cena biletu** [t͡sɛna b,ilɛtu]
Fahrschein	**bilet** [b,ilɛt]
Fahrscheinentwerter	**automat do kasowania biletów** [awtɔmat dɔ kasɔvaɲa b,ilɛtuf]
halten	**zatrzymywać** [zatʃɨmɨvat͡ɕ]
Haltestelle	**przystanek** [pʃɨstanɛk]
Kontrolleur	**kontroler** [kɔntrɔlɛr]
lösen *(Fahrschein)*	**kupić bilet** [kup,it͡ɕ b,ilɛt]
Mehrfahrtenkarte	**karnet** [karnɛt]
Nahverkehrszug	**pociąg podmiejski** [pɔt͡ɕɔ̃ŋk pɔdm,ɛjsci]
Netzkarte	**mapa z siecią połączeń** [mapa s ɕɛt͡ɕɔ̃ pɔwɔ̃t͡ʃɛɲ]
Obus	**trolejbus** [trɔlɛjbus]
Richtung	**kierunek** [cɛrunɛk]
S-Bahn	**kolej miejska** [kɔlɛj m,jɛjska]
Schaffner	**konduktor** [kɔnduktɔr]
Straßenbahn	**tramwaj** [tramvaj]
Tageskarte	**bilet całodzienny** [b,ilɛt t͡sawɔdʑɛnnɨ]
U-Bahn	**metro** [mɛtrɔ]
Wochenkarte	**bilet tygodniowy** [b,ilɛt tɨgɔdɲɔvɨ]
Zahnradbahn	**kolejka zębata** [kɔlɛjka zɛmbata]
Zeitkarte	**bilet z ograniczeniem czasowym** [b,ilɛt z ɔgraɲit͡ʃɛɲɛm t͡ʃasɔvɨm]

Taxi

Wo ist der nächste Taxistand?	**Gdzie jest następny postój taksówek?** [gdʑɛ jɛst nastɛmpnɨ pɔstuj taksuvɛk]
Zum Bahnhof.	**Na dworzec.** [na dvɔʒɛt͡s]
Zum ...-Hotel.	**Do hotelu ...** [dɔ xɔtɛlu]
In die ...-Straße.	**Na ulicę ...** [na ulʲit͡sɛ̃]
Nach ..., bitte.	**Poproszę do ...** [pɔprɔʃɛ̃ dɔ]
Wie viel kostet es nach ...?	**Ile kosztuje do ...?** [ilɛ kɔʃtujɛ dɔ]
Halten Sie bitte hier.	**Proszę się tutaj zatrzymać.** [prɔʃɛ̃ ɕɛ̃ tutaj zatʃɨmat͡ɕ]
Das ist für Sie.	**To dla pana/pani.** [tɔ dla pana/paɲi]

halten	**zatrzymywać** [zatʃɨmɨvat͡ɕ]
Hausnummer	**numer domu** [numɛr dɔmu]
Kilometerpreis	**cena za kilometr** [t͡sɛna za cilɔmɛtr]
Pauschalpreis	**cena umowna** [t͡sɛna umɔvna]
Quittung	**pokwitowanie** [pɔkvʲitɔvaɲɛ]
Stadtrundfahrt	**wycieczka po mieście** [vɨt͡ɕɛt͡ʃka pɔ mʲjɛɕt͡ɕɛ]
Taxifahrer/in	**taksówkarz** [taksufkaʃ]
Taxistand	**postój taksówek** [pɔstuj taksuvɛk]
Trinkgeld	**napiwek** [napʲivɛk]

Zu Fuß

Bitte, wo ist ...?	**Przepraszam, gdzie jest ...?** [pʃɛpraʃam, gdʑɛ jɛst]
Tut mir Leid, das weiß ich nicht.	**Przykro mi, nie wiem.** [pʃɨkrɔ mʲi, ɲɛ vʲɛm]
Welches ist der kürzeste Weg nach/zu ...?	**Jaka droga jest najkrótsza do ...?** [jaka drɔga jɛst najkrutʃa dɔ]
Wie weit ist es zum/zur ...?	**Jak daleko jest do ...?** [jak dalɛkɔ jɛst dɔ]
Es ist (nicht) weit.	**Jest (nie)daleko.** [jɛst (ɲɛ) dalɛkɔ]
Gehen Sie geradeaus/nach links/nach rechts.	**Niech pan/pani idzie prosto/na lewo/na prawo.** [ɲɛx pan/paɲi idʑɛ prɔstɔ/na lɛvɔ/na pravɔ]

Erste/Zweite Straße links/rechts.	**pierwsza/druga ulica na lewo/na prawo** [pʲɛrfʃa/druga ulʲit͡sa na lɛvɔ/na pravɔ]
Überqueren Sie…	**Niech pan/pani przejdzie…** [ɲɛx pan/paɲi pʃɛjdʑɛ]
die Brücke.	**przez most.** [pʃɛs mɔst]
den Platz.	**przez plac.** [pʃɛs plat͡s]
die Straße.	**na drugą stronę ulicy.** [na drugɔ̃ strɔnɛ̃ ulʲit͡sɨ]
Dann fragen Sie noch einmal.	**Potem niech pan/pani jeszcze raz zapyta.** [pɔtɛm ɲɛx pan/paɲi jɛʃt͡ʃɛ ras zapɨta]
Sie können es nicht verfehlen.	**Zabłądzić pan/pani nie może.** [zabwɔ̃d͡ʑit͡ɕ pan/paɲi ɲɛ mɔʒɛ]
Sie können den Bus Nr. … nehmen.	**Pan/pani może pojechać autobusem numer…** [pan/paɲi mɔʒɛ pɔjɛxat͡ɕ awtɔbusɛm numɛr]

Fußgängerzone	**strefa dla pieszych** [strɛfa dla pʲɛʃɨx]
Gasse	**uliczka** [ulʲit͡ʃka]
Gebäude	**budynek** [budɨnɛk]
Gehsteig	**chodnik** [xɔdɲik]
Hauptstraße	**główna ulica** [gwuvna ulʲit͡sa]
Haus	**dom** [dɔm]
Innenstadt	**śródmieście** [ɕrudmʲɛɕt͡ɕɛ]
Kirche	**kościół** [kɔɕt͡ɕuw]
Park	**park** [park]
Stadtteil	**dzielnica miasta** [d͡ʑɛlɲit͡sa mʲjasta]
Stadtzentrum	**centrum miasta** [t͡sɛntrum mʲjasta]
Straße	**ulica** [ulʲit͡sa]
Vorort	**przedmieście** [pʃɛdmʲjɛ ɕt͡ɕɛ]

Reisen mit Kindern

Trotz Geburtenrückgang: Kinder stets willkommen
Polen ist traditionell ein kinderfreundliches Land. So ist es für die meisten Polen immer noch selbstverständlich, dass zu einer Ehe auch Kinder gehören. Die Geburtenrate ist in den letzten Jahren trotz allem zurückgegangen, worin sich sicherlich nicht zuletzt der Einfluss der westlichen Kultur auf den Lebensstil der jungen Polen zeigt. Zahlreiche Krabbelstuben und Kindergärten erleichtern in Polen den Müttern den raschen beruflichen Wiedereinstieg, der hier häufig aus finanzieller Not unumgänglich ist.
Auch als Tourist können Sie von der Kinderliebe der Polen profitieren. In den Restaurants sind Kinderportionen durchweg üblich. Bei Eintritt in Museen, Kinos oder zu Sportveranstaltungen erhalten Kinder fast immer eine Ermäßigung. Scheuen Sie sich also nicht, danach zu fragen, wenn mal der volle Preis verlangt wird! Übrigens: Auch in Polen gilt die Anschnallpflicht für Kinder.

Nützliches für hier und dort

Gibt es hier einen Kinderspielplatz?	**Czy jest tu plac zabaw?** [t͡ʃɨ jɛst tu plat͡s zabaf]
Gibt es hier Kinderbetreuung?	**Czy jest tu opieka nad dziećmi?** t͡ʃɨ jɛst tu opjɛka nat dʑɛt͡ɕmʲi]
Ab welchem Alter?	**Od ilu lat?** [ot ilu lat]
Gibt es Veranstaltungen für Kinder?	**Czy są imprezy dla dzieci?** [t͡ʃɨ sɔ̃ imprɛzɨ dla d͡ʑɛt͡ɕi]
Bekommen Kinder eine Ermäßigung?	**Czy dzieci otrzymają zniżkę?** [t͡ʃɨ d͡ʑɛt͡ɕi ot͡ʃɨmajɔ̃ zɲiʃkɛ]
Wo bekomme ich Windeln?	**Gdzie dostanę pieluchy?** [gd͡ʑɛ dostanɛ̃ pʲjɛlux]

Unterwegs

Wir reisen mit Kind. Können wir einen Platz ganz vorn bekommen?	**Jedziemy z dzieckiem. Czy możemy dostać miejsce na samym przodzie?** [jɛdʑɛmɨ z dʑɛt͡scɛm. t͡ʃɨ moʒɛmɨ dostat͡ɕ mʲjɛjst͡sɛ na samɨm pʃodʑɛ]
Haben Sie einen Kindersicherheitsgurt?	**Czy ma pan/pani dziecięcy pas bezpieczeństwa?** [t͡ʃɨ ma pan/paɲi d͡ʑɛt͡ɕɛnt͡sɨ pas bɛs pʲjɛt͡ʃɛɲstfa]

Verleihen Sie Kinderautositze?	**Czy wypożycza pan/pani dziecięce siedzenia samochodowe?** [t͡ʃɨ vɨpoʒɨt͡ʃa pan/paɲi ɛt͡ɕɛnd͡ʑt͡sɛ ɕɛdʑɛɲia samoxodovɛ]

Im Restaurant

Bringen Sie uns bitte einen Kinderstuhl.	**Proszę przynieść jeszcze jedno krzesło dziecięce.** [proʃɛ̃ pʃɨɲɛɕt͡ɕ jɛʃt͡ʃɛ jɛdno kʃɛswo ɛt͡ɕɛnd͡ʑt͡sɛ]
Gibt es auch Kinderportionen?	**Czy są też porcje dla dzieci?** [t͡ʃɨ sɔ̃ tɛʃ port͡sjɛ dla d͡ʑɛt͡ɕi]
Könnten Sie mir bitte das Fläschchen warm machen?	**Czy mógłby mi pan/pani podgrzać butelkę?** [t͡ʃɨ mugwbɨ mi pan/paɲi podgʒat͡ɕ butɛlkɛ̃]
Gibt es hier einen Wickelraum?	**Czy jest tu pomieszczenie do przewijania?** [t͡ʃɨ jɛst tu pɔmjɛʃt͡ʃɛɲɛ do pʃɛvijaɲa]
Wo kann ich stillen?	**Gdzie mogę karmić?** [gd͡ʑɛ mogɛ̃ karmˌit͡ɕ]

Babyschale *(fürs Auto)*	**koszyk dla dziecka** [koʃɨk dla d͡ʑɛt͡ɕka]
Babysitter	**opiekun do dzieci** [ɔpjɛkun dɔ d͡ʑɛt͡ɕi]
Fläschchenwärmer	**podgrzewacz do butelek** [podgʒɛvat͡ʃ do buteleɛk]
Junge	**chłopiec** [xwɔpjɛt͡s]
Kinderbecken	**basen dla dzieci** [basɛn dla d͡ʑɛt͡ɕi]
Kinderbetreuung	**opieka nad dziećmi** [ɔpˌjɛka nat dʑɛt͡ɕmˌi]
Kinderbett	**łóżko dziecięce** [wuʃkɔ dʑɛt͡ɕɛ̃t͡sɛ]
Kinderermäßigung	**zniżka dla dzieci** [zɲiʃka dla d͡ʑɛt͡ɕi]
Kinderkleidung	**odzież dla dzieci** [ɔd͡ʑɛʃ dla d͡ʑɛt͡ɕi]
Kindernahrung	**jedzenie dla dzieci** [jɛd͡zɛɲɛ dla d͡ʑɛt͡ɕi]
Kindersitz *(fürs Auto)*	**siedzenie dziecięce (do auta)** [ɕɛdʑɛɲia dʑɛt͡ɕɛ̃t͡sɛ]
Kindersitz *(fürs Fahrrad)*	**siedzenie dziecięce (do roweru)** [ɕɛdʑɛɲia dʑɛt͡ɕɛ̃t͡sɛ]
Kindersitzkissen *(fürs Auto)*	**poduszka dziecięca (do auta)** [poduʃka dʑɛt͡ɕɛ̃t͡sa]
Kinderspielplatz	**plac zabaw** [plat͡s zabaf]
Mädchen	**dziewczynka** [dʑɛft͡ʃɨnka]
Malbuch	**kolorowanka** [kɔlɔrɔvanka]
Planschbecken	**brodzik** [brɔdʑˌik]
Sandkasten	**piaskownica** [pjaskɔvɲˌit͡sa]
Sauger	**smoczek** [smɔt͡ʃɛk]

Saugflasche	**butelka ze smoczkiem** [butɛlka zɛ smɔt͡ʃcɛm]
Schnuller	**smoczek** [smɔt͡ʃɛk]
Schwimmflügel	**motylki** [motɨlci]
Schwimmkurs	**kurs pływania** [kurs pwɨvaɲ,a]
Schwimmring	**koło ratunkowe** [kɔwɔ ratunkɔvɛ]
Sonnenschutz	**osłona przeciwsłoneczna** [ɔswɔna pʃɛt͡ɕ,ifswɔnɛt͡ʃna]
Spielkamerad	**towarzysz zabaw** [tɔvaʒɨʃ zabaf]
Spielsachen	**zabawki** [zabafci]
Spielwarengeschäft	**sklep z zabawkami** [sklɛp z zabafkam,i]
Trinkflasche	**butelka do picia** [butɛlka dɔ p,it͡ɕa]
Vergnügungspark	**park rozrywek** [park rɔzrɨvɛk]
Wickeltisch	**stół do przewijania** [stuw do pʃɛv,ijaɲa]
Windeln	**pieluchy** [p,ɛluxɨ]

Gesundheit ➢ auch Gesundheit, S. 125

Gibt es hier einen Kinderarzt?	**Czy jest tu pediatra?** [t͡ʃɨ jɛst tu pɛdjatra]
Mein Kind hat ...	**Moje dziecko ma ...** [mɔjɛ d͡ʑɛt͡skɔ ma ...]
Mein Kind ist allergisch gegen ...	**Moje dziecko jest alergiczne na ...** [mɔjɛ d͡ʑɛt͡skɔ jɛst alɛrɟit͡ʃnɛ]
Mein Kind ist gestochen worden.	**Moje dziecko zostało użądlone.** [mɔjɛ d͡ʑɛt͡skɔ zɔstawɔ uʒɔndlɔnɛ]

Allergie	**alergia** [alɛrɟja]
Ausschlag	**wysypka** [vɨsɨpka]
Elektrolytlösung	**rozpuszczalnik elektrolitu** [rɔspu ʃt͡ʃalɲ,ik]
Fieber	**gorączka** [gɔrɔnt͡ʃka]
Heilnahrung	**odżywka** [ɔdʒɨvka]
Impfpass	**książeczka szczepień** [kɕɔ̃ʒɛt͡ʃka ʃt͡ʃɛp,ɛɲ]
Kinderkrankenhaus	**szpital dziecięcy** [ʃp,ital d͡ʑɛt͡ɕɛ̃t͡sɨ]
Kinderkrankheit	**choroba dziecięca** [xɔroba d͡ʑɛt͡ɕɛ̃t͡sa]
Masern	**odra** [ɔdra]
Mumps	**zapalenie przyusznicy** [zapalɛɲɛ pʃɨuʃɲit͡sɨ], *fam* **świnka** [ɕf,inka]
Pilz	**grzyb** [gʒɨp]
Röteln	**różyczka** [ruʒɨt͡ʃka]
Scharlach	**szkarlatyna** [ʃkarlatɨna], **płonica** [pwɔɲit͡sa]
Windpocken	**ospa wietrzna** [ɔspa v,ɛt͡ʃʃna]

Behinderte unterwegs

Es bleibt noch viel zu tun
In Polen sichern zwar gesetzliche Regelungen die Chancengleichheit von Behinderten, doch das Alltagsleben pflegt oft weit von diesem Ideal entfernt zu sein.
Die architektonische und urbane Infrastruktur (Treppen, Schwellen, Bordsteinkanten, Fußgängerunterführungen) ist noch nicht überall an die Bedürfnisse und Möglichkeiten Behinderter angepasst. Am besten vorbereitet sind der Flugverkehr und die Fernzüge, vor allem der Euro- und der Intercity. Schlechter sieht es bei den Nah- und Regionalverbindungen aus. In großen Städten verkehren bereits Busse und Straßenbahn mit Niederflurtechnik, allerdings nicht jederzeit und nicht auf jeder Linie.
Die Behinderten und ihre Freunde bilden in Polen mittlerweile eine immer bedeutendere Lobby. Ihre Organisationen und Selbsthilfegruppen arbeiten – mit immer größerem Erfolg – daran, das alltägliche Leben von Barrieren zu befreien. Dank dieser Arbeit verstehen und akzeptieren bereits viele Polen die Tatsache, dass die Teilnahme an und der Zutritt zu allen Formen des öffentlichen Lebens ein gutes Recht jedes Einzelnen ist. So ist es nicht schwer, an öffentlichen Plätzen Menschen zu treffen, die freundlich und hilfsbereit sind.

Ich bin …	**Jestem …** [jɛstem]
körperbehindert.	**niepełnosprawny/niepełnosprawna.** [ɲɛpɛwnospravnɨ/ɲɛpɛwnospravna]
sehbehindert.	**niewidomy/niewidoma.** [ɲɛv̦idɔmɨ/ɲɛv̦idɔma]
Ich habe …	**Mam …** [mam]
eine Gehbehinderung.	**niepełnosprawne nogi.** [ɲɛpɛwnɔspravnɛ nɔɟi]
Multiple Sklerose.	**stwardnienie rozsiane.** [stfardɲɛɲɛ rɔsɕanɛ]

Unterwegs

Gibt es einen besonderen Betreuungsdienst für behinderte Fluggäste?	**Czy są specjalni opiekunowie dla niepełnosprawnych pasażerów samolotu?** [t͡ʃɨ sɔ̃ spɛt͡sjalɲi ɔp̦jɛkunov̦jɛ dla ɲɛpɛwnɔspravnɨx pasaʒɛruf samɔlɔtu]
Kann ich einen eigenen faltbaren Rollstuhl im Flugzeug mitnehmen?	**Czy mogę zabrać do samolotu mój składany wózek inwalidzki?** [t͡ʃɨ mɔgɛ zabrat͡ɕ dɔ samɔlɔtu muj skwadanɨ vuzɛk invalit͡sci]

Wird ein Rollstuhl am Abflug-/Zielflughafen bereitgestellt?	**Czy w porcie odlotu, / w porcie przylotu będzie do dyspozycji wózek inwalidzki?** [t͡ʃɨ v pɔrt͡ɕɛ ɔdlɔtu/v pɔrt͡ɕɛ pʃɨlɔtu bɛɲd͡ʑɛ dɔ dɨspɔzɨt͡sji vuzɛk invalit͡sci]
Ich möchte einen Sitz am Gang.	**Chciałbym / Chciałabym miejsce przy przejściu?** [xt͡ɕawbɨm/xt͡ɕawabɨm mʲjɛjst͡sɛ pʃɨ pʃɛjɕt͡ɕu]
Gibt es eine Behindertentoilette?	**Czy jest toaleta dla niepełnosprawnych?** [t͡ʃɨ jɛst tɔalɛta dla ɲɛpɛwnɔspravnɨx]
Gibt es einen Behindertenwaschraum?	**Czy jest łazienka dla niepełnosprawnych?** [t͡ʃɨ jɛst waʑɛŋka dla ɲɛpɛwnɔspravnɨx]
Könnte mir jemand beim Umsteigen behilflich sein?	**Czy ktoś mógłby mi pomóc przy przesiadce?** [t͡ʃɨ ktɔɕ mugwbɨ mʲi pɔmut͡s pʃɨ pʃɛɕatt͡sɛ]
Ist der Einstieg in die Wagen ebenerdig?	**Czy pojazd ma wejście bezprogowe?** [t͡ʃɨ pɔjast ma vɛjɕt͡ɕɛ bɛsprɔgɔvɛ]
Gibt es Niederflurbusse?	**Czy są autobusy niskopokładowe?** [t͡ʃɨ sɔ̃ awtɔbusɨ ɲiskɔpɔkwadovɛ]
Sind die Bahnsteige über Rampen für Rollstuhlfahrer zugänglich?	**Czy można się dostać na perony przez rampę dla niepełnosprawnych na wózkach?** [t͡ʃɨ mɔʒna ɕɛ dɔstat͡ɕ na pɛrɔnɨ pʃɛs rampɛ dla ɲɛpɛwnɔspravnɨx na vuskax]
Wird eine Begleitperson unentgeltlich befördert?	**Czy osoba towarzysząca/opiekun jedzie bezpłatnie?** [t͡ʃɨ ɔsɔba tɔvaʒɨʃɔnt͡sa/ɔpʲjɛkun jɛd͡ʑɛ bespwatɲɛ]
Gibt es für Körperbehinderte Leihwagen mit Handgas?	**Czy są do wypożyczenia samochody dla niepełnosprawnych z ręcznym pedałem gazu?** [t͡ʃɨ sɔ̃ dɔ vɨpɔʒɨt͡ʃɛɲa samɔxɔdɨ dla ɲɛpɛwnɔspravnɨxzɛnt͡ʃnɨx zrɛnt͡ʃnɨm pɛdawɛm gazu]
Vermieten Sie rollstuhlgerechte Wohnmobile?	**Czy wypożyczają państwo samochody campingowe przystosowane dla niepełnosprawnych na wózkach?** [t͡ʃɨ vɨpɔʒɨt͡ʃajɔ̃ paɲstfɔ samɔxɔdɨ kɛmpiŋgɔvɛ pʃɨstɔsɔvanɛ dla ɲɛpɛwnɔspravnɨx na vuskax]

Unterkunft

Können Sie mir bitte Informationen senden, welche Hotels in … für Rollstuhlfahrer geeignet sind.

Czy mogą państwo wysłać mi informacje, które hotele w … są przystosowane dla niepełnosprawnych na wózkach? [t͡ʃɨ mɔgɔ̃ paɲstfɔ vɨswat͡ɕ m,i infɔmat͡sjɛ, kturɛ xɔtɛlɛ v … sɔ̃ pʃɨstɔsɔvanɛ dla ɲɛpɛwnɔspravnɨx na vuskax]

Gibt es dort Hotels mit speziell für Rollstuhlfahrer eingerichteten Zimmern?

Czy są tam hotele z pokojami specjalnie wyposażonymi dla niepełnosprawnych na wózkach? [t͡ʃɨ sɔ̃ tam xɔtɛlɛ spɔkɔjam,i spɛt͡sjalɲɛ vɨpɔsaʒɔnɨm,i dla ɲɛpɛwnɔspravnɨx na vuskax]

Welche Hotels und Campingplätze haben behindertengerechte Einrichtungen?

Które hotele i campingi mają wyposażenie odpowiednie dla niepełnosprawnych? [kturɛ xɔtɛlɛ i kɛmpiŋɟi majɔ̃ vɨpɔsaʒɛɲɛ dla ɲɛpɛwnɔspravnɨx]

Wie breit sind die Türen?

Jak szerokie są drzwi? [jak ʃɛrɔcɛ sɔ̃ dʒv,i]

Wie hoch ist das Bett?

Jak wysokie jest łóżko? [jak vɨsɔcɛ jɛst wuʃkɔ]

Was für einen Bodenbelag hat das Zimmer?

Jaką wykładzinę ma pokój? [jakɔ̃ vɨkwad͡ʑinɛ ma pɔkuj]

Sind die Badezimmer behindertengerecht ausgestattet?

Czy łazienki są przystosowane dla niepełnosprawnych? [t͡ʃɨ waʑɛŋci sɔ̃ pʃɨstɔsɔvanɛ dla ɲɛpɛwnɔspravnɨx]

Meine Rollstuhlmaße sind folgende: Wendekreis …, Gesamtlänge …, Gesamtbreite …, Gewicht …

Rozmiary mojego wózka inwalidzkiego są następujące: średnica obrotu …, długość …, szerokość …, waga … [rɔzm,jarɨ mɔjɛgɔ vuzka invalit͡scɛgɔ sɔ nastɛmpujsɔnt͡sɛ ɕrɛdɲit͡sa ɔbrɔtu …, dwugɔɕt͡ɕ … , ʃɛrɔkɔɕt͡ɕ … , vaga …]

Museen, Sehenswürdigkeiten, Theater …

Ist die Ausstellung für Gehbehinderte über Aufzüge / stufenlose Zugänge erreichbar?

Czy niepełnosprawni ruchowo mogą się dostać na tę wystawę przy pomocy windy lub rampy? [t͡ʃɨ ɲɛpɛwnɔspravɲi ruxɔvɔ mɔgɔ̃ ɕɛ dɔstat͡ɕ na tɛ vɨstavɛ pʃɨ pɔmɔt͡sɨ v,indɨ lup rampɨ]

Ist das Museum behindertengerecht ausgestattet?	**Czy to muzeum jest przystosowane dla niepełnosprawnych?** [t͡ʃɨ tɔ muzɛum jɛst pʃɨstɔsɔvanɛ dla ɲɛpɛwnɔspravnɨx]
Gibt es spezielle Vergünstigungen für Behinderte?	**Czy są specjalne zniżki dla niepełnosprawnych?** [t͡ʃɨ sɔ̃ spɛt͡sjalnɛ zɲiʃci pʃɨstɔsɔvanɛ dla ɲɛpɛwnɔspravnɨx]
Gibt es behindertengerecht konzipierte Führungen/Stadtführungen für Gehörlose?	**Czy są specjalne wycieczki z przewodnikiem / wycieczki po mieście z przewodnikiem dla głuchych?** [t͡ʃɨ sɔ̃ spɛt͡sjalnɛ vɨt͡ɕɛt͡ʃci spʃɛvɔdɲicɛm / vɨt͡ɕɛt͡ʃci pɔ mʲjɛɕt͡ɕɛ spʃɛvɔdɲicɛm dla gwuxɨx]
Steht für Hörbehinderte eine mobile Mikroport-Anlage zur Verfügung?	**Czy niepełnosprawni z wadami słuchu mają do dyspozycji przenośne urządzenie mikroportowe?** [t͡ʃɨ ɲɛpɛwnɔspravɲi zvadamʲi swuxu majɔ̃ dɔ dɨspɔzɨt͡sji pʃɛnɔɕnɛ uʒɔnd͡ʑɛɲɛ mʲikrɔpɔrtɔvɛ]
Können Induktionsschleifen für Hörbehinderte eingeschaltet werden?	**Czy można włączyć kable indykacyjne dla niepełnosprawnych z wadami słuchu?** [t͡ʃɨ mɔʒna vwɔnt͡ʃɨt͡ɕ kablɛ indɨkat͡sɨjnɛ dla ɲɛpɛwnɔspravnɨx zvadamʲi swuxu]
Gibt es Museumsführungen/Theateraufführungen für Taubstumme/Blinde?	**Czy są wycieczki z przewodnikiem po muzeum / przedstawienia teatralne dla głuchoniemych i niewidomych?** [t͡ʃɨ sɔ̃ vɨt͡ɕɛt͡ʃci spʃɛvɔdɲicɛm pɔ muzɛum / pʃɛtstavʲjɛɲa tɛatralnɛ dla gwuxɔɲɛmɨx / ɲɛvʲidɔmɨx]
Sind Sitzbereiche und Stellmöglichkeiten für Rollstuhlfahrer vorgesehen?	**Czy są przewidziane rzędy krzeseł i miejsca stojące dla niepełnosprawnych na wózkach inwalidzkich?** [t͡ʃɨ sɔ̃ pʃɛvʲid͡ʑanɛ ʒɛndɨ kʃɛsɛw i mʲjɛjst͡sa stɔjɔnt͡sɛ dla ɲɛpɛwnɔspravnɨx na vuskax invalit͡scix]

amputiert	**amputowany/amputowana/amputowane** [amputɔvanɨ / amputɔvana /amptɔvanɛ]
Auffahrtrampe	**rampa wjazdowa** [rampa vʲjazdɔva]
barrierefrei	**bez barier** [bɛzbarjɛr], **bez przeszkód** [bɛspʃɛʃkut]
befahrbar	**przejezdny** [pʃɛjɛzdnɨ]
Begleitperson	**osoba towarzysząca** [ɔsɔba tɔvaʒɨʃɔnt͡sa],

Begleitung	**opieka** [ɔp,jɛka]
Behindertenausweis	**legitymacja inwalidzka** [lɛɟitɨmat͡sja invalit͡ska]
behindertengerecht	**przystosowany dla niepełnosprawnych** [pʃɨstɔsɔvanɨ dla ɲɛpɛwnɔspravnɨx]
Behindertenparkplatz	**miejsce parkingowe dla niepełnosprawnych** [m,jɛjst͡sɛ parciŋgɔvɛ dla ɲɛpɛwnɔspravnɨx]
Behindertentoilette	**toaleta dla niepełnosprawnych** [tɔalɛta dla ɲɛpɛwnɔspravnɨx]
Behindertenverband	**związek niepełnosprawnych** [zv,jɔ̃zɛk ɲɛpɛwnɔspravnɨx]
Betreuungsdienst	**opiekunowie dla niepełnosprawych** [ɔp,jɛkunɔv,jɛ dla ɲɛpɛwnɔspravnɨx]
blind	**niewidomy** [ɲɛv,idɔmɨ]
Blinde/r	**niewidoma/niewidomy** [ɲɛv,idɔma/ɲɛv,idɔmɨ]
Blindenhund	**pies dla niewidomych** [p,jɛs dla ɲɛv,idɔmɨx]
Braille	**Braille** [brajl]
Breite	**szerokość** [ʃɛrɔkɔɕt͡ɕ]
Duschsitz	**krzesło do prysznica** [kʃɛswɔ dɔ prɨʃɲit͡sa]
ebenerdig	**bezprogowy** [bɛsprɔgɔvɨ]
Einhebelmischer	**bateria z termostatem** [baterja stɛrmɔstatɛm]
Einstiegshilfe	**pomoc przy wsiadaniu** [pɔmɔt͡s pʃɨ fɕadaɲu]
Epilepsie	**epilepsja , padaczka** [ɛp,ilɛpsja, padat͡ʃka]
Fahrdienst	**służba kolejowa** [swuʒba kɔlɛjɔva]
Flurbreite	**szerokość korytarza** [ʃɛrɔkɔɕt͡ɕ kɔrɨtaʒa]
gehbehindert	**niepełnosprawny ruchowo** [ɲɛpɛwnɔspravnɨ ruxɔvɔ]
Gehbehinderte/r	**niepełnosprawny/niepełnosprawna ruchowo** [ɲɛpɛwnɔspravnɨ/ ɲɛpɛwnɔspravna ruxɔvɔ]
Gehhilfe	**pomoc w chodzeniu** [pɔmɔt͡s fxɔd͡zɛɲu]
gehörlos	**głuchy** [gwuxɨ]
Gehörlose/r	**głucha/głuchy** [gwuxa/gwuxɨ]
geistig behindert	**umysłowo upośledzony** [umɨswɔ upɔɕlɛd͡zɔnɨ]
Haltegriff	**uchwyt** [uxfɨt]
Haltegurt	**pas** [pas]
Handbike	**rower (dwu-, trójkołowy) z napędem ręcznym** [rɔvɛr dvu, trujkɔwɔvɨ znapɛndɛm rɛnt͡ʃnɨm]
Handgas *(Auto)*	**ręczny pedał gazu** [rɛnt͡snɨ pɛdaw gazu]
Handlauf	**poręcz** [pɔrɛnt͡s]

Hebebühne	**podnośnik** [pɔdnɔɕɲik]
Höhe	**wysokość** [vɨsɔkɔɕt͡ɕ]
Hörbehinderte/r	**niepełnosprawna/-y z wadami słuchu** [ɲɛpɛwnɔspravna/ɲɛpɛwnɔspravnɨ zvadam,i swuxu]
hörgeschädigt	**z uszkodzeniem słuchu** [zuʃkɔd͡zɛɲɛm swuxu]
Hörgeschädigte/r	**osoba z uszkodzeniem słuchu** [ɔsɔba zuʃkɔd͡zɛɲɛm swuxu]
Hublift	**podnośnik** [pɔdnɔɕɲik]
Kopfhörer	**słuchawka** [swuxafka]
Körperbehinderung	**niepełnosprawność fizyczna** [ɲɛpɛwnɔspravnɔɕt͡ɕ f,izɨt͡ʃna]
Krücke	**kula** [kula], **szwedka** [ʃfɛtka]
Lenkrad-Drehknopf *(Auto)*	**kierownica-gałka** [cɛrɔvɲit͡sa gawka]
Mikroport-Anlage, mobile	**przenośne urządzenie mikroportowe** [pʃɛnɔɕnɛ uʒɔnd͡zɛɲɛ m,ikrɔpɔrtɔvɛ]
Mobilitätsbehinderte/r	**niepełnosprawna/-y w poruszaniu się** [ɲɛpɛwnɔspravna/ɲɛpɛwnɔspravnɨ fpɔruʃaɲu ɕɛ]
Notrufsystem	**system alarmowy** [sɨstɛm alarmɔvɨ]
pflegebedürftig	**obłożnie chory** [ɔbwɔʒɲɛ xɔrɨ], **wymagający pielęgnowania** [wɨmagajɔnt͡sɨ p,jɛlɛŋgnɔvaɲa]
Pflegestation, ambulante	**ambulatoryjny oddział dla obłożnie chorych** [ambulatɔrɨjnɨ ɔdd͡ʑaw dla ɔbwɔʒɲɛ xɔrɨx]
querschnittsgelähmt	**porażony poprzecznie** [pɔraʒɔnɨ pɔpʃɛt͡ʃɲɛ]
Rampe	**rampa** [rampa]
Rollstuhl	**wózek inwalidzki** [vuzɛk invalit͡sci]
batteriebetriebener Rollstuhl	**wózek inwalidzki na baterię** [vuzɛk invalit͡sci na batɛrjɛ]
Bordrollstuhl	**pokładowy wózek inwalidzki** [pɔkwadɔvɨ vuzɛk invalit͡sci]
Elektrorollstuhl	**elektryczy wózek inwalidzki** [ɛlɛktrɨt͡ʃnɨ vuzɛk invalit͡sci]
Faltrollstuhl	**składany wózek inwalidzki** [skwadanɨ vuzɛk invalit͡sci]
Rollstuhl mit Hebelantrieb	**wózek inwalidzki z napędem ręcznym** [vuzɛk invalit͡sci znapɛndɛm rɛnt͡ʃnɨm]
Rollstuhlfahrer/in	**niepełnosprawny na wózku inwalidzkim** [ɲɛpɛwnɔspravnɨ/ ɲɛpɛwnɔspravna na vusku invalit͡scim]
rollstuhlgängiger Wagen *(Zug)*	**wagon dla osób na wózku inwalidzkim** [vagɔn dla ɔsup na vusku invalit͡scim]

rollstuhlgerecht	**przystosowany do wózka inwalidzkiego** [pʃɨstɔsɔvanɨ dɔ vuska inval̦i˜t͡scɛgɔ]
Rollstuhlkabine *(Schiff)*	**kabina przystosowana do wózka inwalidzkiego** [kab̦ina pʃɨstɔsɔvana dɔ vuska inval̦i˜t͡scɛgɔ]
Rollstuhllifter *(Auto)*	**dźwignia do wózka inwalidzkiego** [dʑv̦iɡɲa dɔ vuska inval̦i˜t͡scɛgɔ]
Rollstuhlwandern	**wędrowanie wózkiem inwalidzkim** [vɛndrɔvaɲɛ vuscɛm inval̦i˜t͡scim]
Rollstuhlwanderweg	**trasa wędrówki wózkiem inwalidzkim** [trasa vɛndrɔvci vuscɛm in̦val̦i˜t͡scim]
Sanitäreinrichtungen	**urządzenia sanitarne** [uʒɔnd͡zɛɲa saɲ̦itarɲɛ]
Schreibtelefon	**telefon dla niewidomych** [tɛlɛfɔn dla ɲɛv̦idɔmɨx]
Schwerstbehinderte/r	**inwalida o najwyższym stopniu poszkodowania** [inval̦ida ɔ najvɨʃʃɨm stɔpɲu pɔʃkɔdɔvaɲa]
sehbehindert	**niewidomy** [ɲɛv̦idɔmɨ]
Sehbehinderte/r	**niewidoma/niewidomy** [ɲɛv̦idɔma/ɲɛv̦idɔmɨ]
Sozialstation	**placówka socjalna** [plat͡sufka sɔt͡sjalna]
Steigung	**wzniesienie** [vzɲɛɕɛɲɛ]
Stufe	**stopień** [stɔpjɛɲ]
stufenloser Zugang	**dostęp bez stopni** [dɔstɛmp bɛs stɔpɲi]
stumm	**niemy** [ɲɛmɨ]
Taststock	**laska dla niewidomych** [laska dla ɲɛv̦idɔmɨx]
taub	**głuchy** [gwuxɨ]
taubstumm	**głuchoniemy** [gwuxɔɲɛmɨ]
Treppenstufe	**podest** [pɔdɛst]
Tür, automatische	**drzwi na fotokomórkę** [d͡ʒv̦i na fotɔkɔmurkɛ]
Türbreite	**szerokość drzwi** [ʃɛrɔkɔɕt͡ɕ d͡ʒv̦i]
Türöffner, automatischer	**automatyczny otwieracz drzwi** [awtɔmatɨt͡ʃnɨ ɔtfjɛrat͡ʃ d͡ʒv̦i]
Türschwelle	**próg drzwi** [pruk d͡ʒv̦i]
unterfahrbar	**do podjechania** [dɔ pɔdjexaɲia]
Zeichensprache	**rozmowa na migi** [rɔzmɔva na m̦iɟi]
Zugänge	**dojścia** [dɔjɕt͡ɕa]
Zugänglichkeit	**dostępność** [dɔstɛmpnɔɕt͡ɕ]

Unterkunft

Auskunft

Können Sie mir bitte … empfehlen?	**Może mi pan/pani polecić…?** [mɔʒɛ m‚i pan/paɲi pɔlɛt͡ɕit͡ɕ]
ein gutes Hotel	**dobry hotel** [dɔbrɨ xɔtɛl]
eine Pension	**pensjonat** [pɛnsjɔnat]
ein Privatzimmer	**pokój prywatny** [pɔkuj prɨvatnɨ]
Ist es zentral/ruhig/in Strandnähe gelegen?	**Czy jest on położony centralnie/zacisznie/w pobliżu plaży?** [t͡ʃɨ jɛst ɔn pɔwɔʒɔnɨ t͡sɛntralɲɛ/zat͡ɕiʃɲɛ/f pɔbl‚iʒu plaʒɨ]
Gibt es hier einen Campingplatz/eine Jugendherberge?	**Czy jest tutaj kemping/schronisko młodzieżowe?** [t͡ʃɨ jɛst tutaj kɛmp‚iŋk/sxrɔɲiskɔ mwɔdʑɛʒɔvɛ]

Hotel – Pension – Privatzimmer

An der Rezeption

Ich habe bei Ihnen ein Zimmer reserviert. Mein Name ist …	**Zarezerwowa-łem/łam u Państwa pokój. Nazywam się…** [zarɛzɛrvɔva-wɛm/wam u paɲstva pɔkuj. nazɨvam ɕɛ̃]
Haben Sie noch Zimmer frei?	**Czy ma pan/pani jeszcze wolne pokoje?** [t͡ʃɨ ma pan/paɲi jɛʃt͡ʃɛ vɔlnɛ pɔkɔjɛ]
… für eine Nacht.	**na jedną noc.** [na jɛdnɔ̃ nɔt͡s]
… für zwei Tage.	**na dwa dni.** [na dva dɲi]
… eine Woche.	**na tydzień.** [na tɨdʑɛɲ]
Nein, wir sind leider vollständig belegt.	**Nie, wszystkie pokoje są niestety zajęte.** [ɲɛ, fʃɨstcɛ pɔkɔjɛ sɔ̃ ɲɛstɛtɨ zajɛntɛ]
Ja, was für ein Zimmer wünschen Sie?	**Tak, jaki pokój pan/pani sobie życzy?** [tak, jaci pɔkuj pan/paɲi sɔb‚ɛ ʒɨt͡ʃɨ]
Ein Einzelzimmer …	**Jednoosobowy…** [jɛdnɔɔsɔbɔvɨ]
Ein Zweibettzimmer …	**Dwuosobowy…** [dvuɔsɔbɔvɨ]
Ein ruhiges Zimmer …	**Zaciszny pokój…** [zat͡ɕiʃnɨ pɔkuj]
mit fließend Kalt- und Warmwasser.	**z bieżącą zimną i ciepłą wodą.** [z b‚ɛʒɔnt͡sɔ̃ zimnɔ̃ i t͡ɕɛpwɔ̃ vɔdɔ̃]
mit Dusche.	**z prysznicem.** [s prɨʃɲit͡sɛm]

mit Bad.	**z łazienką.** [z waʑɛnkɔ̃]
mit Balkon/Terrasse.	**z balkonem/tarasem.** [z balkɔnɛm/tarasɛm]
mit Blick aufs Meer/mit Seeblick.	**z widokiem na morze/z widokiem na jezioro.** [z vʲidɔcɛm na mɔʒɛ/ z vʲidɔcɛm na jɛʑɔrɔ]
im Erdgeschoss/im 1. Stock.	**na parterze/na pierwszym piętrze.** [na partɛʒɛ/na pʲɛrfʃɨm pʲɛ̃tʃɛ]
Kann ich das Zimmer ansehen?	**Mogę ten pokój obejrzeć?** [mɔgɛ̃ tɛn pɔkuj ɔbɛjʒɛt͡ɕ]
Können Sie noch ein drittes Bett/Kinderbett dazustellen?	**Może pan/pani wstawić jeszcze jedno łóżko/łóżeczko dziecięce?** [mɔʒɛ pan/paɲi fstavit͡ɕ jɛʃtʃɛ jɛdnɔ wuʃkɔ/wuʒɛtʃkɔ d͡ʑɛt͡ɕɛ̃t͡sɛ]
Was kostet das Zimmer mit…	**Ile kosztuje pokój…** [ilɛ kɔʃtujɛ pɔkuj]
Frühstück?	**ze śniadaniem?** [zɛ ɕɲadaɲɛm]
Halbpension?	**ze śniadaniem i kolacją?** [zɛ ɕɲadaɲɛm i kɔlat͡sjɔ̃]
Vollpension?	**z całodziennym utrzymaniem?** [s t͡sawɔdʑɛnnɨm utʃɨmaɲɛm]
Wollen Sie bitte den Anmeldeschein ausfüllen?	**Czy zechciałby pan/zechciałaby pani wypełnić formularz meldunkowy?** [tʃɨ zɛxt͡ɕawbɨ pan/zɛxt͡ɕawabɨ paɲi vɨpɛwɲit͡ɕ fɔrmulaʃ mɛldunkɔvɨ]
Darf ich Ihren Reisepass/Personalausweis sehen?	**Czy mogę zobaczyć pana/pani paszport/dowód osobisty?** [tʃɨ mɔgɛ̃ zɔbatʃɨt͡ɕ pana/paɲi paʃpɔrt/dɔvut ɔsɔbʲistɨ]
Wo kann ich den Wagen abstellen?	**Gdzie mogę zaparkować samochód?** [gdʑɛ mɔgɛ̃ zaparkɔvat͡ɕ samɔxut]
In unserer Garage.	**W naszym garażu.** [v naʃɨm garaʒu]
Auf unserem Parkplatz.	**Na naszym parkingu.** [na naʃɨm parciŋgu]

Unterkunft in Polen findet man in Hotels, Touristenunterkünften sowie in zahlreichen Ferienhäusern und Privatzimmern. Letztere sind meistens preiswert und gut ausgestattet.
Einen Adressennachweis über Unterkunftsmöglichkeiten findet man in den meisten Städten in Reisebüros sowie in den Fremdenverkehrsämtern *(informacja turystyczna)*.

Fragen und Bitten

Ab wann gibt es Frühstück?	**Od której jest śniadanie?** [ɔt kturɛj jɛst ɕɲadaɲɛ]
Wann sind die Essenszeiten?	**Jakie są pory posiłków?** [jacɛ sɔ̃ pɔrɨ pɔɕiwkuf]
Wo ist der Speisesaal?	**Gdzie jest jadalnia?** [gdʑɛ jɛst jadalɲa]
Zum Frühstück nehme ich…	**Na śniadanie wezmę…** [na ɕɲadaɲɛ vɛzmɛ̃]
schwarzen Kaffee.	**czarną kawę.** [t͡ʃarnɔ̃ kavɛ̃]
Kaffee mit Milch.	**kawę z mlekiem.** [kavɛ̃ z mlɛcɛm]
koffeinfreien Kaffee.	**kawę bezkofeinową.** [kavɛ̃ bɛskɔfɛinɔvɔ̃]
Tee mit Milch/Zitrone.	**herbatę z mlekiem/cytryną.** [xɛrbatɛ̃ z mlɛcɛm/t͡sɨtrɨnɔ̃]
einen Kräutertee.	**herbatę ziołową.** [xɛrbatɛ̃ ʑɔwɔvɔ̃]
Schokolade.	**czekoladę.** [t͡ʃɛkɔladɛ̃]
einen Fruchtsaft.	**sok owocowy.** [sɔk ɔvɔt͡sɔvɨ]
ein weiches Ei.	**jajko na miękko.** [jajkɔ na m,ɛ̃kkɔ]
Rühreier.	**jajecznicę.** [jajɛt͡ʃɲit͡sɛ̃]
Eier mit Speck.	**jajka ze słoniną.** [jajka zɛ swɔɲinɔ̃]
Brot/Brötchen/Toast.	**chleb/bułki/grzanki.** [xlɛp/buwci/gʒanci]
Butter.	**masło.** [maswɔ]
Käse.	**ser.** [sɛr]
Wurst.	**wędlinę.** [vɛndl,inɛ̃]
Schinken.	**szynkę.** [ʃɨnkɛ̃]
Honig.	**miód.** [m,jut]
Marmelade.	**marmoladę.** [marmɔladɛ̃]
ein Müsli.	**musli.** [m,usl,i]
ein Joghurt.	**jogurt.** [jɔgurt]
etwas Obst.	**trochę owoców.** [trɔxɛ̃ ɔvɔt͡suf]
Wecken Sie mich bitte morgen früh um … Uhr.	**Proszę mnie jutro rano obudzić o godzinie…** [prɔʃɛ̃ mɲɛ jutrɔ ranɔ ɔbudʑit͡ɕ ɔ gɔdʑiɲɛ]

Würden Sie mir bitte … bringen?	**Przyniósłby mi pan/przyniosłaby mi pani…?** [pʃɨɲuswbɨ mʲi pan/pʃɨɲɔswabɨ mʲi paɲi]
Bitte meinen Schlüssel.	**Proszę mój klucz.** [prɔʃɛ̃ muj klut͡ʃ]

Beanstandungen

Das Zimmer ist nicht gereinigt worden.	**Pokój nie został sprzątnięty.** [pɔkuj ɲɛ zɔstaw spʃɔ̃tɲɛ̃tɨ]
Die Spülung…	**Spłuczka…** [spwut͡ʃka]
Das Licht…	**Światło…** [ɕvʲjatwɔ]
Der Fernseher…	**Telewizor…** [tɛlɛvʲizɔr]
funktioniert nicht.	**nie funkcjonuje.** [ɲɛ fuŋkt͡sjɔnujɛ]
Der Wasserhahn tropft.	**Z kurka kapie.** [s kurka kapʲɛ]
Es kommt kein (warmes) Wasser.	**Nie leci (ciepła) woda.** [ɲɛ lɛt͡ɕi (t͡ɕɛpwa) vɔda]
Die Toilette/Das Waschbecken ist verstopft.	**Toaleta/Umywalka jest zapchana.** [tɔalɛta/umɨvalka jɛst zapxana]
Das Fenster schließt nicht/geht nicht auf.	**Okno się nie domyka/nie otwiera się.** [ɔknɔ ɕɛ̃ ɲɛ dɔmɨka/ɲɛ ɔtfʲɛra ɕɛ̃]

Abreise

Ich reise heute Abend/morgen um … Uhr ab.	**Wyjeżdżam dzisiaj wieczorem/jutro o godzinie…** [vɨjɛʒd͡ʒam dʑiɕaj vʲɛt͡ʃɔrɛm/jutrɔ ɔ gɔdʑiɲɛ]
Bis wann muss ich das Zimmer räumen?	**Kiedy muszę opuścić pokój?** [cɛdɨ muʃɛ̃ ɔpuɕt͡ɕit͡ɕ pɔkuj]
Machen Sie bitte die Rechnung fertig.	**Proszę przygotować rachunek.** [prɔʃɛ̃ pʃɨgɔtɔvat͡ɕ raxunɛk]
Kann ich mit Kreditkarte bezahlen?	**Czy mogę zapłacić kartą kredytową?** [t͡ʃɨ mɔgɛ̃ zapwat͡ɕit͡ɕ kartɔ̃ krɛdɨtɔvɔ̃]
Rufen Sie mir bitte ein Taxi.	**Proszę zamówić taksówkę.** [prɔʃɛ̃ zamuvʲit͡ɕ taksufkɛ̃]
Vielen Dank für alles! Auf Wiedersehen!	**Bardzo dziękuję za wszystko! Do widzenia!** [bard͡zɔ dʑɛ̃kujɛ̃ za fʃɨstkɔ. dɔ vʲid͡zɛɲa]

Abendessen	**kolacja** [kɔlat͡sja]
Animationsprogramm	**program animacyjny** [prɔgram aɲimat͡sɨjnɨ]
Anmeldung	**zameldowanie** [zamɛldɔvaɲɛ]
Aschenbecher	**popielniczka** [pɔp̦ɛlɲit͡ʃka]
Aufenthaltsraum	**świetlica** [ɕv̦ɛtl̦it͡sa]
Aufzug	**winda** [v̦inda]
Badewanne	**wanna** [vanna]
Badezimmer	**łazienka** [waʑɛnka]
Balkon	**balkon** [balkɔn]
Bett	**łóżko** [wuʃkɔ]
Bettdecke	**kołdra** [kɔwdra]
Bettlaken	**prześcieradło** [pʃɛɕt͡ɕɛradwɔ]
Bettwäsche	**pościel** [pɔɕt͡ɕɛl]
Dusche	**prysznic** [prɨʃɲit͡s]
Etage	**piętro** [p̦ɛ̃trɔ]
Fenster	**okno** [ɔknɔ]
Fernseher	**telewizor** [tɛlɛv̦izɔr]
Fernsehraum	**sala telewizyjna** [sala tɛlɛv̦izɨjna]
Frühstück	**śniadanie** [ɕɲadaɲɛ]
Frühstücksbüfett	**śniadanie w formie bufetu** [ɕɲadaɲɛ f fɔrm̦ɛ bufɛtu]
Frühstücksraum	**jadalnia** [jadalɲa]
Grillabend	**wieczór przy rożnie** [v̦jɛt͡ʃur pʃɨ rɔʒɲɛ]
Halbpension	**utrzymanie ze śniadaniem i kolacją** [utʃɨmaɲɛ zɛ ɕɲadaɲɛm i kɔlat͡sjɔ̃]
Handtuch	**ręcznik** [rɛ̃t͡ʃɲik]
Hauptsaison	**szczyt sezonu** [ʃt͡ʃɨt sɛzɔnu]
Hausbar	**barek pokojowy** [barɛk pɔkɔjɔvɨ]
Heizung	**ogrzewanie** [ɔgʒɛvaɲɛ]
Kategorie	**kategoria** [katɛgɔr̦ja]
Kinderbett	**łóżko dziecięce** [wuʃkɔ dʑɛt͡ɕɛ̃t͡sɛ]
Kleiderbügel	**wieszak** [v̦jɛʃak]
Klimaanlage	**klimatyzacja** [kl̦imatɨzat͡sja]
Kopfkissen	**poduszka** [pɔduʃka]
Lampe	**lampa** [lampa]
Lichtschalter	**kontakt** [kɔntakt]
Matratze	**materac** [matɛrat͡s]
Minibar	**mały barek** [mawɨ barɛk]
Mittagessen	**obiad** [ɔb̦jat]
Motel	**motel** [mɔtɛl]
Nachsaison	**po sezonie** [pɔ sɛzɔɲɛ]
Nachttisch	**stolik nocny** [stɔl̦ik nɔt͡snɨ]
Papierkorb	**kosz na papiery** [kɔʃ na pap̦jɛrɨ]
Pension	**pensjonat** [pɛnsjɔnat]
Planschbecken	**brodzik** [brɔdʑik]
Portier	**portier** [pɔrțjɛr]
Radio	**radio** [rad̦jɔ]
reinigen	**sprzątać** [spʃɔ̃tat͡ɕ]

Reservierung	**rezerwacja** [rɛzɛrvat͡sja]
Rezeption	**recepcja** [rɛt͡sɛpt͡sja]
Safe	**sejf** [sɛjf]
Schlüssel	**klucz** [klut͡ʃ]
Schrank	**szafa** [ʃafa]
Speisesaal	**jadalnia** [jadalɲa]
Spiegel	**lustro** [lustrɔ]
Steckdose	**gniazdko kontaktowe** [gɲastkɔ kɔntaktɔvɛ]
Stecker	**wtyczka** [ftɨt͡ʃka]
Terrasse	**taras** [taras]
Toilette	**toaleta** [tɔalɛta]
Toilettenpapier	**papier toaletowy** [pap,jɛr tɔalɛtɔvɨ]
Transferbus	**autobus transferowy** [awtɔbus transfɛrɔvɨ]
Übernachtung	**nocleg** [nɔt͡slɛg]
Übernachtung mit Frühstück	**ze śniadaniem** [zɛ ɕɲadaɲɛm]
Ventilator	**wentylator** [vɛntɨlatɔr]
Verlängerungswoche	**przedłużenie o tydzień** [pʃɛdwuʒɛɲɛ ɔ tɨd͡ʑɛɲ]
Vollpension	**utrzymanie całodzienne** [utʃɨmaɲɛ t͡sawɔd͡ʑɛnnɛ]
Vorsaison	**przed sezonem** [pʃɛt sɛzɔnɛm]
Waschbecken	**umywalka** [umɨvalka]
Wäschewechsel	**zmiana pościeli** [zm,ana pɔɕt͡ɕɛl,i]
Wasser	**woda** [vɔda]
kaltes Wasser	**zimna woda** [ʑimna vɔda]
warmes Wasser	**ciepła woda** [t͡ɕɛpwa vɔda]
Wasserglas	**szklanka wody** [ʃklanka vɔdɨ]
Wasserhahn	**kurek** [kurɛk]
Wolldecke	**kołdra wełniana** [kɔwdra vɛwɲana]
Zimmer	**pokój** [pɔkuj]
Zimmermädchen	**pokojówka** [pɔkɔjufka]
Zimmertelefon	**telefon pokojowy** [tɛlɛfɔn pɔkɔjɔvɨ]
Zwischenstecker	**trójnik** [trujɲik]

Ferienhäuser und Ferienwohnungen

Ist der Strom-/Wasserverbrauch im Mietpreis enthalten?	**Czy zużycie prądu/wody jest zawarte w cenie za wynajęcie?** [t͡ʃɨ zuʒɨt͡ɕɛ prɔ̃du/vɔdɨ jɛst zavartɛ f t͡sɛɲɛ za vɨnajɛ̃t͡ɕɛ]
Wo bekommen wir die Schlüssel für das Haus/die Wohnung?	**Gdzie otrzymamy klucze do domu/mieszkania?** [gd͡ʑɛ ɔtʃɨmamɨ klut͡ʃɛ dɔ dɔmu/m,ɛʃkaɲa]

Wo befinden sich die Mülltonnen?	**Gdzie znajdują się kontenery na śmieci?** [gdʑɛ znajdujɔ̃ ɕɛ̃ kɔntɛnɛrɨ na ɕmʲɛt͡ɕi]
Müssen wir die Endreinigung selbst übernehmen?	**Czy musimy sami na koniec wysprzątać?** [t͡ʃɨ muɕimɨ samʲi na kɔɲɛt͡s vɨspʃɔ̃tat͡ɕ]

➢ **auch Hotel – Pension – Privatzimmer, S. 70**

Anreisetag	**dzień przyjazdu** [dʑɛɲ pʃɨjazdu]
Appartement	**apartament** [apartamɛnt]
Boiler	**bojler** [bɔjlɛr]
Bungalow	**bungalow** [bungalɔw]
Endreinigung	**sprzątanie końcowe** [spʃɔ̃taɲɛ kɔɲt͡sɔvɛ]
Essecke	**kącik jadalny** [kɔɲt͡ɕik jadalnɨ]
Etagenbett	**łóżko piętrowe** [wuʃkɔ pʲɛ̃trɔvɛ]
Ferienanlage	**ośrodek wypoczynkowy** [ɔɕrɔdɛk vɨpɔt͡ʃɨnkɔvɨ]
Ferienhaus	**dom wczasowy** [dɔm ft͡ʃasɔvɨ]
Ferienwohnung	**mieszkanie dla wczasowiczów** [mʲɛʃkaɲɛ dla ft͡ʃasɔvit͡ʃuf]
Geschirrspülmaschine	**zmywarka do naczyń** [zmɨvarka dɔ nat͡ʃɨɲ]
Geschirrtuch	**ścierka do naczyń** [ɕt͡ɕɛrka dɔ nat͡ʃɨɲ]
Hausbesitzer	**właściciel domu** [vwaɕt͡ɕit͡ɕɛl dɔmu]
Haustiere	**zwierzęta domowe** [zvʲɛʒɛ̃ta dɔmɔvɛ]
Herd	**kuchenka** [kuxɛnka]
Elektroherd	**kuchenka elektryczna** [kuxɛnka ɛlɛktrɨt͡ʃna]
Gasherd	**kuchenka gazowa** [kuxɛnka gazɔva]
Kaffeemaschine	**automat do kawy** [awtɔmat dɔ kavɨ]
Kochnische	**wnęka kuchenna** [vnɛ̃ka kuxɛnna]
Kühlschrank	**lodówka** [lɔdufka]
Miete	**cena za wynajęcie** [t͡sɛna za vɨnajɛ̃t͡ɕɛ]
Müll	**śmieci** [ɕmʲɛt͡ɕi]
Mülleimer	**kosz na śmieci** [kɔʃ na ɕmʲɛt͡ɕi]
Nebenkosten	**koszty dodatkowe** [kɔʃtɨ dɔdatkɔvɛ]
Schlafcouch	**tapczan** [tapt͡ʃan]
Schlafzimmer	**sypialnia** [sɨpʲjalɲa]
Schlüsselübergabe	**przekazanie kluczy** [pʃɛkazaɲɛ klut͡ʃɨ]
Strom	**prąd** [prɔnt]
Strompauschale	**ryczałt za prąd** [rɨt͡ʃawt za prɔnt]
Stromspannung	**napięcie prądu** [napʲɛɲt͡ɕɛ prɔndu]
Studio	**studio** [studʲjɔ]
Toaster	**automat do grzanek** [awtɔmat dɔ gʒanɛk], **toster** [tɔstɛr]
vermieten	**wynajmować** [vɨnajmɔvat͡ɕ]
Waschmaschine	**pralka** [pralka]
Wasserverbrauch	**zużycie wody** [zuʒɨt͡ɕɛ vɔdɨ]

Wohn-Schlafraum	**pokój mieszkalno-sypialny** [pɔkuj mˌɛʃkalnɔ-sɨpˌalnɨ]
Wohnzimmer	**pokój mieszkalny** [pɔkuj mˌɛʃkalnɨ]
Zentralheizung	**ogrzewanie centralne** [ɔgʒɛvaɲɛ t͡sɛntralnɛ]

Camping

In Polen gibt es zahlreiche Campingplätze. Bei der Suche danach ist es ratsam, sich die sanitären Einrichtungen genauer anzusehen.

Gibt es in der Nähe einen Campingplatz?	**Czy jest w pobliżu kemping?** [t͡ʃɨ jɛst v pɔblˌiʒu kɛmpˌiŋk]
Haben Sie noch Platz für einen Wohnwagen/ein Zelt?	**Czy ma pan/pani jeszcze miejsce na jedną przyczepę kempingową/jeden namiot?** [t͡ʃɨ ma pan/paɲi jɛʃt͡ʃɛ mˌɛjst͡sɛ na jɛdnɔ̃ pʃɨt͡ʃɛpɛ̃ kɛmpˌiŋgɔvɔ̃/jɛdɛn namjɔt]
Wie hoch ist die Gebühr …	**Jaka jest cena …** [jaka jɛst t͡sɛna]
pro Tag und Person?	**za dzień i za osobę?** [jaka jɛst t͡sɛna za d͡ʑɛɲ i za ɔsɔbɛ̃]
für das Auto?	**za samochód?** [za samɔxut]
für den Wohnwagen?	**za przyczepę kempingową?** [za pʃɨt͡ʃɛpɛ̃ kɛmpˌiŋgɔvɔ̃]
für das Wohnmobil?	**za karawaning?** [za karavaɲiŋg]
für das Zelt?	**za namiot?** [za namˌjɔt]
Wir bleiben … Tage/Wochen.	**Zostaniemy … dni/tygodnie.** [zɔstaɲɛmɨ … dɲi/tɨgɔdɲɛ]
Wo sind …	**Gdzie są …** [gd͡ʑɛ sɔ̃]
die Toiletten?	**toalety?** [tɔalɛtɨ]
die Waschräume?	**umywalnie?** [umɨvalɲɛ]
die Duschen?	**prysznice?** [prɨʃɲit͡sɛ]
Gibt es hier Stromanschluss?	**Czy jest tu przyłączenie do sieci elektrycznej?** [t͡ʃɨ jɛst tu pʃɨwɔ̃t͡ʃɛɲɛ dɔ ɕɛt͡ɕi ɛlɛktrɨt͡ʃnɛj]
Haben Sie 220 oder 110 Volt?	**Ma pan/pani 220 czy 110 woltów?** [ma pan/paɲi dvˌɛɕt͡ɕɛ dvad͡ʑɛɕt͡ɕa t͡ʃɨ stɔ d͡ʑɛɕɛɲt͡ɕ vɔltuf]
Gibt es hier ein Lebensmittelgeschäft?	**Czy jest tu sklep spożywczy?** [t͡ʃɨ jɛst tu sklɛp spɔʒɨft͡ʃɨ]

Wo kann ich Gasflaschen ausleihen/umtauschen?	**Gdzie mogę wynająć/wymienić butle gazowe?** [gd͡ʑɛ mɔgɛ̃ vɨnajɔ̃t͡ɕ/vɨmʲɛɲit͡ɕ butlɛ gazɔvɛ]
Ist der Campingplatz bei Nacht bewacht?	**Czy ten kemping jest w nocy strzeżony?** [t͡ʃɨ tɛn kɛmpʲiŋk jɛst v nɔt͡sɨ stʃɛʒɔnɨ]
Camping	**kemping** [kɛmpʲiŋk]
Campingausweis	**wejściówka na kemping** [vɛjɕt͡ɕufka na kɛmpʲiŋk]
Campingführer	**przewodnik po kempingach** [pʃɛvɔdɲik pɔ kɛmpʲiŋgax]
Campingplatz	**kemping** [kɛmpʲiŋk]
Gasflasche	**butla gazowa** [butla gazɔva]
Gaskartusche	**jednorazowa butla gazowa** [jɛdnɔrazɔva butla gazɔva]
Gaskocher	**kocher gazowy** [kɔxɛr gazɔvɨ]
Geschirrspülbecken	**zlewozmywak** [zlɛvɔzmɨvak]
Hering	**śledź** [ɕlɛt͡ɕ], **kołek do namiotu** [kɔwɛk dɔ namʲjɔtu]
Jugendherberge	**schronisko młodzieżowe** [sxrɔɲiskɔ mwɔd͡ʑɛʒɔvɛ]
Kocher	**kocher** [kɔxɛr], **kuchenka** [kuxɛnka]
Leihgebühr	**opłata za wypożyczenie** [ɔpwata za vɨpɔʒɨt͡ʃɛɲɛ]
Petroleumlampe	**lampa naftowa** [lampa naftɔva]
Propangas	**gaz propanowy** [gas prɔpanɔvɨ]
Strom	**prąd** [prɔnt]
Stromanschluss	**przyłączenie do sieci elektrycznej** [pʃɨwɔ̃t͡ʃɛɲɛ dɔ ɕɛt͡ɕi ɛlɛktrɨt͡ʃnɛj]
Studentenwohnheim	**akademik** [akadɛmʲik]
Trinkwasser	**woda pitna** [vɔda pʲitna]
Voranmeldung	**uprzednie zgłoszenie** [upʃɛdɲɛ zgwɔʃɛɲɛ]
Waschraum	**umywalnia** [umɨvalɲa]
Wäschetrockner	**suszarka do bielizny** [suʃarka dɔ bʲɛlʲiznɨ]
Wasser	**woda** [vɔda]
Wasserkanister	**kanister na wodę** [kaɲistɛr na vɔdɛ̃]
Wohnmobil	**karawaning** [karavaɲiŋk]
Wohnwagen	**przyczepa kempingowa** [pʃɨt͡ʃɛpa kɛmpʲiŋgɔva]
Zelt	**namiot** [namʲjɔt]
zelten	**mieszkać w namiocie** [mʲɛʃkat͡ɕ v namʲjɔt͡ɕɛ]
Zeltschnur	**sznur od namiotu** [ʃnur ɔd namʲjɔtu]
Zeltstange	**podpora namiotu** [pɔtpɔra namʲjɔtu], **drążek** [drɔ̃ʒɛk]

Gastronomie

Bezeichnungen polnischer Gaststätten
bar – (Schnell-)Imbiss
bar mleczn – Milchbar, preiswertes Speiselokal mit Selbstbedienung
bar szybkiej obsługi – Selbstbedienungslokal
bistro – Café, in dem es auch Bier und Schnaps gibt
gospoda – Kneipe mit hausgemachten Speisen
gościniec – Raststätte, an Landstraßen gelegenes Lokal mit umfangreichem Angebot an Speisen und Getränken
karczma – meistens rustikales Restaurant mit hausgemachten Speisen
kawiarnia – entspricht dem deutschen Café
lody – Eisdiele
piwiarnia, pub – Bierstube
winiarnia – Weinstube, Weinlokal, Weinkeller
restauracja – Restaurant mit nationaler und internationaler Küche
rożen – auch an Landstraßen gelegene Imbissbude mit Gegrilltem
zajazd – s. **gościniec**

Essen gehen

Wo gibt es hier …	**Gdzie jest tu w pobliżu …** [gdʑɛ jɛst tu f pɔbl̦iʒu]
ein gutes Restaurant?	**dobra restauracja?** [dɔbra rɛstawrat͡sja]
ein typisches Restaurant?	**typowa restauracja?** [tɨpɔva restawrat͡sja]
ein nicht zu teures Restaurant?	**nie za droga restauracja?** [ɲɛ za drɔga rɛstawrat͡sja]

Das Essen in Polen ist gut und sehr preiswert. Fast in jedem Ort finden Sie einfache Restaurants *(karczma, restauracja)* und an den Landstraßen zahlreiche Imbiss-Stände mit Gegrilltem und kühlen Getränken.

Im Restaurant

Reservieren Sie uns bitte für heute Abend einen Tisch für 4 Personen.	**Proszę zarezerwować dla nas na dziś wieczór stolik na cztery osoby.** [prɔʃɛ̃ zarɛzɛrvɔvat͡ɕ dla nas na d͡ʑiɕ vjɛt͡ʃur stɔl̦ik na t͡ʃtɛrɨ ɔsɔbɨ]

Bis wann kann man bei Ihnen warm essen?	**Do której można u państwa zjeść coś na ciepło?** [dɔ kturɛj mɔʒna u paɲstfa zjɛɕt͡ɕ t͡sɔɕ na t͡ɕɛpwɔ]
Ist dieser Tisch/Platz noch frei?	**Czy ten stolik/to miejsce jest jeszcze woln-y/e?** [t͡ʃɨ tɛn stɔlʲik/tɔ mʲɛjst͡sɛ jɛst jɛʃt͡ʃɛ vɔln-ɨ/ɛ]
Einen Tisch für zwei/drei Personen, bitte.	**Poproszę stolik na dwie/trzy osoby.** [pɔprɔʃɛ̃ stɔlʲik na dvʲɛ/tʃɨ ɔsɔbɨ]
Wo sind bitte die Toiletten?	**Przepraszam, gdzie są toalety?** [pʃɛpraʃam, gd͡ʑɛ sɔ̃ tɔalɛtɨ]

Bestellung ➢ auch Frühstück, S. 68

Herr Ober/Bedienung, …, bitte.	**Proszę pana/pani, poproszę…** [prɔʃɛ̃ pana/paɲi pɔprɔʃɛ̃]
die Speisekarte	**jadłospis,** [jadwɔspʲis]
die Getränkekarte	**spis napojów,** [spʲis napɔjuf]
die Weinkarte	**kartę z winami.** [kartɛ̃ z vʲinamʲi]
Was können Sie mir empfehlen?	**Co może mi pan/pani polecić?** [t͡sɔ mɔʒɛ mʲi pan/paɲi pɔlɛt͡ɕit͡ɕ]
Haben Sie vegetarische Gerichte?	**Czy ma pan/pani dania jarskie?** [t͡ʃɨ ma pan/paɲi daɲa jarscɛ]
Gibt es auch Kinderportionen?	**Czy są też porcje dziecięce?** [t͡ʃɨ sɔ̃ tɛʃ pɔrt͡sjɛ d͡ʑɛt͡ɕɛ̃t͡sɛ]
Haben Sie schon gewählt?	**Czy pan/pani już wybrał/a?** [t͡ʃi pan/paɲi juʃ vɨbraw/a]
Ich nehme…	**Wezmę…** [vɛzmɛ̃]
Als Vorspeise/Nachtisch/Hauptgericht nehme ich…	**Na zakąskę/deser/danie główne wezmę…** [na zakɔ̃skɛ̃/dɛsɛr/daɲɛ gwuvnɛ vɛzmɛ̃]
Ich möchte keine Vorspeise, danke.	**Z zakąski zrezygnuję, dziękuję.** [z zakɔ̃sci zrɛzɨgnujɛ̃, d͡ʑɛ̃kujɛ̃]
Wir haben leider kein/e … (mehr).	**Niestety nie mamy już…** [ɲɛstɛtɨ ɲɛ mamɨ juʃ]
Dieses Gericht servieren wir nur auf Vorbestellung.	**To danie podajemy tylko na uprzednie zamówienie.** [tɔ daɲɛ pɔdajɛmɨ tɨlkɔ na upʃɛdɲɛ zamuvʲjɛɲɛ]

Könnte ich statt … … haben?	**Czy mógłbym/mogłabym zamiast… dostać…?** [t͡ʃɨ mugwbɨm/mɔgwabɨm zamʲiast … dɔstat͡ɕ]
Ich vertrage kein/e … Könnten Sie das Gericht ohne … zubereiten?	**Niestety nie znoszę… Mógłby/mogłaby mi pan/pani przyrządzić to danie bez…?** [ɲɛstɛtɨ ɲɛ znɔʃɛ̃ … mugwbɨ/mɔgwabɨ mʲi pan/paɲi pʃɨʒɔ̃dʑit͡ɕ tɔ daɲɛ bɛs]
Wie möchten Sie Ihr Steak haben?	**Jaki befsztyk pan/pani sobie życzy?** [jaci bɛfʃtɨk pan/paɲi sɔbʲɛ ʒɨt͡ʃɨ]
gut durch	**dobrze przesmażony** [dɔbʒɛ pʃɛsmaʒɔnɨ]
medium	**wewnątrz lekko różowy** [vɛvnɔ̃t͡ʃ lɛkkɔ ruʒɔvɨ]
englisch	**po angielsku** [pɔ aɲɟɛlsku]
Was wollen Sie trinken?	**Czego się pan/pani napije?** [t͡ʃɛgɔ ɕɛ̃ pan/paɲi napʲijɛ]
Bitte ein Glas …	**Poproszę szklankę…** [pɔprɔʃɛ̃ ʃklankɛ̃]
Bitte eine (halbe) Flasche …	**Poproszę butelkę (pół butelki)…** [pɔprɔʃɛ̃ butɛlkɛ̃ (puw butɛlci)]
Mit Eis, bitte.	**Z lodem, proszę.** [z lɔdɛm, prɔʃɛ̃]
Guten Appetit!	**Smacznego!** [smat͡ʃnɛgɔ]
Auf Ihr Wohl!	**Pana/pani zdrowie!** [pana/paɲi zdrɔvʲjɛ]
Haben Sie noch einen Wunsch?	**Czy ma pan/pani jeszcze jakieś życzenie?** [t͡ʃɨ ma pan/paɲi jɛʃt͡ʃɛ jacɛɕ ʒɨt͡ʃɛɲɛ]
Bitte bringen Sie uns …	**Proszę przynieść nam…** [prɔʃɛ̃ pʃɨɲɛɕt͡ɕ nam]
Könnten wir noch etwas Brot/Wein bekommen?	**Moglibyśmy dostać jeszcze trochę chleba/wina?** [mɔglʲibɨɕmɨ dɔstat͡ɕ jɛʃt͡ʃɛ trɔxɛ̃ xlɛba/vʲina]

Beanstandungen

Hier fehlt ein/e …	**Tu brakuje jeden/jedna/jedno…** [tu brakujɛ jɛdɛn/jɛdna/jɛdnɔ]
Haben Sie mein/e … vergessen?	**Czy pan/pani zapomniał/a mój/moje…?** [t͡ʃɨ pan/paɲi zapɔmɲaw/a muj/mɔjɛ]
Das habe ich nicht bestellt.	**Ja tego nie zamawiał-em/am.** [ja tɛgɔ ɲɛ zamavʲjaw-ɛm/am]

Das Essen ist kalt/versalzen.	**Jedzenie jest zimne/przesolone.** [jɛd͡zɛɲɛ jɛst ʑimnɛ/pʃɛsɔlɔnɛ]
Das Fleisch ist zäh/zu fett.	**Mięso jest żylaste/za tłuste.** [mʲjɛ̃sɔ jɛst ʒɨlastɛ/za twustɛ]
Der Fisch ist nicht frisch.	**Ryba nie jest świeża.** [rɨba ɲɛ jɛst ɕvʲɛʒa]
Nehmen Sie es bitte zurück.	**Proszę to wziąć z powrotem.** [prɔʃɛ̃ tɔ vʑɔ̃t͡ɕ s pɔvrɔtɛm]
Holen Sie bitte den Chef.	**Proszę zawołać szefa.** [prɔʃɛ̃ zavɔwat͡ɕ ʃɛfa]

Die Rechnung

Bezahlen, bitte.	**Płacić, proszę.** [pwat͡ɕit͡ɕ, prɔʃɛ̃]
Bitte alles zusammen.	**Proszę wszystko razem.** [prɔʃɛ̃ fʃɨstkɔ razɛm]
Getrennte Rechnungen, bitte.	**Proszę oddzielne rachunki.** [prɔʃɛ̃ ɔddʑɛlnɛ raxunci]
Die Rechnung scheint mir nicht zu stimmen.	**Wydaje mi się, że rachunek się nie zgadza.** [vɨdajɛ mʲi ɕɛ̃, ʒɛ raxunɛk ɕɛ̃ ɲɛ zgad͡za]
Das habe ich nicht gehabt. Ich hatte…	**Tego nie miał-em/am. Miał-em/am…** [tɛgɔ ɲɛ mʲaw-ɛm/am. mʲaw-ɛm/am]
Hat es geschmeckt?	**Smakowało?** [smakɔvawɔ]
Das Essen war ausgezeichnet.	**Jedzenie było znakomite.** [jɛd͡zɛɲɛ bɨwɔ znakɔmʲitɛ]
Das ist für Sie.	**To dla pana/pani.** [tɔ dla pana/paɲi]
Es stimmt so.	**Zgadza się.** [zgad͡za ɕɛ̃]
Können Sie mir bitte … reichen?	**Może mi pan/pani podać…?** [mɔʒɛ mʲi pan/paɲi pɔdat͡ɕ]
Noch etwas…?	**Jeszcze trochę…?** [jɛʃt͡ʃɛ trɔxɛ̃]
Danke, es war reichlich.	**Dziękuję, było wystarczająco.** [d͡ʑɛ̃kujɛ̃ bɨwɔ vɨstart͡ʃajɔ̃t͡sɔ]
Ich bin satt, danke.	**Dziękuję, jestem syt-y/a.** [d͡ʑɛ̃kujɛ̃, jɛstɛm sɨt-ɨ/a]
Darf ich rauchen?	**Czy mogę zapalić?** [t͡ʃɨ mɔgɛ̃ zapalʲit͡ɕ]

➢ **auch Lebensmittel, S. 117**

Abendessen	**kolacja** [kɔlat͡sja]
alkoholfrei	**bezalkoholowy** [bɛzalkɔxɔlɔvɨ]
Aschenbecher	**popielniczka** [pɔp̦ɛlɲit͡ʃka]
Bar	**bar** [bar]
Beilage	**dodatek** [dɔdatɛk]
Besteck	**sztućce** [ʃtut͡ɕt͡sɛ]
bestellen *(Essen, Tisch)*	**zamówić** [zamuvit͡ɕ]
Bestellung	**zamówienie** [zamuv̦jɛɲɛ]
Bier	**piwo** [p̦ivɔ]
Brot	**chleb** [xlɛp]
Butter	**masło** [maswɔ]
Diabetiker/in	**diabety-k/czka** [d̦abɛtɨ-k/t͡ʃka]
Dressing	**sos do sałaty** [sɔs dɔ sawatɨ]
Essig	**ocet** [ɔt͡sɛt]
Fass, vom	**beczka** [bɛt͡ʃka], **z beczki** [z bɛt͡ʃci]
Fisch	**ryba** [rɨba]
Fleck	**plama** [plama]
Frühstück	**śniadanie** [ɕɲadaɲɛ]
Gabel	**widelec** [v̦idɛlɛt͡s]
Gang	**danie** [daɲɛ]
Gedeck	**nakrycie** [nakrɨt͡ɕɛ]
Gericht	**danie** [daɲɛ], **potrawa** [pɔtrava]
Geschmack	**smak** [smak]
Getränk	**napój** [napuj]
Gewürz	**przyprawa** [pʃɨprava]
Glas	**szklanka** [ʃklanka]
Weinglas	**kieliszek do wina** [cɛl̦iʃɛk dɔ v̦ina]
Gräte	**ość** [ɔɕt͡ɕ]
Hauptspeise	**danie główne** [daɲɛ gwuvnɛ]
hausgemacht	**wyrób własny** [vɨrup vwasnɨ]
hungrig sein	**być głodnym** [bɨt͡ɕ gwɔdnɨm]
Kellner/in	**kelner/ka** [kɛlnɛr/ka]
Ketchup	**keczup** [kɛt͡ʃup]
Kinderteller	**porcja dziecięca** [pɔrt͡sja dʑɛt͡ɕɛ̃t͡sa]
Koch/Köchin	**kucharz/kucharka** [kuxaʃ/kuxarka]
kochen	**gotować** [gɔtɔvat͡ɕ]
Korkenzieher	**korkociąg** [kɔrkɔt͡ɕɔŋk]
Kräuter	**zioła** [ʑɔwa]
Löffel	**łyżka** [wɨʃka]
Teelöffel	**łyżeczka do herbaty** [wɨʒɛt͡ʃka dɔ xɛrbatɨ]
Menü	**menu** [mɛɲi]
Messer	**nóż** [nuʃ]
Mittagessen	**obiad** [ɔb̦jat]
Nachtisch	**deser** [dɛsɛr]
Ober *(Anrede)*	**proszę pana** [prɔʃɛ̃ pana]
Öl	**olej** [ɔlɛj]

Pfannengericht	**danie z patelni** [daɲɛ s patɛlɲi]
Pfeffer	**pieprz** [pʲɛpʃ]
Portion	**porcja** [pʲɔrt͡sja]
probieren	**próbować** [prubɔvat͡ɕ]
Salat	**sałata** [sawata]
Salatbüfett	**bufet z sałatami** [bufɛt s sawatamʲi]
Salz	**sól** [sul]
Scheibe	**plasterek** [plastɛrɛk]
Schonkost	**dieta** [dʲijɛta]
Senf	**musztarda** [muʃtarda]
Serviette	**serwetka** [sɛrvɛtka]
Soße	**sos** [sɔs]
Speise	**danie** [daɲɛ]
Speisekarte	**jadłospis** [jadwɔspʲis]
Spezialität	**specjalność** [spɛt͡sjalnɔɕt͡ɕ]
Strohhalm	**słomka** [swɔmka]
Suppe	**zupa** [zupa]
Süßstoff	**słodzik** [swɔdʑik]
Tagesgericht	**potrawa dnia** [pɔtrava dɲa]
Tagesmenü	**menu dnia** [mɛɲi dɲa]
Tasse	**filiżanka** [fʲilʲiʒanka]
Untertasse	**spodek** [spɔdɛk]
Teller	**talerz** [talɛʃ]
Suppenteller	**talerz zupy** [talɛʃ zupɨ]
Tischtuch	**obrus** [ɔbrus], **serweta** [sɛrvɛta]
vegetarisch	**jarski** [jarsci]
Vorspeise	**zakąska** [zakɔ̃ska]
Wasser	**woda** [vɔda]
Wein	**wino** [vʲinɔ]
würzen	**przyprawić** [pʃɨpravʲit͡ɕ]
Zahnstocher	**wykałaczka** [vɨkawat͡ʃka]
Zucker	**cukier** [t͡sucɛr]

Zubereitung

durchgebraten	**przesmażony** [pʃɛsmaʒɔnɨ]
gebacken	**pieczony** [pʲɛt͡ʃɔnɨ]
gebraten	**smażony** [smaʒɔnɨ]
am Spieß	**na rożnie** [na rɔʒɲɛ]
vom Grill	**z rusztu** [z ruʃtu]
in der Pfanne	**na patelni** [na patɛlɲi]
gedämpft, gedünstet	**duszony** [duʃɔnɨ]
gefüllt	**nadziewany** [nadʑɛvanɨ]
gekocht	**gotowany** [gɔtɔvanɨ]
geräuchert	**wędzony** [vɛ̃d͡zɔnɨ]
geröstet	**smażony** [smaʒɔnɨ]
geschmort	**duszony** [duʃɔnɨ], **smażony** [smaʒɔnɨ]
überbacken	**zapiekany** [zapʲɛkanɨ]

fett	**tłusty** [twustɨ]
frisch	**świeży** [ɕvʲjɛʒɨ]
gar	**gotowany** [gɔtɔvanɨ]
hart	**twardy** [tfardɨ]
heiß	**gorący** [gɔrɔ̃t͡sɨ]
kalt	**zimny** [ʑimnɨ]
mager	**chudy** [xudɨ]
roh	**surowy** [surɔvɨ]
saftig	**soczysty** [sɔt͡ʃɨstɨ]
sauer	**kwaśny** [kvaɕnɨ]
scharf	**ostry** [ɔstrɨ]
süß	**słodki** [swɔtci]
weich	**miękki** [mʲɛ̃kci]
zäh	**żylasty** [ʒɨlastɨ]
zart	**delikatny** [dɛlʲikatnɨ]

Spis potraw — Speisekarte

Przekąski	**Vorspeisen**
befsztyk tatarski [bɛfʃtɨk tatarsci]	Tatar
gotowana szynka [gɔtɔvana ʃɨnka]	gekochter Schinken
jaja w majonezie [jaja v majɔnɛʑɛ]	Eier in Majonäse
kaczka w galarecie [kat͡ʃka v galarɛt͡ɕɛ]	Ente in Aspik
śledź w oleju [ɕlɛt͡ɕ v ɔlɛju]	Hering in Öl
śledź w śmietanie [ɕlɛt͡ɕ f ɕmʲɛtaɲɛ]	Hering in Sahne
węgorz wędzony [vɛŋgɔʃ vɛnd͡zɔnɨ]	Räucheraal
węgorz w galarecie [vɛŋgɔʃ v galarɛt͡ɕɛ]	Aal in Gelee

Zupy	**Suppen**
barszcz z pasztecikiem [barʃt͡ʃ s paʃtɛt͡ɕicɛm]	Rote-Bete-Suppe mit Pastete
krupnik [krupɲik]	Graupensuppe
ogórkowa z ryżem [ɔgurkɔva z rɨʒɛm]	Gurkensuppe mit Reis
pieczarkowa [pʲɛt͡ʃarkɔva]	Champignonsuppe
pomidorowa z makaronem [pɔmʲidɔrɔva z makarɔnɛm]	Tomatensuppe mit Nudeln
rosół z makaronem [rɔsuw z makarɔnɛm]	Fleischbrühe mit Nudeln
rybna [rɨbna]	Fischsuppe
żurek [ʒurɛk]	Sauerteigsuppe

Ryby	**Fischgerichte**
filet z dorsza [f,ilɛt z dɔrʃa]	Kabeljaufilet
filet z halibuta [f,ilɛt s xal,ibuta]	Heilbuttfilet
karp [karp]	Karpfen
łosoś z grila [wɔsɔɕ z gr,ila]	Lachs vom Rost
pstrąg [pstrɔŋg]	Forelle
sandacz [sandatʃ]	Zander
szczupak [ʃtʃupak]	Hecht
śledź [ɕlɛtɕ]	Hering
węgorz [vɛŋgɔʃ]	Aal

Dania mięsne	**Fleischgerichte**
antrykot [antrɨkɔt]	Entrecote
baranina [baraɲina]	Hammelfleisch
befsztyk z polędwicy [bɛfʃtɨk s pɔlɛndv,itsɨ]	Rinderfilet
boef stroganow [bɛf strɔganɔf]	Boeuf Stroganoff
bryzol wieprzowy [brɨzɔl v,ɛpʃɔvɨ]	Schweineschnitzel
bryzol wołowy [brɨzɔl vɔwɔvɨ]	Rinderschnitzel
cielęcina [tɕɛlɛ̃tɕina]	Kalbfleisch
golonka [gɔlɔnka]	Eisbein
gulasz [gulaʃ]	Gulasch
kotlet mielony [kɔtlɛt m,ɛlɔnɨ]	Frikadelle
kotlet schabowy [kɔtlɛt sxabɔvɨ]	Schweinskotelett
pieczeń cielęca [p,ɛtʃɛɲ tɕɛlɛntsa]	Kalbsbraten
pieczeń wieprzowa [p,ɛtʃɛɲ v,ɛpʃɔva]	Schweinebraten
pieczeń wołowa [p,ɛtʃɛɲ vɔwɔva]	Rinderbraten
szaszłyk [ʃaʃwɨk]	Schaschlik
sznycel po wiedeńsku [ʃnɨtʃɛl pɔ v,ɛdɛɲsku]	Wiener Schnitzel
wieprzowina [v,jɛpʃɔv,ina]	Schweinefleisch
wątróbka [vɔntrupka]	Leber
zrazy [zrazɨ]	Rinderrouladen

Dziczyzna i drób	**Wild und Geflügel**
dzik [dʑik]	Wildschwein
dzika kaczka [dʑika katʃka]	Wildente
gęś [gɛ̃ɕ]	Gans
indyk [indɨk]	Pute
jeleń [jɛlɛɲ]	Hirsch
kaczka [katʃka]	Ente
królik [krul,ik]	Kaninchen
kurczak [kurtʃak]	Hähnchen
sarna [sarna]	Reh
zając [za,jɔnts]	Hase

Dania z jaj	Eierspeisen
jajecznica na maśle [jajɛt͡ʃɲit͡sa na maɕlɛ]	Rührei auf Butter
jajecznica na szynce [jajɛt͡ʃɲit͡sa na ʃɨnt͡sɛ]	Rührei mit Schinken
jajko na miękko [jajkɔ na mʲɛ̃kɔ]	weich gekochtes Ei
jajko na twardo [jajkɔ na tfardɔ]	hart gekochtes Ei
jajko sadzone [jajkɔ sadzɔnɛ]	Spiegelei
omlet [ɔmlɛt]	Omelette

Dodatki	Beilagen
fasolka szparagowa [fasɔlka ʃparagɔva]	Schnittbohnen
fasolka zielona [fasɔlka ʑɛlɔna]	grüne Bohnen
frytki [frɨtci]	Pommes frites
kalafior [kalafʲɔr]	Blumenkohl
makaron [makarɔn]	Nudeln
mizeria [mʲizɛrʲja]	Gurkensalat
pieczarki [pʲɛt͡ʃarci]	Champignons
ryż [rɨʃ]	Reis
surówka [surufka]	Rohkostsalat
~ z czerwonej kapusty [s t͡ʃɛrvɔnɛj kapustɨ]	Rotkrautsalat
~ z czerwonych buraczków [s t͡ʃɛrvɔnɨx burat͡ʃkuf]	Rote-Bete-Salat
~ z kapusty kiszonej [s kapustɨ ciʃɔnɛj]	Sauerkrautsalat
~ z marchwi [z marxfʲi]	Karottensalat
~ z pomidorów [s pɔmʲidɔruf]	Tomatensalat
szparagi [ʃparaɟi]	Spargel
szpinat [ʃpʲinat]	Spinat
zielona sałata [ʑɛlɔna sawata]	grüner Salat
ziemniaki [ʑɛmɲaci]	Kartoffeln
~ purée [pʲirɛ]	Kartoffelpüree
~ smażone [smaʒɔnɛ]	Bratkartoffeln

Potrawy narodowe	**Nationalgerichte**
barszcz czerwony czysty [barʃt͡ʃ t͡ʃɛrvɔnɨ t͡ʃɨstɨ]	Klare Rote-Bete-Suppe
bigos [bˌigɔs]	Bigos (Sauerkraut mit Wurst und Fleisch, gedünstet)
flaczki wołowe [flat͡ʃci vɔwɔvɛ]	Pansensuppe
gołąbki [gɔwɔmpci]	Kohlrouladen
grochówka [grɔxufka]	Erbsensuppe
kapuśniak [kapuɕɲak]	Kohlsuppe
naleśniki [nalɛɕɲici]	Crêpes/Palatschinken
pierogi [pˌɛrɔɟi]	Piroggen (gefüllte Teigtaschen)

Desery	**Nachspeisen**
bita śmietana [bˌita ɕmˌɛtana]	Schlagsahne
budyń [budɨɲ]	Pudding
galaretka owocowa [galarɛtka ɔvɔt͡sɔva]	Obstgelee
gruszka [gruʃka]	Birne
jabłko [japkɔ]	Apfel
kisiel [ciɕɛl]	geleeartige Obstnachspeise
krem czekoladowy [krɛm t͡ʃɛkɔladɔvɨ]	Schokoladencreme
lody [lɔdɨ]	Eis
pomarańcza [pɔmaraɲt͡ʃa]	Orange
truskawki [truskafci]	Erdbeeren

Kawiarnia	**Café**
herbata [xɛrbata]	Tee
herbata z cytryną [xɛrbata] s t͡sɨtrɨnɔ̃]	Tee mit Zitrone
kawa czarna [kava t͡ʃarna]	schwarzer Kaffee
kawa mrożona [kava mrɔʒɔna]	Eiskaffee
kawa z mlekiem [kava z mlɛcɛm]	Kaffee mit Milch

Lody	**Eis**
cytrynowe [t͡sɨtrɨnɔvɛ]	Zitroneneis
czekoladowe [t͡ʃɛkɔladɔvɛ]	Schokoladeneis
malinowe [malˌinɔvɛ]	Himbeereis
truskawkowe [truskafkɔvɛ]	Erdbeereis
waniliowe [vaɲilˌɔvɛ]	Vanilleeis

Ciasto	Kuchen
drożdżówka [drɔʒdʒufka]	Hefekuchen
makowiec [makɔvʲɛts]	Mohnkuchen
pączki [pɔ̃ntʃci]	Berliner
tort [tɔrt]	Torte

Spis napojów — Getränkekarte

Napoje bezalkoholowe	Alkoholfreie Getränke
sok [sɔk]	Saft
~ **jabłkowy** [japkɔvɨ]	Apfelsaft
~ **pomarańczowy** [pɔmaraɲtʃɔvɨ]	Orangensaft
~ **z czarnej porzeczki** [s tʃarnɛj pɔʒɛtʃci]	Saft aus schwarzen Johannisbeeren
tonic [tɔɲik]	Tonicwater
woda mineralna [vɔda mʲinɛralna]	Mineralwasser

Napoje alkoholowe	Alkoholische Getränke
koniak [kɔɲjak]	Kognak
likier [lʲicɛr]	Likör
piwo [pʲivɔ]	Bier
szampan [ʃampan]	Champagner, Sekt
winiak [vʲiɲak]	Weinbrand
wino [vʲinɔ]	Wein
~ **białe** [bʲjawɛ]	Weißwein
~ **czerwone** [tʃɛrvɔnɛ]	Rotwein
~ **słodkie** [swɔtcɛ]	süßer Wein
~ **wytrawne** [vɨtravnɛ]	trockener Wein
wódka [vutka]	Wodka

Besichtigungen und Ausflüge

Im Fremdenverkehrsamt

Ich möchte einen Stadtplan von … haben.	**Proszę o plan miasta…** [prɔʃɛ̃ ɔ plan mʲasta]
Haben Sie einen Veranstaltungskalender für diese Woche?	**Czy mają państwo kalendarz imprez/informator kulturalny na ten tydzień?** [t͡ʃɨ majɔ̃ paɲstfɔ kalɛndaʃ imprɛs/infɔrmatɔr kulturalnɨ na tɛn tɨd͡ʑɛɲ]
Gibt es Stadtrundfahrten?	**Czy są wycieczki/przejażdżki (autokarem) po mieście?** [t͡ʃɨ sɔ̃ vɨt͡ɕɛt͡ʃci/pʃɛjaʃt͡ʃki (awtɔkarɛm) pɔ mʲɛɕt͡ɕɛ]
Was kostet die Rundfahrt?	**Ile kosztuje wycieczka/przejażdżka po mieście?** [ilɛ kɔʃtujɛ vɨt͡ɕɛt͡ʃka/pʃɛjaʃt͡ʃka pɔ mʲɛɕt͡ɕɛ]

Sehenswürdigkeiten – Museen

Welche Sehenswürdigkeiten gibt es hier?	**Co warto tu obejrzeć?** [t͡sɔ vartɔ tu ɔbɛjʒɛt͡ɕ]
Wir möchten … besichtigen.	**Chcielibyśmy zwiedzić…** [xt͡ɕɛlibɨɕmɨ zvʲɛd͡ʑit͡ɕ]

Öffnungszeiten – Führungen

Wann ist das Museum geöffnet?	**Kiedy otwarte jest muzeum?** [cɛdɨ otfartɛ jɛst muzɛum]
Wann beginnt die Führung?	**Kiedy zaczyna się oprowadzanie?** [cɛdɨ zat͡ʃɨna ɕɛ̃ ɔprɔvad͡zaɲɛ]
Gibt es auch eine Führung in Deutsch?	**Czy jest także oprowadzanie po niemiecku?** [t͡ʃɨ jɛst tagʒɛ ɔprɔvad͡zaɲɛ pɔ ɲɛmʲɛt͡sku]
Darf man hier fotografieren?	**Czy można tu fotografować?** [t͡ʃɨ mɔʒna tu fɔtɔgrafɔvat͡ɕ]

Was? Wann? Wo?

Was für ein Platz/eine Kirche ist das?	**Jaki to plac/kościół?** [jaci tɔ plat͡s/kɔɕt͡ɕuw]
Ist das …?	**Czy to …?** [t͡ʃɨ tɔ]
Wann wurde dieses Gebäude erbaut/restauriert?	**Kiedy zbudowano/odrestaurowano ten budynek?** [cɛdɨ zbudɔvanɔ/ɔdrɛstawrɔvanɔ tɛn budɨnɛk]

Von wem ist dieses Bild/ diese Plastik?	**Kto namalował ten obraz/kto jest autorem tej rzeźby?** [ktɔ namalɔvaw tɛn ɔbras/ktɔ jɛst awtɔrɛm tɛj ʒɛʑbɨ]
Abtei	**opactwo** [ɔpat͡stfɔ]
Akt	**akt** [akt]
Altar	**ołtarz** [ɔwtaʃ]
Altertum	**starożytność** *f* [starɔʒɨtnɔɕt͡ɕ]
Altstadt	**stare miasto** [starɛ mˌastɔ]
Aquarell	**akwarela** [akfarɛla]
Archäologie	**archeologia** [arxɛɔlɔɟja]
Architekt	**architekt** [arxˌitɛkt]
Ausgrabungen	**wykopaliska** [vɨkɔpalˌiska]
Ausstellung	**wystawa** [vɨstava]
Barock	**barok** [barɔk]
barock	**barokowy** [barɔkɔvɨ]
Basilika	**bazylika** [bazɨlˌika]
Bauwerk	**budowla** [budɔvla]
Benediktiner	**benedyktyn** [bɛnɛdɨktɨn]
Besichtigung	**zwiedzanie** [zvˌɛd͡zaɲɛ]
Bibliothek	**biblioteka** [bˌiblˌjɔtɛka]
Bild	**obraz** [ɔbras]
Bildhauer	**rzeźbiarz** [ʒɛʑbˌjaʃ]
Bischofssitz	**siedziba biskupa** [ɕɛd͡ʑiba bˌiskupa]
Blütezeit	**rozkwit** [rɔskfˌit]
Bogen	**łuk** [wuk]
Brauchtum	**zwyczaje** *pl* **ludowe** [zvɨt͡ʃajɛ ludɔvɛ]
Brücke	**most** [mɔst]

Marienburg (Malbork)

Burg	**zamek** [zamɛk]

Büste	**popiersie** [pɔpʲɛrɕɛ]
byzantinisch	**bizantyjski** [bʲizantɨjsci]
Chor	**chór** [xur], **prezbiterium** *n* [prɛzbʲitɛrjum]
Christentum	**chrześcijaństwo** [xʃɛɕt͡ɕijaɲstfɔ]
Dach	**dach** [dax]
Decke	**sufit** [sufʲit]
Deckenmalerei	**malarstwo sufitowe** [malarstfɔ sufʲitɔvɛ]
Denkmal	**zabytek** [zabɨtɛk]
Denkmalschutz	**ochrona zabytków** [ɔxrɔna zabɨtkuf]
Dom	**katedra** [katɛdra]
Dynastie	**dynastia** [dɨnastja]
Einfluss	**wpływ** [fpwɨf]
Empore	**empora** [ɛmpora]
Epoche	**epoka** [ɛpoka]
Erker	**wykusz** [vɨkuʃ]
Exponat	**eksponat** [ɛkspɔnat]
Expressionismus	**ekspresjonizm** [ɛksprɛsjoɲism]
Fassade	**fasada** [fasada]
Fenster	**okno** [ɔknɔ]
Festung	**twierdza** [tfʲiɛrd͡za]
Fotografie	**fotografia** [fɔtɔgrafʲja]
Franziskaner	**franciszkanin** [frant͡ɕiʃkaɲin]
Fremdenführer	**przewodnik** [pʃɛvɔdɲik]
Führung	**oprowadzanie** [ɔprɔvad͡zaɲɛ]
Funde	**znalezisko** [znalɛʑiskɔ]
Fürst	**książę** [kɕɔ̃ʒɛ̃]
Galerie	**galeria** [galɛrja]
Gebäude	**budynek** [budɨnɛk]
Geburtsstadt	**miasto rodzinne** [mʲjastɔ rɔd͡ʑinnɛ]
Gedenkstätte	**miejsce pamięci** [mʲɛjst͡sɛ pamʲɛ̃t͡ɕi]
Gemälde	**obraz** [ɔbras], **malowidło** [malɔvʲidwɔ]
Geschichte	**historia** [xʲistɔrʲja]
Gewölbe	**sklepienie** [sklɛpʲɛɲɛ]
Glasmalerei	**malarstwo na szkle** [malarstfɔ na ʃklɛ]
Glocke	**dzwon** [d͡zvɔn]
Glockenspiel	**kurant** [kurant]
Gobelin	**gobelin** [gɔbɛlʲin]
gotisch	**gotycki** [gɔtɨt͡sci]
Gottesdienst	**nabożeństwo** [nabɔʒɛɲstfɔ]
Grab	**grób** [grup]
Grafik	**grafika** [grafʲika]
Grundriss	*(Gebäude)* **plan** [plan]
Handelsstadt	**miasto handlowe** [mʲastɔ xandlɔvɛ]
Holzschnitt	**drzeworyt** [dʒɛvɔrɨt]
Ikone	**ikona** [ikɔna]
Illustration	**ilustracja** [ilustrat͡sja]
Impressionismus	**impresjonizm** [imprɛsjɔɲism]
Innenhof	**dziedziniec** [d͡ʑɛd͡ʑiɲɛt͡s]

Inschrift	**napis** [nap̦is]
Intarsien	**intarsja** [intarsja]
Jagiellonen	**Jagiellonowie** [jaɟɛllɔnɔv̦ɛ]
Jahrhundert	**wiek** [v̦ɛk], **stulecie** [stulɛt͡ɕɛ]
Jude	**Żyd** [ʒɨt]
jüdisch	**żydowski** [ʒɨdɔvsci]
Jugendstil	**secesja** [sɛt͡sɛsja]
Kaiser/in	**cesarz/owa** [t͡sɛsaʃ/t͡sɛsaʒɔva]
Kanzel	**ambona** [ambɔna]
Kapelle	**kaplica** [kapl̦it͡sa]
Katakomben	**katakumby** [katakumbɨ]
Kathedrale	**katedra** [katɛdra]
Keramik	**ceramika** [t͡sɛram̦ika]
Kirche	**kościół** [kɔɕt͡ɕuw]

Brigittenkirche, Danzig (Gdańsk)

Klassizismus	**klasycyzm** [klasɨt͡sɨsm]
Kloster	**klasztor** [klaʃtɔr]
Klosterkirche	**kościół klasztorny** [kɔɕt͡ɕuw klaʃtɔrnɨ]
König/in	**król/owa** [krul/ɔva]
Kopie	**kopia** [kɔp̦ja]
Kreuz	**krzyż** [kʃɨʃ]
Kreuzgang	**krużganek** [kruʒganɛk]
Kruzifix	**krucyfiks** [krut͡sɨf̦iks]
Krypta	**krypta** [krɨpta]
Kubismus	**kubizm** [kub̦ism]
Kultstätte	**miejsce kultu** [m̦ɛjst͡sɛ kultu]
Kunst	**sztuka** [ʃtuka]
Kunstgewerbe	**sztuka użytkowa** [ʃtuka uʒɨtkɔva]

Kupferstich	**miedzioryt** [m̦ɛd͡ʑɔrɨt]
Kuppel	**kopuła** [kɔpuwa]
Langhaus	**nawa główna** [nava gwuvna]
Leuchter	**lichtarz**[l̦ixtaʃ], **świecznik** [ɕf̦ɛt͡ʃɲik]
Lithografie	**litografia** [l̦itɔgraf̦ja]
Maler/in	**malarz/malarka** [malaʃ/malarka]
Malerei	**malarstwo** [malarstfɔ]
Markt	**rynek** [rɨnɛk]
Markthalle	**hala targowa** [xala targɔva]
Material	**materiał** [matɛr̦jaw]
Mauer	**mur** [mur]
Mittelalter	**średniowiecze** [ɕrɛdɲɔv̦ɛt͡ʃɛ]
mittelalterlich	**średniowieczny** [ɕrɛdɲɔv̦ɛt͡ʃnɨ]
Modell	**model** [mɔdɛl]
modern	**nowoczesny** [nɔvɔt͡ʃɛsnɨ]
Mongolen	**Mongołowie** [mɔngɔwɔv̦ɛ]
Mosaik	**mozaika** [mɔzaika]
Moschee	**meczet** [mɛt͡ʃɛt]
Moslem	**muzułmanin** [muzuwmaɲin]
Museum	**muzeum** [muzɛum]
Naturkundemuseum	**muzeum przyrodnicze** [muzɛum pʃɨrɔdɲit͡ʃɛ]
Obelisk	**obelisk** [ɔbɛl̦isk]
Ölmalerei	**malarstwo olejne** [malarstfɔ ɔlɛjnɛ]
Oper	**opera** [ɔpɛra]
Orgel	**organy** *pl* [ɔrganɨ]
orientalisch	**orientalny** [ɔr̦jɛntalnɨ] **wschodni** [fsxɔdɲi]
Original	**oryginał** [ɔrɨɟinaw]
Ornament	**ornament** [ɔrnamɛnt]
orthodox	**prawosławny** [pravɔswavnɨ]
Palast	**pałac** [pawat͡s]
Pergament	**pergamin** [pɛrgam̦in]
persisch	**perski** [pɛrsci]
Pfeiler	**filar** [f̦ilar], **słup** [swup]
Piasten	**Piastowie** [p̦jastɔv̦ɛ]
Pilger	**pielgrzym** [p̦ɛlgʒɨm]
Plastik	**rzeźba** [ʒɛʑba]
Platz	**plac** [plat͡s]
Portal	**portal** [pɔrtal]
Porträt	**portret** [pɔrtrɛt]
Porzellan	**porcelana** [pɔrt͡sɛlana]
Radierung	**sztych** [ʃtɨx], **sucha igła** [suxa igwa]
Rathaus	**ratusz** [ratuʃ]
rekonstruieren	**rekonstruować** [rɛkɔnstruɔvat͡ɕ]
Relief	**relief** [rɛl̦jɛf]
Religion	**religia** [rɛl̦iɟja]
Renaissance	**renesans** [rɛnɛsans]
restaurieren	**restaurować** [rɛstawrɔvat͡ɕ]

Rokoko	**rokoko** [rɔkɔkɔ]
Romanik	**romańszczyzna** [rɔmaɲʃt͡ʃɨzna]
Romantik	**romantyzm** [rɔmantɨsm]
römisch	**rzymski** [ʒɨmsci]
Rosette	**rozeta** [rɔzɛta]
Ruine	**ruina** [ruina]
Rundfahrt	**wycieczka/przejażdżka (autokarem)** [vit͡ɕɛt͡ʃka/pʃɛjaʃt͡ʃka (awtɔkarɛm)]
Rundstein	**kamień runiczny** [kam,ɛɲ ruɲit͡ʃnɨ]
Sarkophag	**sarkofag** [sarkɔfak]
Säule	**kolumna** [kɔlumna]
Schatzkammer	**skarbiec** [skarb,ɛt͡s]
Schiff	**nawa** [nava]
Schloss	**zamek** [zamɛk]
Schnitzerei	**snycerstwo** [snɨt͡sɛrstfɔ]
Sehenswürdigkeiten	**rzeczy warte zobaczenia** [ʒɛt͡ʃɨ vartɛ zɔbat͡ʃɛɲa], **osobliwości** [ɔsɔbl,ivɔɕt͡ɕi]
Skulptur	**rzeźba** [ʒɛʑba]
Slawen	**Słowianie** [swɔv,jaɲɛ]
slawisch	**słowiański** [swɔv,jaɲsci]
Stadtmauer	**mury** *pl* **miejskie** [murɨ m,ɛjscɛ]
Stadtrundfahrt	**wycieczka/przejażdżka (autokarem) po mieście** [vɨt͡ɕɛt͡ʃka/pʃɛjaʃt͡ʃka (awtɔkarɛm) pɔ m,ɛɕt͡ɕɛ]
Statue	**statua** [statua]
Stil	**styl** [stɨl]
Stillleben	**martwa natura** [martfa natura]
Stuck	**stiuk** [stjuk]
Studienreise	**podróż studyjna** [pɔdruʃ studɨjna], **wyprawa naukowa** [vɨprava naukɔva]
Surrealismus	**surrealizm** [surrɛal,ism]
Symbolismus	**symbolizm** [sɨmbɔl,ism]
Synagoge	**synagoga** [sɨnagɔga], **bóżnica** [buʒɲit͡sa]
Tataren	**Tatarzy** [tataʒɨ]
Taufbecken	**chrzcielnica** [xʃt͡ɕɛlɲit͡sa]
Tempel	**świątynia** [ɕf,ɔntɨɲa]
Teppich	**dywan** [dɨvan]
Terrakotta	**terakota** [tɛrakɔta]
Theater	**teatr** [tɛatr]
Töpferei	**garncarstwo** [garnt͡sarstfɔ]
Tor	**brama** [brama]
Türken	**Turcy** [turt͡sɨ]
Turm	**wieża** [v,ɛʒa]
Tusche	**tusz**[tuʃ]
Überreste	**pozostałości** [pɔzɔstawɔɕt͡ɕi]
Universität	**uniwersytet** [uɲivɛrsɨtɛt]
Volkskundemuseum	**muzeum etnograficzne** [muzɛum ɛtnɔgraf,it͡ʃnɛ]

vorgeschichtlich	**przedhistoryczny** [pʃɛtxˌistɔrit͡ʃni]
Wahrzeichen	**godło** [gɔdwɔ], **symbol** [simbɔl]
Wallfahrtskirche	**kościół pielgrzymkowy** [kɔɕt͡ɕuw pˌɛlgʒimkɔvi]
Wandmalerei	**malarstwo ścienne** [malarstfɔ ɕt͡ɕɛnnɛ]
Weberei	**tkalnia** [tkalɲa]
Werk	**dzieło** [d͡ʑɛwɔ]
wieder aufbauen	**odbudowywać/odbudować** [ɔdbudɔvivat͡ɕ/ɔdbudɔvat͡ɕ]
Zeichnung	**rysunek** [risunɛk]
Zisterzienser	**Cysters** [t͡sistɛrs]
Zitadelle	**cytadela** [t͡sitadɛla]

Ausflüge

Kann man von hier aus … sehen?	**Czy widać stąd… ?** [t͡ʃi vˌidat͡ɕ stɔ̃t]
In welcher Richtung liegt…?	**W którym kierunku leży…?** [f kturim cɛrunku lɛʒi]
Kommen wir am/an … vorbei?	**Czy będziemy przechodzić/przejeżdżać obok… ?** [t͡ʃi bɛ̃d͡ʑɛmi pʃɛxɔd͡ʑit͡ɕ/pʃɛjɛʒd͡ʒat͡ɕ ɔbɔk]
Besuchen wir auch…?	**Czy zwiedzimy też…?** [t͡ʃi zvˌɛd͡ʑimi tɛʃ]
Wie viel freie Zeit haben wir in…?	**Ile wolnego czasu mamy w…?** [ilɛ vɔlnɛgɔ t͡ʃasu mami v]
Wann fahren wir zurück?	**Kiedy wracamy z powrotem?** [cɛdi vrat͡sami spɔvrɔtɛm]
Wann werden wir zurück sein?	**Kiedy będziemy z powrotem?** [cɛdi bɛnd͡ʑɛmi spɔvrɔtɛm]

Wie wär's einmal mit folgenden Ausflügen?
Puszcza Białowieska im Nordosten Polens: Nationalpark, in dem seltene Tiere leben, besonders Bisons.
Marienburg (polnisch: **Malbork**) in Westpreußen: gotische Kreuzritterburg.
Zamość, 75 km sö. von Lublin: Altstadt mit Renaissance- und Barockbauten.
Oliwa: Wer in Danzig ist, sollte nicht versäumen, den Stadtteil Oliwa zu besuchen. Im Dom von Oliwa befindet sich eine sehens- und hörenswerte Orgel.

Marktplatz von Zamość

Ausflug	**wycieczka** [vɨt͡ɕɛt͡ʃka]
Aussichtspunkt	**miejsce widokowe** [mʲɛjst͡sɛ vʲidɔkɔvɛ], **punkt widokowy** [punkt vʲidɔkɔvɨ]
Bauernhof	**zagroda chłopska** [zagrɔda xwɔpska]
Bergdorf	**wieś góralska** [vʲɛɕ guralska]
Botanischer Garten	**ogród botaniczny** [ɔgrut bɔtaɲit͡ʃnɨ]
Drehorgel	**katarynka** [katarɨnka]
Feuerwerk	**fajerwerki** [fajɛrvɛrci], **sztuczne ognie** [ʃtut͡ʃnɛ ɔgɲɛ]
Fischerhafen	**port rybacki** [pɔrt rɨbat͡sci]
Fischerort	**miejscowość rybacka** [mʲɛjst͡sɔvɔɕt͡ɕ rɨbat͡ska]
Freilichtmuseum	**skansen** [skansɛn]
Freizeitpark	**park wypoczynku** [park vɨpɔt͡ʃɨnku]
Gebirge	**góry** *pl* [gurɨ]
Grotte	**grota** [grɔta]
Heide	**łąka** [wɔ̃ka], **wrzosowisko** [vʒɔsɔvʲiskɔ]
Herrenhaus	**dwór (szlachecki)** [dvur (ʃlaxɛt͡sci)]
Höhle	**jaskinia** [jasciɲa], **grota** [grɔta]
Landschaft	**pejzaż** [pɛjzaʃ]
malerisch	**malowniczy** [malɔvɲit͡ʃɨ]
Markt	**rynek** [rɨnɛk]
Markthalle	**hala targowa** [xala targɔva]
Mühle	**młyn** [mwɨn]
Museumsdorf	**skansen** [skansɛn]
Nationalpark	**park narodowy** [park narɔdɔvɨ]
Naturschutzgebiet	**rezerwat przyrody** [rɛzɛrvat pʃɨrɔdɨ]
Pass	**paszport** [paʃpɔrt]

Planetarium — **planetarium** [planɛtar͵jum]
Platz — **plac** [plat͡s]
Rundblick — **panorama** [panɔrama]
Rundfahrt — **wycieczka/przejażdżka (autokarem)** [vɨt͡ɕɛt͡ʃka/pʃɛjaʃt͡ʃka (awtɔkarɛm)]
Schlucht — **wąwóz** [vɔ̃vus]
See — *(Binnengewässer)* **jezioro** [jɛʑɔrɔ]; *(Meer)* **morze** [mɔʒɛ]
Stausee — **zalew** [zalɛf]
Sternwarte — **obserwatorium astronomiczne** [ɔpsɛrvatɔr͵jum astrɔnɔm͵it͡ʃnɛ]
Tagesausflug — **wycieczka jednodniowa** [vɨt͡ɕɛt͡ʃka jɛdnɔdɲɔva]
Tal — **dolina** [dɔl͵ina]
Tropfsteinhöhle — **grota wapienna** [grɔta vap͵ɛnna]
Uferpromenade — **promenada nadbrzeżna** [prɔmɛnada nadbʒɛʒna]
Umgebung — **okolica** [ɔkɔl͵it͡sa]
Vogelschutzgebiet — **rezerwat ptaków** [rɛzɛrvat ptakuf]
Wald — **las** [las]
Wallfahrtsort — **miejsce pielgrzymkowe** [m͵ɛjst͡sɛ p͵ɛlgʒɨmkɔvɛ]
Wasserfall — **wodospad** [vɔdɔspat]
Wildreservat — **zwierzyniec** [zv͵ɛʒɨɲɛt͡s]
Zoo — **ogród zoologiczny** [ɔgrut zɔɔlɔɟit͡ʃnɨ], **zoo** [zɔɔ]

Bade- und Aktivurlaub

Badeurlaub

Gibt es hier ein …	**Czy jest tu …** [t͡ʃɨ jɛst tu]
Freibad?	**kąpielisko** [kɔmp̦ɛliskɔ] / **basen?** [basɛn]
Hallenbad?	**kryty basen?** [krɨtɨ basɛn]
Eine Eintrittskarte, bitte.	**Proszę bilet.** [prɔʃɛ̃ b̦ilɛt]

Tylko dla pływaków!
Nur für Schwimmer!

Skoki do wody wzbronione!
Hineinspringen verboten!

Kąpiel wzbroniona!
Baden verboten!

Ist der Strand sandig oder steinig?	**Czy ta plaża jest piaszczysta, czy kamienista?** [t͡ʃɨ ta plaʒa jɛst p̦jaʃt͡ʃɨsta, t͡ʃɨ kam̦ɛɲista]
Ist die Strömung stark?	**Czy prąd jest silny?** [t͡ʃɨ prɔnt jɛst ɕilnɨ]
Ist es für Kinder gefährlich?	**Czy to niebezpieczne dla dzieci?** [t͡ʃɨ tɔ ɲɛbɛsp̦ɛt͡ʃnɛ dla d͡ʑɛt͡ɕi]
Ich möchte … mieten.	**Chciałbym/chciałabym wynająć …** [xt͡ɕawbɨm/xt͡ɕawabɨm vɨnajɔɲt͡ɕ]

Bad	**kąpielisko** [kɔmp̦ɛl̦iskɔ]
Bademeister/in	**ratownik/ratowniczka** [ratɔvɲik/ratɔvɲit͡ʃka]
Badeort	**kąpielisko** [kɔmp̦ɛl̦iskɔ]
Dusche	**prysznic** [prɨʃɲits]
FKK-Strand	**plaża dla nudystów** [plaʒa dla nudɨstuf]
Kiesel	**otoczak** [ɔtɔt͡ʃak]
Liegestuhl	**leżak** [lɛʒak]
Liegewiese	**trawnik do leżenia** [travɲik dɔ lɛʒɛɲa]
Luftmatratze	**materac turystyczny** [matɛrats turɨstɨt͡ʃnɨ]
Meerwasser-Schwimmbad	**basen z wodą morską** [basɛn zvɔdɔ̃ mɔrskɔ̃]
Nichtschwimmer	**nie umiejący/*f* nie umiejąca pływać** [ɲɛ um̦ɛjɔ̃tsɨ/ɲɛ um̦ɛjɔ̃tsa pwɨvat͡ɕ]
Privatstrand	**plaża prywatna** [plaʒa prɨvatna]
Sand	**piasek** [p̦jasɛk]
Sandburg	**zamek z piasku** [zamɛk sp̦jasku]

Schlauchboot	**ponton** [pɔntɔn]
Schnorchel	**rurka do oddychania** [rurka dɔ ɔddɨxaɲa]
Schwimmbad	**basen** [basɛn]
schwimmen	**pływać** [pwɨvat͡ɕ]
Schwimmer/in	**pływak/pływaczka** [pwɨvak/pwɨvat͡ʃka]
Schwimmflossen	**płetwy** [pwɛtfɨ]
Schwimmring	**koło ratunkowe** [kɔwɔ ratunkɔvɛ]
Sonnenschirm	**parasol od słońca** [parasɔl ɔt swɔɲt͡sa]
Sprungbrett	**skocznia** [skɔt͡ʃɲa]
Strand	**plaża** [plaʒa]
Strandbad	**kąpielisko** [kɔmp,ɛl,iskɔ]
Surfbrett	**deska do surfowania** [dɛska dɔ sɛrfɔvaɲa]
surfen	**surfować** [sɛrfɔvat͡ɕ]
tauchen	**nurkować** [nurkɔvat͡ɕ]
Taucheranzug	**skafander do nurkowania** [skafandɛr dɔ nurkɔvaɲa]
Taucherausrüstung	**sprzęt do nurkowania** [spʃɛnt dɔ nurkɔvaɲa]
Taucherbrille	**okulary do nurkowania** [ɔkularɨ dɔ nurkɔvaɲa]
Tretboot	**rower wodny** [rɔvɛr vɔdnɨ]
Umkleidekabine	**szatnia** [ʃatɲa]

Aktivurlaub und Sport

Welche Sportmöglichkeiten gibt es hier?	**Jaki sport można tu uprawiać?** [jaci spɔrt mɔʒna tu uprav,at͡ɕ]
Gibt es hier einen Golfplatz/ einen Tennisplatz?	**Czy jest tu pole golfowe/kort tenisowy?** [t͡ʃɨ jɛst tu pɔlɛ gɔlfɔvɛ/kɔrt tɛɲisɔvɨ]
Wo kann man hier angeln?	**Gdzie można tu wędkować?** [gd͡ʑɛ mɔʒna tu vɛntkɔvat͡ɕ]
Ich möchte eine Bergtour machen.	**Chciałbym/chciałabym przejść którymś górskim szlakiem.** [xt͡ɕawbɨm/ xtɕawabɨm pʃɛjɕt͡ɕ kturɨmɕ gurscim ʃlacɛm]
Können Sie mir eine interessante Route auf der Karte zeigen?	**Czy może mi pan/pani pokazać na mapie jakiś interesujący szlak?** [t͡ʃɨ mɔʒɛ m,i pan/paɲi pɔkazat͡ɕ na map,ɛ jaciɕ intɛrɛsujɔ̃t͡sɨ ʃlak]
Wo kann ich … ausleihen?	**Gdzie mogę wypożyczyć … ?** [gd͡ʑɛ mɔgɛ̃ vɨpɔʒɨt͡ʃɨt͡ɕ]
Ich möchte einen …-Kurs machen.	**Chciałbym/chciałabym zapisać się na kurs …** [xt͡ɕawbɨm/xt͡ɕawabɨm zap,isat͡ɕ ɕɛ̃ na kurs]

Aerobic	**aerobik** [aɛrɔbˌik]
Aktivurlaub	**czynny wypoczynek** [t͡ʃɨnnɨ wɨpɔt͡ʃɨnɛk]
Anfänger/in	**początkujący/początkująca** [pɔt͡ʃɔntkujɔnt͡sɨ/pɔt͡ʃɔntkujɔnt͡sa]
Angel	**wędka** [vɛntka]
Angelschein	**karta wędkarska** [karta vɛntkarska]
Ausritt	**przejażdżka konna** [pʃɛjaʃt͡ʃka kɔnna]
Badminton	**badminton** [badmˌintɔn], **kometka** [kɔmɛtka]
Ball	**piłka** [pˌiwka]
Basketball	**koszykówka** [kɔʃɨkufka]
Bergsteigen	**wspinaczka wysokogórska** [fspˌinat͡ʃka vɨsɔkɔgurska]
Bootsverleih	**wypożyczalnia łodzi** [vɨpɔʒɨt͡ʃalɲa wɔd͡ʑi]
Doppel	**gra podwójna** [gra pɔdvujna], **dubel** [dubɛl]
Drachenfliegen	**latanie lotnią** [lataɲɛ lɔtɲɔ̃]
Einzel	**gra pojedyncza** [gra pɔjɛdɨnt͡ʃa]
Eisbahn	**tor lodowy** [tɔr lɔdɔvɨ]
Eishockey	**hokej na lodzie** [hɔkɛj na lɔd͡ʑɛ]
Eiskunstlauf	**jazda figurowa na lodzie** [jazda fˌigurɔva na lɔd͡ʑɛ]
Eislauf	**jazda na łyżwach** [jazda na wɨʒvax]
Fahrrad	**rower** [rɔvɛr]
Drei-/Zehngangrad	**rower z trzema/dziesięcioma przerzutkami** [rɔvɛr s tʃɛma/d͡ʑɛɕɛɲt͡ɕɔma pʃɛʒutkamˌi]
Mountain bike	**Mountain bike** [mɔ̃tɛn bajk]
Rennrad	**rower wyścigowy** [rɔvɛr vɨɕt͡ɕigɔvɨ]
Fallschirmspringen	**skoki spadochronowe** [skɔci spadɔxrɔnɔvɛ]
Federball	**kometka** [kɔmɛtka]
Fitnesscenter	**siłownia** [ɕiwɔvɲa], **klub kulturystyczny** [klup kulturɨstit͡ʃnɨ]
Fortgeschrittene/r	**zaawansowany/zaawansowana** [zaavansɔvanɨ/zaavansɔvana]
Fußball	**piłka nożna** [pˌiwka nɔʒna]
Fußballmannschaft	**drużyna piłki nożnej** [druʒɨna pˌiwci nɔʒnɛj]
Fußballplatz	**boisko do gry w piłkę nożną** [bɔiskɔ dɔ grɨ fpˌiwkɛ̃ nɔʒɲɔ̃]
Fußballspiel	**mecz piłki nożnej** [mɛt͡ʃ pˌiwci nɔʒnɛj]
Golf	**golf** [gɔlf]
Golfplatz	**pole golfowe** [pɔlɛ gɔlfɔvɛ]
Golfschläger	**kij golfowy** [cij gɔlfɔvɨ]
Gymnastik	**gimnastyka** [ɟimnastɨka]
Handball	**piłka ręczna** [pˌiwka rɛnt͡ʃna]
Hockey	**hokej** [xɔkɛj]

Jazztanz	**taniec jazzowy** [taɲɛt͡s d͡ʒɛzɔvɨ]
joggen	**uprawiać jogging** [upravʲat͡ɕ jɔgɟiŋg], **biegać po zdrowie** [bʲɛgat͡ɕ pɔ zdrɔvʲɛ]
Jogging	**jogging** [jɔgɟiŋg], **bieg po zdrowie** [bʲɛg pɔ zdrɔvʲɛ]
Judo	**judo** [d͡ʒudɔ]
Kanadier	**kanadyjka** [kanadɨjka]
Kanu	**kajak** [kajak]
Karate	**karate** [karatɛ]
kegeln	**grać w kręgle** [grat͡ɕ fkrɛŋglɛ]
Konditionstraining	**trening kondycyjny** [trɛɲiŋg kɔndɨt͡sɨjnɨ]
Kurs	**kurs** [kurs]
Leichtathletik	**lekkoatletyka** [lɛkkɔatlɛtɨka]
Minigolf	**minigolf** [mʲiɲigɔlf]
Motorboot	**motorówka** [mɔtɔrufka]
Motorsport	**sport motorowy** [spɔrt mɔtɔrɔvɨ], **żużel** [ʒuʒɛl]
Pferd	**koń** [kɔɲ]
Rad fahren	**jeździć na rowerze** [jɛʑd͡ʑit͡ɕ na rɔvɛʒɛ]
Radsport	**kolarstwo** [kɔlarstfɔ]
Radtour	**wycieczka rowerowa** [vɨt͡ɕɛt͡ʃka rɔvɛrɔva]
reiten	**jeździć konno** [jɛʑd͡ʑit͡ɕ kɔnnɔ]
Reitsport	**jeździectwo** [jɛʑd͡ʑɛt͡stfɔ]
Ringkampf	**zapasy** [zapasɨ]
Ruderboot	**łódź** *f* [wut͡ɕ]
rudern	**wiosłować** [vʲɔswɔvat͡ɕ]
Rugby	**rugby** *f* [rugbɨ]
Sauna	**sauna** [sawna]
Schlepplift	**wyciąg narciarski** [vɨt͡ɕɔŋg nart͡ɕarsci]
Schlitten	**sanki** *pl* [sanci]
Schlitten fahren	**jazda na sankach** [jazda na sankax]
Schlittschuhe	**łyżwy** [wɨʒvɨ]
Segelboot	**żaglówka** [ʒaglufka]
Segelfliegen	**latanie szybowcem** [lataɲɛ ʃɨbɔft͡sɛm]
segeln	**żeglować** [ʒɛglɔvat͡ɕ]
Seilbahn	**kolejka linowa** [kɔlɛjka lʲinɔva]
Sessellift	**wyciąg krzesełkowy** [vɨt͡ɕɔŋk kʃɛsɛwkɔvɨ]
Skateboard	**deskorolka** [dɛskɔrɔlka]
Ski	**narty** *pl* [nartɨ]
Skibindung	**wiązania** *pl* **narciarskie** [vʲɔ̃zaɲa nart͡ɕarscɛ]
Skibrille	**gogle** [gɔglɛ], **okulary** *pl* **narciarskie** [ɔkularɨ nart͡ɕarscɛ]
Skikurs	**kurs narciarski** [kurs nart͡ɕarsci]
Skilanglauf	**bieg na nartach** [bʲɛk na nartax]
Ski laufen	**jeżdżenie na nartach** [jɛʒd͡ʒɛɲɛ na nartax]

Skilehrer	**instruktor narciarski** [instruktɔr nart͡ɕarsci]
Skipiste	**trasa narciarska** [trasa nart͡ɕarska]
Skistöcke	**kijki do nart** [cijci dɔ nart]
Solarium	**solarium** [sɔlar̦jum]
Tennis	**tenis** [tɛɲis]
Tennisschläger	**rakieta tenisowa** [racɛta tɛɲisɔva]
Tischtennis	**tenis stołowy** [tɛɲis stɔwɔvɨ]
Tor	**bramka** [bramka]
Torwart	**bramkarz** [bramkaʃ]
Trainer	**trener** [trɛnɛr]
Turnen	**gimnastyka** [ɟimnastɨka]
Volleyball	**siatkówka** [ɕatkufka]
Wanderkarte	**mapa turystyczna** [mapa turɨstɨt͡ʃna]
wandern	**wędrować** [vɛndrɔvat͡ɕ]
Wanderweg	**szlak turystyczny** [ʃlak turɨstɨ t͡ʃnɨ]
Wasserball	**piłka wodna** [p̦iwka vɔdna]

Sportveranstaltungen besuchen

Welche Sportveranstaltungen gibt es hier?	**Jakie są tu imprezy sportowe?** [jacɛ sɔ̃ tu imprɛzɨ spɔrtɔvɛ]
Ich möchte mir das Fußballspiel/das Pferderennen ansehen.	**Chciałbym/chciałabym zobaczyć mecz piłki nożnej/wyścigi konne.** [xt͡ɕawbɨm/xt͡ɕawabɨm zɔbat͡ʃɨt͡ɕ mɛt͡ʃ p̦iwci nɔʒnɛj/vɨɕt͡ɕiɟi kɔnnɛ]
Wann/Wo findet es statt?	**Kiedy/gdzie się to odbywa?** [cɛdɨ/gd͡ʑɛ ɕɛ̃ tɔ ɔdbɨva]

Eintrittskarte	**bilet wstępu** [b̦ilɛt fstɛmpu]
gewinnen	**wygrywać/wygrać** [vɨgrɨvat͡ɕ/vɨgrat͡ɕ]
Halbzeit	**pierwsza (druga) połowa** [p̦ɛrfʃa (druga) pɔwɔva]
Kasse	**kasa** [kasa]
Niederlage	**porażka** [pɔraʃka]
Pferderennen	**wyścigi** *pl* **konne** [vɨɕt͡ɕiɟi kɔnnɛ]
Radrennen	**wyścig kolarski** [vɨɕt͡ɕik kɔlarsci]
Rennen	**wyścig** [viɕt͡ɕik], **wyścigi** *pl* [vɨɕt͡ɕiɟi]
Schiedsrichter	**sędzia** [sɛnd͡ʑa], **arbiter** [arb̦itɛr]
Sieg	**zwycięstwo** [zvɨt͡ɕɛ̃stfɔ]
Spiel	**mecz** [mɛt͡ʃ]
Sportler/in	**sportowiec/sportsmenka** [spɔrtɔv̦ɛt͡s/spɔrtsmɛnka]
Start	**start** [start]
unentschieden	**remis** [rɛm̦is]
verlieren	**przegrywać/przegrać** [pʃɛgrɨvat͡ɕ/pʃɛgrat͡ɕ]
Wettkampf	**zawody** *pl* [zavɔdɨ], **mecz** [mɛt͡ʃ]

Unterhaltung

Theater – Konzert – Kino

Welches Stück wird heute Abend (im Theater) gespielt?	**Jaka sztuka będzie grana dziś wieczorem (w teatrze)?** [jaka ʃtuka bɛ̃d͡ʑɛ grana d͡ʑiɕ vʲɛt͡ʃɔrɛm (ftɛatʃɛ)]
Was läuft morgen Abend im Kino?	**Co grają jutro wieczorem w kinie?** [t͡so grajɔ̃ jutrɔ vʲɛt͡ʃɔrɛm fciɲɛ]
Werden im Dom Konzerte veranstaltet?	**Czy w katedrze odbywają się koncerty?** [t͡ʃɨ fkatɛdʒɛ ɔdbɨvajɔ̃ ɕɛ̃ kɔnt͡sɛrtɨ]
Wann beginnt die Vorstellung?	**Kiedy zaczyna się przedstawienie/** *(Kino)* **seans?** [cɛdɨ zat͡ʃɨna ɕɛ̃ pʃɛtstavʲiɛɲɛ/ sɛans/sɛãs]
Wo bekommt man Karten?	**Gdzie można kupić bilety?** [gd͡ʑɛ mɔʒna kupʲit͡ɕ bʲilɛtɨ]
Bitte zwei Karten für heute Abend.	**Proszę dwa bilety na dzisiejszy wieczór.** [prɔʃɛ̃ dva bʲilɛtɨ na d͡ʑiɕɛjʃɨ vʲɛt͡ʃur]
Bitte zwei Plätze zu …	**Proszę dwa bilety na …** [prɔʃɛ̃ dva bʲilɛtɨ na]
Zwei Erwachsene, ein Kind.	**Dwoje dorosłych, jedno dziecko.** [dvɔjɛ dɔrɔswɨx, jɛdnɔ d͡ʑɛt͡skɔ]
Kann ich bitte ein Programm haben?	**Czy mogę prosić o program?** [t͡ʃɨ mɔgɛ̃ prɔɕit͡ɕ ɔ prɔgram]
Wo ist die Garderobe?	**Gdzie jest szatnia?** [gd͡ʑɛ jɛst ʃatɲa]

Eintrittskarte	**bilet wstępu** [bʲilɛt fstɛmpu]
Festival	**festiwal** [fɛstʲival]
Festspiele	**festiwal (teatralny, filmowy)** [fɛstʲival (tɛatralnɨ, fʲilmɔvɨ)]
Freilufttheater	**teatr letni** [tɛatr lɛtɲi]
Garderobe	**szatnia** [ʃatɲa]
Jahrmarkt	**jarmark** [jarmark]
Kasse	**kasa** [kasa]
Nachmittagsvorstellung	**przedstawienie popołudniowe** [pʃɛtstavʲɛɲɛ pɔpɔwudɲɔvɛ]
Pause	**przerwa** [pʃɛrva]
Premiere	**premiera** [prɛmʲɛra]
Programm	**program** [prɔgram]
Spielplan	**plan przedstawień** [plan pʃɛtstavʲɛɲ]
Veranstaltungskalender	**kalendarz imprez** [kalɛndaʃ imprɛs]
Vorstellung	**przedstawienie** [pʃɛtstavʲɛɲɛ]
Vorverkauf	**przedsprzedaż** *f* [pʃɛtspʃɛdaʃ]
Zirkus	**cyrk** [t͡sɨrk]

Theater

Akt	**akt** [akt]
Aufführung	**przedstawienie** [pʃɛtstav̦ɛɲɛ]
Ballett	**balet** [balɛt]
Drama	**dramat** [dramat]
Inszenierung	**inscenizacja** [insts͡ɛɲizats͡ja]
Kabarett	**kabaret** [kabarɛt]
Kleinkunstbühne	**kabaret** [kabarɛt]
Komödie	**komedia** [kɔmɛd̦ja]
Loge	**loża** [lɔʒa]
Oper	**opera** [ɔpɛra]
Operette	**operetka** [ɔpɛrɛtka]
Parkett	**parter** [partɛr]
Rang	**środek** [ɕrɔdɛk]
Schauspiel	**dramat** [dramat]
Schauspieler/in	**aktor/ka** [aktɔr/ka]
Tänzer/in	**tancerz/tancerka** [tants͡ɛʃ/tants͡ɛrka]
Theaterstück	**sztuka teatralna** [ʃtuka tɛatralna]
Tragödie	**tragedia** [tragɛd̦ja]
Varieté	**varietes** [var̦jɛtɛ]

Konzert

Begleitung	**towarzystwo** [tɔvaʒɨstfɔ]
Chor	**chór** [xur]
Dirigent	**dyrygent** [dɨrɨgɛnt]
Komponist/in	**kompozytor/ka** [kɔmpɔzɨtɔr/ka]
Konzert	**koncert** [kɔnts͡ɛrt]
Jazzkonzert	**koncert jazzowy** [kɔnts͡ɛrt d͡ʒɛzɔvɨ]
Kammerkonzert	**koncert kameralny** [kɔnts͡ɛrt kamɛralnɨ]
Kirchenkonzert	**koncert muzyki religijnej (w kościele)** [kɔnts͡ɛrt muzɨci rɛl̦igijnɛj (fkɔɕt͡ɕɛlɛ)]
Popkonzert	**koncert muzyki pop** [kɔnts͡ɛrt muzɨci pɔp]
Sinfoniekonzert	**koncert symfoniczny** [kɔnts͡ɛrt sɨmfɔɲit͡ʃnɨ]
Musical	**komedia muzyczna** [kɔmɛd̦ja muzɨt͡ʃna]
Orchester	**orkiestra** [ɔrcɛstra]
Sänger/in	**śpiewak/śpiewaczka** [ɕp̦ɛvak/sp̦ɛvat͡ʃka]
Singspiel	**śpiewogra** [ɕp̦ɛvɔgra], **komedia muzyczna** [kɔmɛd̦ja muzɨt͡ʃna]
Solist/in	**solista/solistka** [sɔl̦ista/sɔl̦istka]

Kino

Film	**film** [f̦ilm]
Filmschauspieler/in	**aktor/ka filmowy/filmowa** [aktɔr/ka f̦ilmɔvɨ/f̦ilmɔva]

Hauptrolle	**rola główna** [rɔla gwuvna]
Kino	**kino** [cinɔ]
Freilichtkino	**kino letnie** [cinɔ lɛtɲɛ]
Originalfassung	**wersja oryginalna** [vɛrsja ɔrɨɟinalna]
Regie	**reżyseria** [rɛʒɨsɛr,ja]
Regisseur/in	**reżyser** [rɛʒɨsɛr]
Untertitel	**podtytuł** [pɔttɨtuw]

Nachtleben

Was kann man hier abends unternehmen?	**Jak można tu spędzić wieczór?** [jak mɔʒna tu spɛɲd͡ʑit͡ɕ v,ɛt͡ʃur]
Gibt es hier eine gemütliche Kneipe?	**Czy jest tu jakaś miła knajpa?** [t͡ʃɨ jɛst tu jakaɕ m,iwa knajpa]
Wo kann man hier tanzen gehen?	**Gdzie tu można iść potańczyć?** [gd͡ʑɛ tu moʒna iɕt͡ɕ pɔtaɲt͡ʃɨt͡ɕ]
Ein Bier, bitte.	**Piwo, proszę.** [p,ivɔ, prɔʃɛ̃]
Das Gleiche noch einmal.	**Jeszcze raz to samo.** [jɛʃt͡ʃɛ ras tɔ samɔ]
Diese Runde übernehme ich.	**Stawiam tę kolejkę.** [stav,jam tɛ̃ kɔlɛjkɛ̃]
Wollen wir (noch einmal) tanzen?	**Czy moglibyśmy (jeszcze raz) zatańczyć?** [t͡ʃɨ mɔgl,ibɨɕmɨ (jɛʃt͡ʃɛ ras) zataɲt͡ʃɨt͡ɕ]

ausgehen	**wychodzić/wyjść** [vɨxɔd͡ʑit͡ɕ/vɨjɕt͡ɕ]
Band	**band** [bant], **orkiestra taneczna** [ɔrcɛstra tanɛt͡ʃna]; *fam* **kapela** [kapɛla]
Bar	**bar** [bar]
Discjockey	**discjockey** [d,iskd͡ʒɔkɛj]
Diskothek	**dyskoteka** [dɨskɔtɛka]
Folklore	**folklor** [fɔlklɔr]
Folkloreabend	**wieczór folklorystyczny** [v,ɛt͡ʃur fɔlklɔrɨstɨt͡ʃnɨ]
Folkloremusik	**muzyka ludowa** [muzɨka ludɔva]
Kneipe	**knajpa** [knajpa]
Live-Musik	**live-music** [lajfmjuzik], **muzyka na żywo** [muzɨka na ʒɨvɔ]
Nachtclub	**klub nocny** [klup nɔt͡snɨ]
Party	**party** [partɨ], **prywatka** [prɨvatka]
Show	**show** *n* [ʃɔw]
Spielcasino	**kasyno gry** [kasɨnɔ grɨ]
tanzen	**tańczyć/zatańczyć** [taɲt͡ʃɨt͡ɕ/zataɲt͡ʃɨt͡ɕ]
Tanzkapelle	**orkiestra taneczna** [ɔrcɛstra tanɛt͡ʃna]
Tanzmusik	**muzyka taneczna** [muzɨka tanɛt͡ʃna]

Einkaufen

Fragen – Preise

Werden Sie schon bedient?	**Czym mogę służyć?** [t͡ʃɨm mɔgɛ̃ swuʒɨt͡ɕ]
Danke, ich sehe mich nur um.	**Dziękuję, oglądam tylko.** [d͡ʑɛŋkujɛ̃, ɔglɔndam tɨlkɔ]
Ich möchte …	**Chciałbym/chciałabym …** [xt͡ɕawbɨm/xt͡ɕawabɨm]
Haben Sie …?	**Czy ma pan/pani … ?** [tʃɨ ma pan/paɲi]
Bitte …	**Proszę …** [prɔʃɛ̃]
ein paar …	**kilka …** [cilka]
ein Stück …	*m* **jeden …,** *f* **jedną …,** *n* **jedno …** [jɛdɛn …, jɛdnɔ̃ …, jɛdnɔ]
Wie viel kostet es?	**Ile to kosztuje?** [ilɛ tɔ kɔʃtujɛ]
Kann ich mit Kreditkarte bezahlen?	**Czy mogę zapłacić kartą kredytową?** [t͡ʃɨ mɔgɛ̃ zapwat͡ɕit͡ɕ kartɔ̃ krɛdɨtɔvɔ̃]

Geschäfte

Wo finde ich …?	**Gdzie dostanę …?** [gd͡ʑɛ dɔstanɛ̃]
Können Sie mir ein …-Geschäft empfehlen?	**Czy może mi pan/pani polecić jakiś sklep z** *+instr* **…?** [t͡ʃɨ mɔʒɛ mʲi pan/paɲi pɔlɛt͡ɕit͡ɕ jaciɕ sklɛp z]

godzinу otwarcia
Öffnungszeiten

otwarty offen	**zamknięty** geschlossen	**zamknięte z powodu urlopu** Betriebsferien

An Sonn- und Feiertagen sowie nachts sind in größeren Städten manche Lebensmittelgeschäfte geöffnet.

Antiquariat	**antykwariat** [antɨkfar,jat]
Antiquitätengeschäft	**sklep z antykami** [sklɛp zantɨkam,i]
Bäckerei	**piekarnia** [p,ɛkarɲa]
Bioladen	**sklep ze zdrową żywnością** [sklɛp zɛ zdrɔvɔ̃ ʒɨvnɔɕt͡ɕɔ̃]

Blumengeschäft	**kwiaciarnia** [kf,jat͡ɕarɲa]
Boutique	**butik, boutique** [but,ik]
Buchhandlung	**księgarnia** [kɕɛŋgarɲa]
Drogerie	**drogeria** [drɔgɛr,ja]
Einkaufszentrum	**centrum** *n* **handlowe** [t͡sɛntrum xandlɔvɛ]
Eisenwarengeschäft	**sklep z artykułami metalowymi** [sklɛp zartɨkuwam,i mɛtalɔvɨm,i]
Elektrohandlung	**sklep z artykułami elektrycznymi** [sklɛp zartɨkuwam,i ɛlɛktrɨt͡ʃnɨm,i]
Feinkostgeschäft	**delikatesy** *pl* [dɛl,ikatɛsɨ]
Fischgeschäft	**sklep rybny** [sklɛp rɨbnɨ]
Flohmarkt	**pchli targ** [pxl,i tark]
Fotogeschäft	**sklep z artykułami fotograficznymi** [sklɛp z artɨkuwam,i fɔtɔgraf,it͡ʃnɨm,i]
Friseur	**fryzjer** [frɨzjɛr]
Gemüsehändler	**sklep warzywniczy** [sklɛp vaʒɨvɲit͡ʃɨ], **kiosk z warzywami** [cjɔsk zvaʒɨvam,i]
Juwelier	**jubiler** [jub,ilɛr]
Kaufhaus	**dom towarowy** [dɔm tɔvarɔvɨ]
Konditorei	**cukiernia** [t͡sucɛrɲa]
Kosmetiksalon	**salon kosmetyczny** [salɔn kɔsmɛtɨt͡ʃnɨ]
Kunstgewerbe	**sztuka użytkowa** [ʃtuka uʒɨtkɔva] **rzemiosło artystyczne** [ʒɛm,jɔswɔ artɨstɨt͡ʃnɛ]

Kunsthändler	**sklep z przedmiotami sztuki użytkowej** [sklɛp spʃɛdm,jɔtam,i ʃtuci uʒɨtkɔvɛj]
Lebensmittelgeschäft	**sklep z artykułami spożywczymi** [sklɛp zartɨkuwam,i spɔʒɨftʃɨm,i]
Lederwarengeschäft	**sklep z wyrobami ze skóry** [sklɛp zvɨrɔbam,i zɛ skurɨ]
Markt	**rynek** [rɨnɛk]
Metzgerei	**sklep mięsny** [sklɛp m,ɛ̃snɨ]; *fam* **rzeźnik** [ʒɛʑɲik]
Milchgeschäft	**mleczarnia** [mlɛtʃarɲa]
Möbelgeschäft	**sklep meblowy** [sklɛp mɛblɔvɨ]
Musikgeschäft	**sklep muzyczny** [sklɛp muzɨtʃnɨ]
Obsthandlung	**sklep z owocami** [sklɛp zɔvɔtsam,i]
Optiker	**optyk** [ɔptɨk]
Parfümerie	**perfumeria** [pɛrfumɛr,ja]
Reinigung	**pralnia, chemiczna** [pralɲa, xɛm,itʃna]
Reiseandenken	**pamiątki** *pl* [pam,ɔntci]
Reisebüro	**biuro podróży** [b,jurɔ pɔdruʒɨ]
Schallplattengeschäft	**sklep z płytami** [sklɛp spwɨtam,i]
Schneider/in	**krawiec/krawcowa** [krav,ɛts/kraftsɔva]
Schreibwarengeschäft	**sklep papierniczy** [sklɛp pap,ɛrɲitʃɨ]
Schuhgeschäft	**sklep z obuwiem** [sklɛp zɔbuv,ɛm]
Schuhmacher	**szewc** [ʃɛfts]
Secondhand-Laden	**sklep z artykułami używanymi** [sklɛp zartɨkuwam,i uʒɨvanɨm,i], **komis** [kɔm,is]
Selbstbedienungsladen	**sklep samoobsługowy** [sklɛp samɔɔpswugɔvɨ]
Spielwarengeschäft	**sklep z zabawkami** [sklɛp zzabafkam,i]
Spirituosengeschäft	**sklep monopolowy** [sklɛp mɔnɔpɔlɔvɨ]

Der Genuss von Alkohol und anderen Rauschmitteln in der Öffentlichkeit ist verboten.

Sportartikel	**artykuły sportowe** [artɨkuwɨ spɔrtɔvɛ]
Supermarkt	**supersam** [supɛrsam]
Süßwarengeschäft	**sklep ze słodyczami** [sklɛp zɛ swɔdɨtʃam,i]
Tabakladen	**kiosk z papierosami** [k'jɔsk spap,ɛrɔsam,i]
Trödler	**handlarz starzyzną** [xandlaʃ staʒɨznɔ̃]
Uhrmacher	**zegarmistrz** [zɛgarm,iʃtʃ]
Wäscherei	**pralnia** [pralɲa]
Waschsalon	**salon pralniczy** [salɔn pralɲitʃɨ]
Weinhandlung	**sklep z winem** [sklɛp zv,inɛm]
Zeitungskiosk	**kiosk z gazetami** [cjɔsk zgazɛtam,i]

Bücher, Zeitschriften und Schreibwaren

Haben Sie deutsche Zeitungen/Zeitschriften?	**Czy są niemieckie gazety/czasopisma?** [t͡ʃɨ sɔ̃ ɲɛmʲɛt͡sce gazɛtɨ/t͡ʃasɔpʲisma]
Ich hätte gern …	**Proszę …** [prɔʃɛ̃]
einen Reiseführer.	**przewodnik.** [pʃɛvɔdɲik]
eine Wanderkarte von dieser Gegend.	**miejscową mapę turystyczną.** [mʲɛjst͡sɔvɔ̃ mapɛ̃ turɨstɨt͡ʃnɔ̃]

Bücher, Zeitschriften und Zeitungen

Illustrierte	**magazyn ilustrowany** [magazɨn ilustrɔvanɨ], **czasopismo ilustrowane** [t͡ʃasɔpʲismɔ ilustrɔvanɛ]
Kochbuch	**książka kucharska** [kɕɔ̃ʃka kuxarska]
Landkarte	**mapa** [mapa]
Reiseführer	**przewodnik** [pʃɛvɔdɲik]
Roman	**powieść** *f* [pɔvʲɛɕt͡ɕ]
Stadtplan	**plan miasta** [plan mʲjasta]
Straßenkarte	**atlas samochodowy** [atlas samɔxɔdɔvɨ]
Wanderkarte	**mapa turystyczna** [mapa turɨstɨt͡ʃna]
Zeitschrift	**czasopismo** [t͡ʃasɔpʲismɔ]
Zeitung	**gazeta** [gazɛta]

Buchkirmes, Warschau

Schreibwaren

Ansichtskarte	**widokówka** [vʲidɔkufka]
Bleistift	**ołówek** [ɔwuvɛk]
Briefmarke	**znaczek pocztowy** [znat͡ʃɛk pɔt͡ʃtɔvɨ]
Briefpapier	**papier listowy** [papʲɛr lʲistɔvɨ]
Briefumschlag	**koperta** [kɔpɛrta]
Farbstift	**kredka** [krɛtka]
Klebstoff	**klej** [klɛj]
Kugelschreiber	**długopis** [dwugɔpʲis]
Malbuch	**książeczka do malowania** [kɕɔ̃ʒɛt͡ʃka dɔ malɔvaɲa]
Notizblock	**notatnik** [nɔtatɲik], **notes** [nɔtɛs]
Papier	**papier** [papʲɛr]
Zeichenblock	**blok rysunkowy** [blɔk rɨsunkɔvɨ]

Drogerieartikel

Bürste	**szczotka** [ʃt͡ʃɔtka], **szczoteczka** [ʃt͡ʃɔtɛt͡ʃka]
Creme	**krem** [krɛm]
Damenbinden	**podpaski higieniczne** [pɔtpasci xʲiɟɛɲit͡ʃnɛ]
Deo(dorant)	**dezodorant** [dɛzɔdɔrant]
Duschgel	**żel do kąpieli** [ʒɛl dɔ kɔmpʲɛlʲi]
Erfrischungstücher	**chusteczki odświeżające** [xustɛt͡ʃci ɔtɕfʲɛʒajɔnt͡sɛ]
Haarbürste	**szczotka do włosów** [ʃt͡ʃɔtka dɔ vwɔsuf]
Haargel	**żel do włosów** [ʒɛl dɔ vwɔsuf]
Haargummi	**gumka do włosów** [gumka dɔ vwɔsuf]
Haarwaschmittel	**szampon do włosów** [ʃampɔn dɔ vwɔsuf]
Kamm	**grzebień** [gʒɛbʲɛɲ]
Lichtschutzfaktor	**współczynnik ochrony przed promieniami słonecznymi** [fspuwt͡ʃɨɲɲik ɔxrɔnɨ pʃɛt prɔmʲɛɲamʲi swɔnɛt͡ʃnɨmʲɨ]
Lippenstift	**szminka** [ʃmʲinka], **kredka do warg** [krɛtka dɔ varg]
Mundwasser	**płyn do płukania ust** [pwɨn dɔ pwukaɲa ust]
Nagelfeile	**pilnik do paznokci** [pʲilɲik dɔ paznɔkt͡ɕi]
Nagellack	**lakier do paznokci** [lacɛr dɔ paznɔkt͡ɕi]
Nagellackentferner	**zmywacz do paznokci** [zmɨvat͡ʃ dɔ paznɔkt͡ɕi]
Nagelschere	**nożyczki do paznokci** [nɔʒɨt͡ʃci dɔ paznɔkt͡ɕi]
Papiertaschentücher	**chusteczki jednorazowe** [xustɛt͡ʃci jɛdnɔrazɔvɛ]

Parfüm	**perfumy** *pl* [pɛrfumɨ]
Pflaster	**plaster** [plastɛr]
Pinzette	**pincetka** [pʲint͡sɛtka]
Präservativ	**prezerwatywa** [prɛzɛrvatɨva], **kondom** [kɔndɔm]
Puder	**puder** [pudɛr]
Rasierapparat	**aparat do golenia** [aparat dɔ gɔlɛɲa]
Rasierklinge	**ostrze do golenia** [ɔstʃɛ dɔ gɔlɛɲa]
Rasierpinsel	**pędzel do golenia** [pɛnd͡zɛl dɔ gɔlɛɲa]
Rasierseife	**mydło do golenia** [mɨdwɔ dɔ gɔlɛɲa]
Rasierwasser	**woda po goleniu** [vɔda pɔ gɔlɛɲu]
Seife	**mydło** [mɨdwɔ]
Sicherheitsnadel	**agrafka** [agrafka]
Slipeinlagen	**wkładki do majtek** [fkwatki dɔ majtɛk]
Sonnencreme	**krem przeciwsłoneczny** [krɛm pʃɛt͡ɕifswɔnɛt͡ʃnɨ]
Sonnenöl	**olejek do opalania** [ɔlɛjɛk dɔ ɔpalaɲa]
Tampons	**tampony** [tampɔnɨ]
Toilettenpapier	**papier toaletowy** [papʲɛr tɔalɛtɔvɨ]
Waschmittel	**środek do prania** [ɕrɔdɛk dɔ praɲa]
Watte	**wata** [vata]
Wattestäbchen	**waciki do uszu** [vat͡ɕici dɔ uʃu]
Wimperntusche	**tusz do rzęs** [tuʃ dɔ ʒɛ̃s]
Zahnbürste	**szczoteczka do zębów** [ʃt͡ʃɔtɛt͡ʃka dɔ zɛmbuf]
Zahnpasta	**pasta do zębów** [pasta dɔ zɛmbuf]

Elektro- und Fotoartikel

Ich möchte …	**Proszę…** [prɔʃɛ̃]
einen Film für diesen Fotoapparat.	**film do tego aparatu.** [fʲilm dɔ tɛgɔ aparatu]
einen Farbfilm für Papierbilder/Dias.	**kolorowy film do zdjęć/slajdów.** [kɔlɔrɔvɨ fʲilm dɔ zdjɛɲt͡ɕ/slajduf]
Der Sucher/Der Auslöser funktioniert nicht.	**Celownik/wyzwalacz nie funkcjonuje.** [t͡sɛlɔvɲik/vɨzvalat͡ʃ ɲɛ fukt͡sjɔnujɛ]
Das ist kaputt. Können Sie es bitte reparieren?	**To jest zepsute. Czy może pan/pani to zreperować/naprawić?** [tɔ jɛst zɛpsutɛ. t͡ʃɨ mɔʒɛ pan/paɲi tɔ zrɛpɛrɔvat͡ɕ/napravʲit͡ɕ]

Adapter	**adapter** [adaptɛr]
Auslöser	**wyzwalacz** [vɨzvalat͡ʃ]
Batterie	**bateria** [batɛrʲja]
Belichtungsmesser	**światłomierz** [ɕfʲjatwɔmʲɛʃ]
Blende	**przysłona** [pʃɨswɔna]

Blitzgerät	**lampa błyskowa** [lampa bwɨskɔva]
Blitzwürfel	**kostka błyskowa** [kɔstka bwɨskɔva]
Camcorder	**kamkorder** [kamkɔrdɛr]
CD/Compactdisc	**CD/płyta kompaktowa** [t͡sɛdɛ/pwɨta kɔmpaktɔva]
Filmempfindlichkeit	**czułość** *f* **filmu** [t͡ʃuwɔɕt͡ɕ fʲilmu]
Filmkamera	**kamera filmowa** [kamɛra fʲilmɔva]
Föhn	**suszarka do włosów** [suʃarka dɔ vwɔsuf]
Glühbirne	**żarówka** [ʒarufka]
Kassette	**kaseta** [kasɛta]
Kopfhörer	**słuchawka** [swuxafka]
Lautsprecher	**głośnik** [gwɔɕɲik]
Linse	**soczewka** [sɔt͡ʃɛfka]
Netzgerät	**transformator** [transfɔrmatɔr]
Objektiv	**objektyw** [ɔbʲjɛktɨf]
Passbild	**zdjęcie paszportowe** [zdjɛɲt͡ɕɛ paʃpɔrtɔvɛ]
Schallplatte	**płyta gramofonowa** [pwɨta gramɔfɔnɔva]
Schwarzweiß-Film	**film czarnobiały** [fʲilm t͡ʃarnɔbʲjawɨ]
Selbstauslöser	**samowyzwalacz** [samɔvɨzwalat͡ʃ]
Stativ	**statyw** [statɨf]
Stecker	**wtyczka** [ftɨt͡ʃka]
Sucher	**celownik** [t͡sɛlɔvɲik]
Super-8-Film	**film- super-8** [fʲilm supɛr ɔɕɛm]
Taschenlampe	**latarka kieszonkowa** [latarka cɛʃɔnkɔva]
Taschenrechner	**kalkulator** [kalkulatɔr]
Teleobjektiv	**teleobjektyw** [tɛlɛɔbʲjɛktɨf]
Verlängerungsschnur	**przedłużacz** [pʃɛdwuʒat͡ʃ]
Verschluss	**migawka** [mʲigafka]
Videofilm	**film video** [fʲilm vʲidɛɔ]
Videokamera	**wideokamera** [vʲidɛɔkamɛra] **kamera video** [kamɛra vʲidɛɔ]
Videokassette	**wideokaseta** [vʲidɛɔkasɛta], **kaseta video** [kasɛta vʲidɛɔ]
Videorekorder	**magnetowid** [magnɛtɔvʲit]
Walkman	**walkman** [wɔkmɛn]

Frisör

Waschen und föhnen/legen, bitte.	**Mycie i ułożenie, proszę.** [mɨt͡ɕɛ i uwɔʒɛɲɛ, prɔʃɛ̃]
Schneiden mit/ohne Waschen, bitte.	**Strzyżenie z myciem/bez mycia, proszę.** [stʃɨʒɛɲɛ zmɨt͡ɕɛm/bɛz mɨt͡ɕa, prɔʃɛ̃]
Ich möchte …	**Proszę …** [prɔʃɛ̃]
Nur die Spitzen.	**Tylko końce.** [tɨlkɔ kɔɲt͡sɛ]

Nicht zu kurz/Ganz kurz/Etwas kürzer, bitte. — **Nie za krótko/zupełnie krótko/trochę krócej, proszę.** [ɲɛ za krutkɔ/zupɛwɲɛ krutkɔ/trɔxɛ̃ krut͡sɛj, prɔʃɛ̃]

Rasieren, bitte. — **Golenie, proszę.** [gɔlɛɲɛ, prɔʃɛ̃]

Stutzen Sie mir bitte den Bart. — **Proszę mi podciąć brodę.** [prɔʃɛ̃ mʲi pɔtt͡ɕɔ̃t͡ɕ brɔdɛ̃]

Vielen Dank. So ist es gut. — **Dziękuję bardzo. Tak jest dobrze.** [d͡ʑɛŋkujɛ̃ bard͡zɔ. tak jɛst dɔbʒɛ]

Bart — **broda** [brɔda]
blond — **blond** [blɔnt]
Dauerwelle — **trwała ondulacja** [trfawa ɔndulat͡sja]
färben — **farbować** [farbɔvat͡ɕ]
föhnen — **układać suszarką** [ukwadat͡ɕ suʃarkɔ̃]
frisieren — **fryzować** [frɨzɔvat͡ɕ]
Frisur — **fryzura** [frɨzura]
Haar — **włosy** *pl* [vwɔsɨ]
Haarausfall — **wypadanie włosów** [vɨpadaɲɛ vwɔsuf]
Haarschnitt — **obcinanie/strzyżenie włosów** [ɔpt͡ɕinaɲɛ/stʃɨʒɛɲɛ vwɔsuf]
Haarspray — **lakier do włosów** [lacɛr dɔ vwɔsuf]
kämmen — **czesać** [t͡ʃɛsat͡ɕ]
Koteletten — **bokobrody** [bɔkɔbrɔdɨ]
legen — **układać** [ukwadat͡ɕ]
Locken — **loki** [lɔci]
Lockenwickler — **lokówka** [lɔkufka]
Perücke — **peruka** [pɛruka]
Pony — **grzywka** [gʒɨfka]
sich rasieren lassen — **pozwolić się ogolić** [pɔzvɔlʲit͡ɕ ɕɛ̃ ɔgɔlʲit͡ɕ]
Scheitel — **przedziałek** [pʃɛd͡ʑawɛk]
Schnurrbart — **wąsy** *pl* [vɔ̃sɨ]
Schuppen — **łupież** [wupʲɛʃ]
Shampoo — **szampon** [ʃampɔn]
Stufenschnitt — **obcięcie z cieniowaniem** [ɔpt͡ɕɛɲt͡ɕɛ st͡ɕɛɲɔvaɲɛm]
tönen — **cieniować** [t͡ɕɛɲɔvat͡ɕ]

Haushaltswaren

Abfallbeutel — **torebka na śmieci** [tɔrɛpka na ɕmʲɛt͡ɕi]
Alufolie — **folia aluminiowa** [fɔlʲja alumʲiɲɔva]
Besen — **szczotka do zamiatania** [ʃt͡ʃɔtka dɔ zamʲjataɲa]
Brennspiritus — **spirytus do maszynki spirytusowej** [spʲirɨtus dɔ maʃɨnci spʲirɨtusɔvɛj]

Dosenöffner	**otwieracz do puszek** [otfˌɛrat͡ʃ dɔ puʃɛk]
Eimer	**wiadro** [vˌadrɔ], **wiaderko** [vˌadɛrkɔ], **kubeł** [kubɛw]
Flaschenöffner	**otwieracz do butelek** [otfˌɛrat͡ʃ dɔ butɛlɛk]
Filtertüten	**filtry papierowe** [fˌiltrɨ papˌɛrɔvɛ]
Frischhaltefolie	*fam* **folia samoprzylepna** [fɔlˌja samɔpʃɨlɛpna]
Glas	**szklanka** [ʃklanka]
Grill	**rożen** [rɔʒɛn]
Grillkohle	**węgiel drzewny** [vɛ̃ɟɛl dʒɛvnɨ]
Kehrblech	**szufelka** [ʃufɛlka]
Kerzen	**świece** [ɕfˌjɛt͡sɛ]
Korkenzieher	**korkociąg** [kɔrkɔt͡ɕɔŋk]
Kühlelement	**wkład do lodówki turystycznej** [fkwad dɔ lɔdufki turɨstɨt͡ʃnɛj]
Kühltasche	**lodówka turystyczna** [lɔdufka turɨstɨt͡ʃna]
Petroleum	**nafta** [nafta]
Plastikbeutel	**torebka plastykowa** [tɔrɛpka plastɨkɔva]
Sonnenschirm	**parasol (od słońca)** [parasɔl (ɔt swɔɲt͡sa)]
Taschenmesser	**scyzoryk** [st͡sɨzɔrɨk]
Tauchsieder	**grzałka elektryczna** [gʒawka ɛlɛktrɨt͡ʃna]
Thermosflasche ®	**termos** [tɛrmɔs]
Wäscheklammern	**spinacze do bielizny** [spˌinat͡ʃɛ dɔ bˌɛlˌiznɨ]
Wäscheleine	**sznur do bielizny** [ʃnur dɔ bˌɛlˌiznɨ]
Windschirm	**wiatrochron** [vˌatrɔxrɔn] **osłona od wiatru** [ɔswɔna ɔd vˌatru]

Lebensmittel

Was darf es sein?	**Czym mogę służyć?** [t͡ʃɨm mɔgɛ̃ swuʒɨt͡ɕ]
Geben Sie mir bitte…	**Proszę…** [prɔʃɛ̃]
ein Kilo…	**kilogram…** *+gen* [cilɔgram]
100 Gramm…	**100 gramów, 10 dekagramów…** *(+gen)* [stɔ gramuf, d͡ʑɛɕɛɲt͡ɕ dɛkagramuf]
10 Scheiben…	**10 plasterków…** *(+gen)* [d͡ʑɛɕɛɲt͡ɕ plastɛrkuf]
ein Stück von…	**kawałek…** *+gen* [kavawɛk]
eine Packung…	**paczkę…** *+gen* [pat͡ʃkɛ̃]
ein Glas…	**słoik…** *+gen* [swɔik]
eine Dose…	**puszkę…** *+gen* [puʃkɛ̃]
eine Flasche…	**butelkę…** *+gen* [butɛlkɛ̃]
eine Einkaufstüte.	**torebkę plastykową** [tɔrɛpkɛ̃ plasțikɔvɔ̃] / *fam* **reklamówkę** [rɛklamufkɛ̃]
Darf es auch etwas mehr sein?	**Czy może być trochę więcej?** [t͡ʃɨ mɔʒɛ bɨt͡ɕ trɔxɛ̃ v̦ɛnt͡sɛj]
Darf es sonst noch etwas sein?	**Czy coś jeszcze?** [t͡ʃɨ t͡sɔɕ jɛʃt͡ʃɛ]
Dürfte ich vielleicht etwas hiervon probieren?	**Czy mógłbym/mogłabym spróbować?** [t͡ʃɨ mugwbɨm/mɔgwabɨm sprubɔvat͡ɕ]
Danke, das ist alles.	**Dziękuję , to wszystko.** [d͡ʑɛŋkujɛ̃, tɔ fʃɨstkɔ]

frisch	**świeży** [ɕf̦ɛʒɨ]
gespritzt	**pryskane** [prɨskanɛ]
ungespritzt	**niepryskane** [ɲɛprɨskanɛ]

Aal	**węgorz** [vɛŋgɔʃ]
Ananas	**ananas** [ananas]
Äpfel	**jabłka** [japka]
Apfelsinen	**pomarańcze** [pɔmaraɲt͡ʃɛ]
Aprikosen	**morele** [mɔrɛlɛ]
Artischocken	**karczochy** [kart͡ʃɔxɨ]
Auberginen	**oberżyny** [ɔbɛrʒɨnɨ]
Aufschnitt	**pokrojona wędlina różnego rodzaju** [pɔkrɔjɔna vɛndl̦ina ruʒnɛgɔ rɔd͡zaju]

Austern	**ostrygi** [ɔstrɨɟi]
Avocado	**awokado** [avɔkadɔ]
Babynahrung	**jedzenie dla niemowląt** [jɛd͡zɛɲɛ dla ɲɛmɔvlɔnt]
Bananen	**banany** [bananɨ]
Barsch	**okoń** [ɔkɔɲ]
Bier	**piwo** [p̦ivɔ]
alkoholfreies Bier	**piwo bezalkoholowe** [p̦ivɔ bɛsalkɔxɔlɔvɛ]
Birnen	**gruszki** [gruʃci]
Blumenkohl	**kalafior** [kalaf̦jɔr]
Bohnen	**fasola** [fasɔla]
grüne Bohnen	**fasolka szparagowa** [fasɔlka ʃparagɔva]
weiße Bohnen	**fasola** [fasɔla]
Brombeeren	**jeżyny** [jɛʒɨnɨ]
Brot	**chleb** [xlɛp]
Schwarzbrot	**chleb razowy** [xlɛp razɔvɨ]
Weißbrot	**chleb pszenny** [xlɛp pʃɛnnɨ]
Brötchen	**bułki** *pl* [buwci]
Butter	**masło** [maswɔ]
Buttermilch	**maślanka** [maɕlanka]
Champagner	**szampan** [ʃampan]
Champignons	**pieczarki** [p̦ɛt͡ʃarki]
Chicoree	**cykoria** [t͡sɨkɔr̦ja]
Chips	**frytki, prażynki** [frɨtci, praʒɨnci]
Dickmilch	**mleko zsiadłe** [mlɛkɔ sɕadwɛ]
Eier	**jajka** [jajka]
Eis	**lody** *pl* [lɔdɨ]
Endivie	**endywia** [ɛndɨv̦ja]
Erbsen	**groch** [grɔx]
Erdbeeren	**truskawki** [truskafci]
Essig	**ocet** [ɔt͡sɛt]
Fenchel	**koper włoski** [kɔpɛr vwɔsci], **fenkuł** [fɛnkuw]
Fisch	**ryba** [rɨba]
Fleisch	**mięso** [m̦ɛ̃sɔ]
Fleischwurst	**kiełbasa** [cɛwbasa]
Garnelen	**krewetki** [krɛvɛtci]
Gebäck	**pieczywo** [p̦ɛt͡ʃɨvɔ]
Gemüse	**jarzyny** *pl* [jaʒɨnɨ]
Grieß	**kasza manna** [kaʃa manna]
Gulasch	**gulasz** [gulaʃ]
Gurke	**ogórek** [ɔgurɛk]
Hackfleisch	**mięso mielone** [m̦ɛ̃sɔ m̦ɛlɔnɛ]
Haferflocken	**płatki owsiane** [pwatci ɔfɕanɛ]
Hähnchen	**kurczak** [kurt͡ʃak]
Hammelfleisch	**baranina** [baraɲina]
Hering	**śledź** [ɕlɛt͡ɕ]

Himbeeren	**maliny** [malˌinɨ]
Honig	**miód** [mˌjut]
Hörnchen	**rogaliki** *pl* [rɔgalˌici]
Joghurt	**jogurt** [jɔgurt]
Johannisbeeren	**porzeczki** [pɔʒɛt͡ʃci]
Kaffee	**kawa** [kava]
Kalbfleisch	**cielęcina** [t͡ɕɛlɛɲt͡ɕina]
Kaninchen	**królik** [krulˌik]
Karotten	**marchew** *f* [marxɛf]
Kartoffeln	**kartofle** [kartɔflɛ], **ziemniaki** [ʑɛmɲaci]
Käse	**ser** [sɛr]
Kastanien	**kasztany** [kaʃtanɨ]
Kekse	**ciasteczka** [t͡ɕastɛt͡ʃka]
Kindernahrung	**jedzenie dla dzieci** [jɛd͡zɛɲɛ dla d͡ʑɛt͡ɕi]
Kirschen	**wiśnie** [vˌiɕɲɛ], **czereśnie** [t͡ʃɛrɛɕɲɛ]
Knoblauch	**czosnek** [t͡ʃɔsnɛk]
Kohl *(Rot~, Weiß~)*	**kapusta (czerwona, biała)** [kapusta (t͡ʃɛrvɔna, bˌawa)]
Kohlrabi	**kalarepka** [kalarɛpka]
Konserven	**konserwy** [kɔnsɛrvɨ]
Kopfsalat	**sałata zielona** [sawata ʑɛlɔna]
Kotelett	**kotlet** [kɔtlɛt]
Krabben	**kraby** [krabɨ]
Kuchen	**ciasto** [t͡ɕastɔ]
Kürbis	**dynia** [dɨɲa]
Lammfleisch	**mięso z jagnięcia** [mˌɛ̃sɔ zjagɲɛɲt͡ɕa]
Languste	**langusta** [langusta]
Lauch	**pory** *pl* [pɔrɨ]
Leberwurst	**pasztetowa** [paʃtɛtɔva]
Limonade	**lemoniada** [lɛmɔɲada]
Linsen	**soczewica** [sɔt͡ʃɛvˌit͡sa]
Mais	**kukurydza** [kukurɨd͡za]
Makrele	**makrela** [makrɛla]
Mandarinen	**mandarynki** [mandarɨnci]
Mandeln	**migdały** [mˌigdawɨ]
Margarine	**margaryna** [margarɨna]
Marmelade	**marmolada** [marmɔlada], **dżem** [d͡ʒɛm]
Majonäse	**majonez** [majɔnɛs]
Mehl	**mąka** [mɔŋka]
Melone	**melon (żółty)** [mɛlɔn (ʒuwtɨ)] **arbuz** [arbus]
Milch	**mleko** [mlɛkɔ]
Mineralwasser	**woda mineralna** [vɔda mˌinɛralna]
Muscheln	**muszle** [muʃlɛ]
Müsli	**musli** *n* [muslˌi]
Nektarinen	**nektarynki** [nɛktarɨnci]
Nudeln	**makaron** [makarɔn]
Nüsse	**orzechy** [ɔʒɛxɨ]
Obst	**owoce** *pl* [ɔvɔt͡sɛ]

Öl	**olej** [ɔlɛj]
Orangensaft	**sok pomarańczowy** [sɔk pɔmaraɲt͡ʃɔvɨ]
Pampelmuse	**grejpfrut** [grɛjpfrut]
Paprika *(Gemüse, Gewürz)*	**papryka (świeża, w proszku)** [paprɨka (ɕf,ɛʒa, fprɔʃku)]
Peperoni	**ostra papryka** [ɔstra paprɨka]
Petersilie	**pietruszka** [p,ɛtruʃka]
Pfeffer	**pieprz** [p,ɛpʃ]
Pfefferminze	**mięta** [m,ɛnta]
Pfirsiche	**brzoskwinie** [bʒɔskf,iɲɛ]
Pflaumen	**śliwki** [ɕl,ifci]
Pilze	**grzyby** [gʒɨbɨ]
Pralinen	**praliny** [pral,inɨ]
Quark	**twarożek** [tfarɔʒɛk]
Rauchfleisch	**mięso wędzone** [m,ɛ̃sɔ vɛnd͡zɔnɛ]
Reis	**ryż** [rɨʃ]
Rindfleisch	**wołowina** [vɔwɔv,ina]
Rosinen	**rodzynki** [rɔd͡zɨnci]
Sahne	**śmietana** [ɕm,ɛtana]
saure Sahne	**kwaśna śmietana** [kfaɕna ɕm,ɛtana]
süße Sahne	**słodka śmietana** [swɔtka ɕm,ɛtana]
Salami	**salami** *n* [salam,i]
Salat	**sałatka** [sawatka]
Kopfsalat	**sałata** [sawata]
Salz	**sól** [sul]
Sardinen	**sardynki** [sardɨnci]
Schinken	**szynka** [ʃɨnka]
gekochter Schinken	**szynka gotowana** [ʃɨnka gɔtɔvana]
roher Schinken	**szynka wędzona** [ʃɨnka vɛnd͡zɔna]
Schokolade	**czekolada** [t͡ʃɛkɔlada]
Schokoriegel	**baton czekoladowy** [batɔn t͡ʃɛkɔladɔvɨ]
Schweinefleisch	**wieprzowina** [v,ɛpʃɔv,ina]
Seezunge	**sola** [sɔla]
Sellerie	**seler** [sɛlɛr]
Senf	**musztarda** [muʃtarda]
Spargel	**szparagi** *pl* [ʃparaɟi]
Spinat	**szpinak** [ʃp,inak]
Suppe	**zupa** [zupa]
Süßigkeiten	**słodycze** [swɔdɨt͡ʃɛ]
Tee	**herbata** [xɛrbata]
Teebeutel	**herbata ekspresowa** [xɛrbata ɛksprɛsɔva]
Thunfisch	**tuńczyk** [tuɲt͡ʃɨk]
Toast	**toast** [tɔast], **tost** [tɔst], **grzanka** [gʒanka]
Tomaten	**pomidory** [pɔm,idɔrɨ]
Wein	**wino** [v,inɔ]
Roséwein	**wino różowe** [v,inɔ ruʒɔvɛ]
Rotwein	**wino czerwone** [v,inɔ t͡ʃɛrvɔnɛ]

Weißwein	**wino białe** [vˌinɔ bˌjawɛ]
Weintrauben	**winogrona** [vˌinɔgrɔna]
Wurst	**wędlina** [vɛndlˌina]
Würstchen	**kiełbaski** *pl* [cɛwbasci]
Ziegenfleisch	**kozina** [kɔʑina]
Zitrone	**cytryna** [t͡sɨtrɨna]
Zucchini	**cukinia** [t͡suciɲa]
Zucker	**cukier** [t͡sucɛr]
Zwieback	**sucharki** *pl* [suxarci]
Zwiebel	**cebula** [t͡sɛbula]

Mode ➢ auch Farben, S. 20

Kleidung

Können Sie mir … zeigen?	**Czy może mi pan/pani pokazać …?** [t͡ʃɨ mɔʒɛ mˌi pan/paɲi pɔkazat͡ɕ]
Kann ich es anprobieren?	**Czy mogę to przymierzyć?** [t͡ʃɨ mɔgɛ̃ tɔ pʃɨmˌɛʒɨt͡ɕ]
Welche (Konfektions-)Größe haben Sie?	**Jaki rozmiar pan/pani nosi?** [jaci rɔzmˌjar pan/paɲi nɔɕi]
Das ist mir zu …	**To jest dla mnie za …** [tɔ jɛst dla mɲɛ za]
eng/weit.	**ciasne/szerokie.** [t͡ɕasnɛ/ʃɛrɔcɛ]
kurz/lang.	**krótkie/długie.** [krutcɛ/dwuɟɛ]
klein/groß.	**małe/duże.** [mawɛ/duʒɛ]
Das passt gut. Ich nehme es.	**To pasuje. Wezmę to.** [tɔ pasujɛ. vɛzmɛ̃ tɔ]

Anorak	**wiatrówka** [vˌatrufka]
Anzug	**garnitur** [garɲitur]
Badeanzug	**kostium kąpielowy** [kɔstˌjum kɔmpˌɛlɔvɨ]
Badehose	**kąpielówki** [kɔmpˌɛlufci]
Bademantel	**płaszcz kąpielowy** [pwaʃt͡ʃ kɔmpˌɛlɔvɨ]
Bademütze	**czepek kąpielowy** [t͡ʃɛpɛk kɔmpˌɛlɔvɨ]
Bikini	**bikini** *n* [bˌiciɲi]
Blazer	**blezer** [blɛzɛr]
Bluse	**bluzka** [bluska]
Büstenhalter	**biustonosz** [bˌjustɔnɔʃ]
Farbe	**kolor** [kɔlɔr]
Halstuch	**chusteczka na szyję** [xustɛt͡ʃka na ʃɨjɛ̃], **apaszka** [apaʃka]
Handschuhe	**rękawiczki** [rɛŋkavˌit͡ʃci]
Hemd	**koszula** [kɔʃula]

Hose	**spodnie** *pl* [spɔdɲɛ]
Hut	**kapelusz** [kapɛluʃ]
Sonnenhut	**kapelusz słoneczny** [kapɛluʃ swɔnɛt͡ʃnɨ]
Jacke	*(für Frauen)* **żakiet** [ʒacɛt]; *(für Männer)* **marynarka** [marɨnarka]
Jeans	**jeansy, dżinsy** *pl* [d͡ʒ,insɨ]
Jogginghose	**spodnie** *pl* **od dresu** [spɔdɲɛ ɔd drɛsu]
Kleid	**suknia** [sukɲa]
Kostüm	**kostium** [kɔst,jum]
Krawatte	**krawat** [kravat]
Mantel	**płaszcz** [pwaʃt͡ʃ]
Mütze	**czapka** [t͡ʃapka]
Pullover	**pulower** [pulɔvɛr]
Regenmantel	**płaszcz przeciwdeszczowy** [pwaʃt͡ʃ pʃɛtɕifdɛʃt͡ʃɔvɨ]
Rock	**spódniczka** [spudɲit͡ʃka]
Schal	**szal** [ʃal]
Schirm	**parasol** [parasɔl]
Shorts	**szorty** [ʃɔrtɨ]
Slip	**slipy** *pl* [sl,ipɨ]
Socken	**skarpetki** [skarpɛtci]
Strickjacke	**sweter rozpinany (zrobiony na drutach)** [sfɛtɛr rɔsp,inanɨ (zrɔb,jɔnɨ na drutax)]
Strümpfe	**pończochy** [pɔɲt͡ʃɔxɨ]
Strumpfhose	**rajstopy** *pl* [rajstɔpɨ]
Trainingsanzug	**dres sportowy** [drɛs spɔrtɔvɨ]
T-Shirt	**koszulka trykotowa** [kɔʃulka trɨkɔtɔva]
Unterhemd	**podkoszulek** [pɔtkɔʃulɛk]
Unterhose	**spodenki** [spɔdɛnci]; *(lange)* **kalesony** *pl* [kalɛsɔnɨ]
Volkstracht	**strój ludowy** [struj ludɔvɨ]
Weste	**kamizelka** [kam,izɛlka]

Reinigung

Ich möchte diese Sachen reinigen/waschen lassen.	**Chciałbym/***f* **chciałabym oddać te rzeczy do czyszczenia/prania.** [xt͡ɕawbɨm/xt͡ɕawabɨm ɔddat͡ɕ tɛ ʒɛt͡ʃɨ dɔt͡ʃɨʃt͡ʃɛɲa/praɲa]
Wann sind sie fertig?	**Kiedy będą gotowe?** [cɛdɨ bɛndɔ̃ gɔtɔvɛ]
bügeln	**prasować** [prasɔvat͡ɕ]
chemisch reinigen	**czyścić/oczyścić chemicznie** [t͡ʃɨɕt͡ɕit͡ɕ/ot͡ʃɨɕt͡ɕit͡ɕ xɛm,it͡ʃɲɛ]
pflegeleicht	**łatwy do utrzymania** [watfɨ dɔ ut͡ʃɨmaɲa]
waschmaschinenfest	**można prać w pralce** [mɔʒna prat͡ɕ f pralt͡sɛ]

Optiker

Würden Sie mir bitte diese Brille/das Gestell reparieren?	**Czy może mi pan/*f* pani zreperować te okulary/tę oprawkę?** [t͡ʃɨ mɔʒɛ mʲi pan/paɲi zrɛpɛrɔvat͡ɕ tɛ ɔkularɨ/tɛ̃ ɔprafkɛ̃]
Wie ist Ihre Sehstärke?	**Jakie szkła pan/pani nosi?** [jacɛ ʃkwa pan/paɲi nɔɕi]
rechts plus/minus ..., links ...	**prawe plus/minus ... , lewe ...** [pravɛ plus/mʲinus ..., lɛvɛ]
Ich brauche ...	**Potrzebuję ...** [pɔtʃɛbujɛ̃]
Aufbewahrungslösung	**płyn do przechowywania** [pwɨn dɔ pʃɛxɔvɨvaɲa]
Reinigungslösung	**płyn do czyszczenia/mycia** [pwɨn dɔ t͡ʃɨʃt͡ʃɛɲa/mɨt͡ɕa]
für harte/weiche Kontaktlinsen.	**twardych/miękkich soczewek.** [tfardɨx/mʲɛŋkcix sɔt͡ʃɛvɛk]
Ich suche eine Sonnenbrille/ein Fernglas.	**Szukam okularów słonecznych/lornetki.** [ʃukam ɔkularuf swɔnɛt͡ʃnɨx/lɔrnɛtci]

Schuhe und Lederwaren

Ich möchte ein Paar ...-Schuhe.	**Proszę o parę butów.** [prɔʃɛ̃ ɔ parɛ̃ butuf]
Ich habe Schuhgröße ...	**Noszę buty numer ...** [nɔʃɛ̃ butɨ numɛr]

Badeschuhe	**buty do kąpieli** [butɨ dɔ kɔmpʲɛlʲi]
Gummistiefel	**kalosze** [kalɔʃɛ]
Gürtel	**pasek** [pasɛk]
Handtasche	**torebka** [tɔrɛpka]
Hausschuhe	**kapcie** [kapt͡ɕɛ]
Koffer	**walizka** [valʲiska]
Lederjacke	**kurtka skórzana** [kurtka skuʒana]
Ledermantel	**płaszcz skórzany** [pwaʃt͡ʃ skuʒanɨ]
Pelzjacke	**kurtka futrzana** [kurtka futʃana]
Pelzmantel	**futro** [futrɔ]
Reisetasche	**torba podróżna** [tɔrba pɔdruʒna]
Rucksack	**plecak** [plɛt͡sak]
Sandalen	**sandały** [sandawɨ]
Schuhe	**buty** [butɨ]
Schuhbürste	**szczotka do butów** [ʃt͡ʃɔtka dɔ butuf]
Schuhcreme	**pasta do butów** [pasta dɔ butuf]
Schuhgröße	**numer butów** [numɛr butuf]
Sohle	**zelówka** [zɛlufka]
Stiefel *pl*	**buty** *pl* **z cholewami** [butɨ sxɔlɛvamʲi]

Strandschuhe	**obuwie plażowe** [ɔbuv̦ɛ plaʒɔvɛ]
Tasche	**torebka** [tɔrɛpka]
Turnschuhe	**obuwie gimnastyczne** [ɔbuv̦ɛ ɟimnastɨt͡ʃnɛ], **tenisówki** [tɛɲisufci]
Umhängetasche	**torebka na ramię** [tɔrɛpka na ram̦ɛ̃]

Tabakwaren

Ein Päckchen/Eine Stange … mit/ohne Filter, bitte.	**Proszę paczkę/karton … z filtrem/ bez filtra.** [prɔʃɛ̃ pat͡ʃkɛ̃/kartɔn… sf̦iltrɛm/bɛs f̦iltra]
Ein Päckchen/Eine Dose Zigaretten-/Pfeifentabak, bitte.	**Proszę paczkę/puszkę tytoniu papierosowego/do fajki.** [prɔʃɛ̃ pat͡ʃkɛ̃/ puʃkɛ̃ tɨtɔɲu pap̦ɛrɔsɔvɛgɔ/dɔ fajci]
Eine Schachtel Streichhölzer/Ein Feuerzeug, bitte.	**Proszę pudełko zapałek/zapalniczkę.** [prɔʃɛ̃ pudɛwkɔ zapawɛk/zapalɲit͡ʃkɛ̃]

Uhren und Schmuck

Ich möchte ein hübsches Andenken/Geschenk.	**Chciałbym/chciałabym jakąś ładną pamiątkę/jakiś ładny prezent.** [xt͡ɕawbɨm/xt͡ɕawabɨm jakɔ̃ɕ wadnɔ̃ pam̦jɔntkɛ̃/jaciɕ wadnɨ prɛzɛnt]
Wie viel wollen Sie ausgeben?	**Ile chce pan/pani wydać?** [ilɛ xt͡sɛ pan/paɲi vɨdat͡ɕ]
Ich möchte etwas nicht zu Teures.	**Chciałbym/chciałabym coś nie najdroższego.** [xt͡ɕawbɨm/xt͡ɕawabɨm t͡sɔɕ ɲɛ najdrɔʃʃɛgɔ]

Anhänger	**wisiorek** [v̦iɕɔrɛk]
Armband	**branzoletka** [branzɔlɛtka]
Armbanduhr	**zegarek na rękę** [zɛgarɛk na rɛŋkɛ̃]
Brosche	**broszka** [brɔʃka]
echt	**prawdziwy** [pravdʑivɨ]
Gold	**złoto** [zwɔtɔ]
vergoldet	**pozłacany** [pɔzwat͡sanɨ]
Kette	**łańcuszek** [waɲt͡suʃɛk]
Kristall	**kryształ** [krɨʃtaw]
Modeschmuck	**modna biżuteria** [mɔdna b̦iʒutɛr̦ja]
Ohrringe	**kolczyki** [kɔlt͡ʃɨci]
Perle	**perła** [pɛrwa]
Ring	**pierścionek** [p̦ɛrɕt͡ɕɔnɛk]
Schmuck	**biżuteria** [b̦iʒutɛr̦ja]
Silber	**srebro** [srɛbrɔ]
versilbert	**posrebrzany** [pɔsrɛbʒanɨ]
Türkis	**turkus** [turkus]

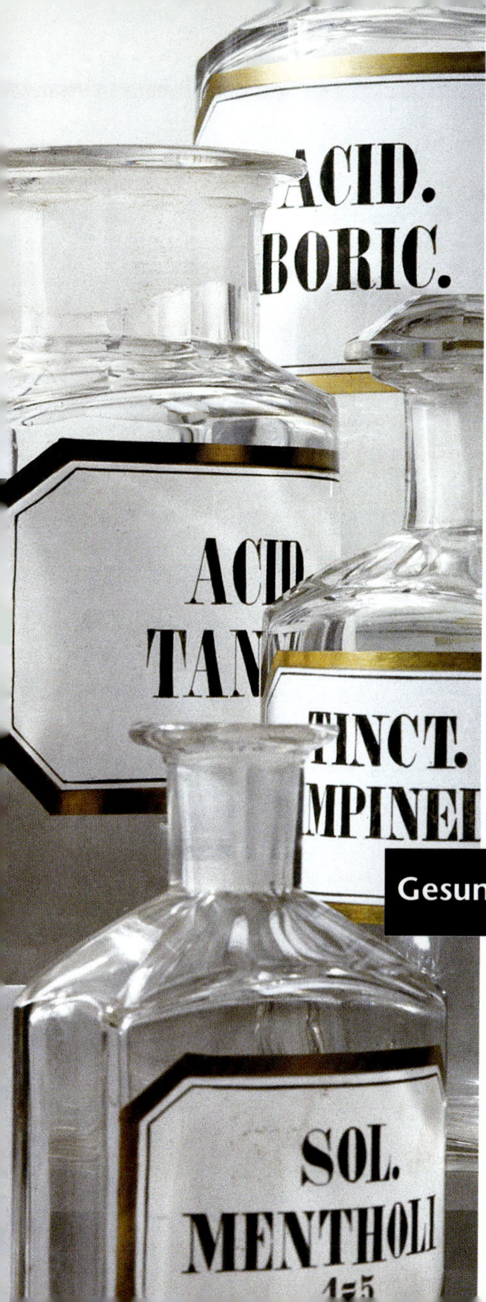

Gesundheit

In der Apotheke

Wo ist die nächste Apotheke (mit Nachtdienst)?	**Gdzie jest najbliższa apteka (która ma dyżur nocny)?** [gd͡ʑɛ jɛst najbl,iʃʃa aptɛka (ktura ma dɨʒur nɔt͡snɨ)]
Geben Sie mir bitte etwas gegen …	**Proszę mi dać coś na …** *+acc* [prɔʃɛ̃ m,i dat͡ɕ t͡sɔɕ na]

➢ **auch Arztbesuch, S. 127**

Abführmittel	**środek na przeczyszczenie** [ɕrɔdɛk na pʃɛt͡ʃɨʃt͡ʃɛɲɛ]
Antibabypille	**pastylki** *pl* **antykoncepcyjne** [pastɨlci antɨkɔnt͡sɛpt͡sɨjnɛ]
Antibiotikum	**antybiotyk** [antɨb,jɔtɨk]
Aspirin®	**aspiryna** [asp,irɨna]
Augentropfen	**krople** *pl* **do oczu** [krɔplɛ dɔ ɔt͡ʃu]
äußerlich	**zewnętrzny** [zɛvnɛnt͡ʃnɨ], **do użytku zewnętrznego** [dɔ vʒɨtku zɛvnɛnt͡ʃnɛgɔ]
Beruhigungsmittel	**środek uspakajający** [ɕrɔdɛk uspakajajɔnt͡sɨ]
Brandsalbe	**maść** *f* **na oparzenia** [maɕt͡ɕ na ɔpaʒɛɲa]
Desinfektionsmittel	**środek dezynfekujący** [ɕrɔdɛk dɛzɨnfɛkujɔnt͡sɨ]
einnehmen	**zażywać** [zaʒɨvat͡ɕ]
Elastikbinde	**bandaż elastyczny** [bandaʃ ɛlastɨt͡ʃnɨ]
vor dem Essen	**przed jedzeniem** [pʃɛt jɛd͡zɛɲɛm]
nach dem Essen	**po jedzeniu** [pɔ jɛd͡zɛɲu]
Fieberthermometer	**termometr** [tɛrmɔmɛtr]
Gegengift	**surowica przeciw truciźnie** [surɔv,it͡sa pʃɛt͡ɕif trut͡ɕiʑɲɛ]
Gurgelwasser	**płyn do płukania gardła** [pwɨn dɔ pwukaɲa gardwa]
Halstabletten	**tabletki na gardło** [tablɛtci na gardwɔ]
Hustensaft	**syrop na kaszel** [sɨrɔp na kaʃɛl]
innerlich	**wewnętrzny** [vɛvnɛnt͡ʃnɨ], **do użytku wewnętrznego** [dɔ uʒɨtku vɛvnɛnt͡ʃnɛgɔ]
Insektenmittel	**środek przeciw insektom** [ɕrɔdɛk pʃɛt͡ɕif insɛktɔm]
Insulin	**insulina** [insul,ina]
Jod(tinktur)	**tynktura jodowa** [tɨnktura jɔdɔva]
Kamillentee	**rumianek w torebkach** [rum,janɛk f tɔrɛpkax]
Kohletabletten	**węgiel w tabletkach** [vɛɲɟɛl f tablɛtkax]
Kopfschmerztabletten	**tabletki od bólu głowy** [tablɛtci ɔt bulu gwɔvɨ]
Kreislaufmittel	**środek na krążenie** [ɕrɔdɛk na krɔ̃ʒɛɲɛ]

auf nüchternen Magen	**na czczo** [na t͡ʃt͡ʃɔ]
Magenmittel	**środek na żołądek** [ɕrɔdɛk na ʒɔwɔndɛk]
Medikament	**lekarstwo** [lɛkarstfɔ]
Mittel (gegen)	**środek (na)** *+acc* [ɕrɔdɛk (na)]
Mückenstiche	**ukąszenia komara** [ukɔ̃ʃɛɲa kɔmara]
Mullbinde	**gaza** [gaza]
im Mund zergehen lassen	**rozpuścić w ustach** [rɔspuɕt͡ɕit͡ɕ vustax]
Nebenwirkungen	**działanie uboczne** [d͡ʑawaɲɛ ubɔt͡ʃnɛ]
Ohrentropfen	**krople** *pl* **do uszu** [krɔplɛ dɔ uʃu]
Pflaster	**plaster** [plastɛr]
Präservativ	**prezerwatywa** [prɛzɛrvatɨva], **kondom** [kɔndɔm]
Puder	**puder** [pudɛr]
Rezept	**recepta** [rɛt͡sɛpta]
Salbe	**maść** *f* [maɕt͡ɕ]
Schlaftabletten	**tabletki nasenne** [tablɛtci nasɛnnɛ]
Schmerztabletten	**tabletki przeciwbólowe** [tablɛtci pʃɛtɕivbulɔvɛ]
Sonnenbrand	**oparzenie słoneczne** [ɔpaʒɛɲɛ swɔnɛt͡ʃnɛ]
Tablette	**tabletka** [tablɛtka], **pigułka** [p͜iguwka]
Traubenzucker	**cukier gronowy** [t͡sucɛr grɔnɔvɨ]
Tropfen	**krople** *pl* [krɔplɛ]
Watte	**wata** [vata]
Zäpfchen	**czopki** *pl* [t͡ʃɔpci]

Arztbesuch ➢ auch Reisen mit Kindern, S. 56

Können Sie mir einen guten ... empfehlen?	**Czy może mi pan/pani polecić dobrego ...?** [t͡ʃɨ mɔʒɛ m͜i pan/paɲi pɔlɛt͡ɕit͡ɕ dɔbrɛgɔ]
Arzt	**lekarza** [lɛkaʒa]
Augenarzt	**okulistę** [ɔkul͜istɛ̃]
Frauenarzt	**ginekologa** [ɟinɛkɔlɔga]
Hals-Nasen-Ohren-Arzt	**laryngologa** [larɨngɔlɔga]
Hautarzt	**dermatologa** [dɛrmatɔlɔga]
Internisten	**internistę** [intɛrɲistɛ̃]
Kinderarzt	**pediatrę** [pɛd͜jatrɛ̃]
Praktischen Arzt	**lekarza ogólnego** [lɛkaʒa ɔgulnɛgɔ]
Urologen	**urologa** [urɔlɔga]
Zahnarzt	**dentystę** [dɛntɨstɛ̃]

Wann hat er Sprechstunde?	**Kiedy przyjmuje?** [cɛdɨ pʃɨjmujɛ]

Touristen sind in Polen *nicht* über das Sozialversicherungsabkommen krankenversichert. Es empfiehlt sich daher, vor Antritt der Reise eine private Krankenversicherung für die Dauer des Polen-Aufenthalts abzuschließen.

Beschwerden

Was für Beschwerden haben Sie?	**Co panu/pani dolega?** [t͡sɔ panu/paɲi dɔlɛga]
Ich fühle mich nicht wohl.	**Czuję się źle.** [t͡ʃujɛ̃ ɕɛ̃ ʑlɛ]
Ich habe Fieber.	**Mam gorączkę.** [mam gɔrɔnt͡ʃkɛ̃]
Ich kann nicht schlafen.	**Nie mogę spać.** [ɲɛ mɔgɛ̃ spatɕ]
Mir ist oft schlecht/schwindelig.	**Jest mi często niedobrze/kręci mi się w głowie.** [jɛst mʲi t͡ʃɛ̃stɔ ɲɛdɔbʒɛ/krɛɲt͡ɕi mʲi ɕɛ̃ v gwɔvʲɛ]
Ich bin ohnmächtig geworden.	**Zemdlałem/*f*zemdlałam.** [zɛmdlawem/zɛmdlawam]
Ich bin stark erkältet.	**Jestem silnie przeziębiony/*f*przeziębiona.** [jɛstɛm ɕilɲɛ pʃɛʑɛmbʲɔnɨ/pʃɛʑɛmbʲɔna]
Ich habe Kopfschmerzen/Halsschmerzen/Husten.	**Boli mnie głowa/gardło./ Mam kaszel.** [bɔlʲi mɲɛ gwɔva/gardwɔ. mam kaʃɛl]
Ich bin gestochen/gebissen worden.	**Zostałem ukąszony/pogryziony.** [zɔstawem ukɔ̃ʃɔnɨ/pɔgrɨʑɔnɨ] / *f* **Zostałam ukąszona/pogryziona.** [zɔstawam ukɔ̃ʃɔna/pɔgrɨʑɔna]
Ich habe Durchfall/ Verstopfung.	**Mam rozwolnienie/zatwardzenie.** [mam rɔzvɔlɲɛɲɛ/zatfard͡zɛɲɛ]
Ich habe mich verletzt.	**Skaleczyłem się/*f*skaleczyłam się.** [skalɛt͡ʃɨwem ɕɛ̃/skalɛt͡ʃɨwam ɕɛ̃]
Ich bin gestürzt.	**Przewróciłem się/*f*przewróciłam się.** [pʃɛvrut͡ɕiwem ɕɛ̃/pʃɛvrut͡ɕiwam ɕɛ̃]
Ich habe einen hohen/niedrigen Blutdruck.	**Mam wysokie/niskie ciśnienie.** [mam vɨsɔcɛ/ɲiscɛ t͡ɕiɕɲɛɲɛ]
Ich bin Diabetiker/in.	**Jestem diabetykiem/diabetyczką.** [jɛstɛm dʲjabɛtɨcɛm/dʲjabɛtɨt͡ʃkɔ̃]

Ich bin schwanger.	**Jestem w ciąży.** [jɛstɛm f t͡ɕɔ̃ʒɨ]
Ich hatte vor kurzem …	**Miałem/*f* miałam niedawno …** [m,awem/m,awam ɲɛdavnɔ]

Untersuchung

Wo tut es weh?	**Gdzie boli?** [gd͡ʑɛ bɔl,i]
Ich habe hier Schmerzen.	**Tu mam bóle.** [tu mam bulɛ]
Bitte, machen Sie sich/Ihren Arm frei.	**Proszę się rozebrać/odsłonić ramię.** [prɔʃɛ̃ ɕɛ̃ rɔzɛbrat͡ɕ/ɔtswɔɲit͡ɕ ram,ɛ̃]
Bitte tief einatmen. Atem anhalten.	**Proszę głęboko oddychać. Zatrzymać oddech.** [prɔʃɛ̃ gwɛmbɔkɔ ɔddɨxat͡ɕ. zatʃɨmat͡ɕ ɔddɛx]
Öffnen Sie den Mund.	**Proszę otworzyć usta.** [prɔʃɛ̃ ɔtfɔʒɨt͡ɕ usta]
Zeigen Sie die Zunge.	**Proszę pokazać język.** [prɔʃɛ̃ pɔkazat͡ɕ jɛ̃zɨk]
Wie lange fühlen Sie sich schon so?	**Jak długo się pan/pani tak czuje?** [jak dwugɔ ɕɛ̃ pan/paɲi tak t͡ʃujɛ]
Sie müssen geröntgt werden.	**Pan/pani musi się prześwietlić.** [pan/paɲi muɕi ɕɛ̃ pʃɛɕf,ɛtl,it͡ɕ]
Ich brauche eine Blut-/Urinprobe.	**Potrzebuję badania krwi/moczu.** [pɔtʃɛbujɛ̃ badaɲa krf,i/mɔt͡ʃu]
Sie müssen operiert werden.	**Pan/pani musi się poddać operacji.** [pan/paɲi muɕi ɕɛ̃ pɔddat͡ɕ ɔpɛrat͡sji]
Sie brauchen ein paar Tage Bettruhe.	**Przez parę dni powinien pan/powinna pani zostać w łóżku.** [pʃɛs parɛ̃ dɲi pɔv,iɲɛn pan/pɔv,inna paɲi zɔstat͡ɕ vwuʃku]
Es ist nichts Ernstes.	**To nic poważnego.** [tɔ ɲit͡s pɔvaʒnɛgɔ]
Haben Sie einen Impfschein?	**Czy ma pan/pani świadectwo szczepienia?** [t͡ʃɨ ma pan/paɲi ɕf,adɛt͡stfɔ ʃt͡ʃɛp,ɛɲa]
Ich bin gegen … geimpft.	**Byłem szczepiony/byłam szczepiona przeciw …** [bɨwem ʃt͡ʃɛp,jɔnɨ/bɨwam ʃt͡ʃɛp,jɔna pʃɛt͡ɕif]
Können Sie mir bitte etwas gegen … geben/verschreiben?	**Czy może mi pan/pani dać/zapisać coś na …** [t͡ʃɨ mɔʒɛ m,i pan/paɲi dat͡ɕ/zap,isat͡ɕ t͡sɔɕ na]

Im Krankenhaus

Wie lange muss ich hier bleiben?	**Jak długo muszę tu zostać?** [jak dwugɔ muʃɛ̃ tu zɔstat͡ɕ]
Ich kann nicht einschlafen.	**Nie mogę zasnąć.** [ɲɛ mɔgɛ̃ zasnɔɲt͡ɕ]
Ich habe Schmerzen.	**Mam bóle.** [mam bulɛ]
Geben Sie mir bitte eine Schmerztablette/Schlaftablette.	**Proszę mi dać tabletkę przeciwbólową/tabletkę nasenną.** [prɔʃɛ̃ mʲi dat͡ɕ tablɛtkɛ̃ pʃɛt͡ɕivbulɔvɔ̃/tablɛtkɛ̃ nasɛnnɔ̃]
Wann darf ich aufstehen?	**Kiedy mogę wstać?** [cɛdɨ mɔgɛ̃ fstat͡ɕ]

Abszess	**ropień** [rɔpʲɛɲ]
Abtreibung	**aborcja** [abɔrt͡sja], **przerywanie ciąży** [pʃɛrɨvaɲɛ t͡ɕɔ̃ʒɨ]
Ader	**żyła** [ʒɨwa]
Aids	**aids** [ɛjts]
Alkoholiker/in	**alkoholik/alkoholiczka** [alkɔxɔlʲik/alkɔxɔlʲitʃka]
Allergie	**alergia** [alɛrɟja]
allergisch sein gegen	**mieć alergię na** *+acc* [mʲɛt͡ɕ alɛrɟjɛ̃ na]
Anfall	**napad** [napat]
Angina	**angina** [aɲɟina]
Anspruchsausweis *(Krankenkasse)*	**polisa ubezpieczeniowa (kasy chorych)** [pɔlʲisa ubɛspʲɛt͡ʃɛɲɔva (kasɨ xɔrɨx)]
ansteckend	**zakaźny** [zakaʑnɨ]
Appetitlosigkeit	**brak apetytu** [brak apɛtɨtu]
Arm	**ramię** [ramʲɛ̃], **ręka** [rɛŋka]
Asthma	**astma** [astma]
Atembeschwerden	**trudności w oddychaniu** [trudnɔɕt͡ɕi v ɔddɨxaɲu]
atmen	**oddychać** [ɔddɨxat͡ɕ]
Attest	**atest** [atɛst], **zaświadczenie lekarskie** [zaɕfʲjatt͡ʃɛɲɛ lɛkarscɛ]
Auge	**oko** [ɔkɔ]
Ausschlag	**wysypka** [vɨsɨpka]
Bänderriss	**naderwanie ścięgna** [nadɛrvaɲɛ ɕt͡ɕɛŋgna]
Bauch	**brzuch** [bʒux]
Bein	**noga** [nɔga]
Bescheinigung	**zaświadczenie** [zaɕfʲjatt͡ʃɛɲɛ]
Besuchszeit	**godziny przyjęć** [gɔd͡ʑinɨ pʃɨjɛɲt͡ɕ]
bewusstlos	**nieprzytomny** [ɲɛpʃɨtɔmnɨ]
Bisswunde	**rana od ugryzienia/ukąszenia** [rana ɔd ugrɨʑɛɲa/ukɔ̃ʃɛɲa]

Blähungen	**wzdęcia** [vzdɛɲt͡ɕa]
Blase	**pęcherz** [pɛ̃xɛʃ]
Blinddarm	**wyrostek robaczkowy** [vɨrɔstɛk rɔbat͡ʃkɔvɨ]; *fam* **ślepa kiszka** [ɕlɛpa ciʃka]
Blinddarmentzündung	**zapalenie wyrostka robaczkowego** [zapalɛɲɛ vɨrɔstka rɔbat͡ʃkɔvɛgɔ]
Blut	**krew** [krɛf]
Blutdruck (hoher/niedriger)	**ciśnienie krwi (wysokie/niskie)** [t͡ɕiɕɲɛɲɛ krf,i (vɨsɔcɛ ɲiscɛ)]
bluten	**krwawić** [krfav,it͡ɕ]
Bluterguss	**wylew (krwi)** [vɨlɛf (krf,i)]
Blutgruppe	**grupa krwi** [grupa krf,i]
Blutung	**krwawienie** [krfav,ɛɲɛ]
Blutvergiftung	**zatrucie krwi** [zatrut͡ɕɛ krf,i]
Brechreiz	**mdłości** *pl* [mdwɔɕt͡ɕi]
Bronchien	**oskrzele** [ɔskʃɛlɛ]
Bronchitis	**bronchit** [brɔnx,it]
Bruch	**przepuklina** [pʃɛpukl,ina]
Brust	**pierś** *f* [p,ɛrɕ]
Bypass	**bypass** [bajpas]
Chirurg/in	**chirurg** [x,irurg]
Cholera	**cholera** [xɔlɛra]
Darm	**jelito** [jɛl,itɔ]
desinfizieren	**dezynfekować** [dɛzɨnfɛkɔvat͡ɕ]
Diabetes	**cukrzyca** [t͡sukʃɨt͡sa]
Diagnose	**diagnoza** [d,jagnɔza]
Diät	**dieta** [d,jɛta]
Diphtherie	**dyfteryt** [dɨftɛrɨt], **błonica** [bwɔɲit͡sa]
drogenabhängig	**uzależniony (od narkotyków)** [uzalɛʒɲɔɲɨ (ɔd narkɔtɨkuf)], **cierpiący na głód narkotyczny** [t͡ɕɛrp,ɔnt͡sɨ na gwud narkɔtɨt͡ʃnɨ]
Drüse	**gruczoł** [grut͡ʃɔw]
Durchfall	**biegunka** [b,ɛgunka]
Eiter	**ropa** [rɔpa]
eitern	**ropieć** [rɔp,ɛt͡ɕ]
Ellbogen	**łokieć** [wɔcɛt͡ɕ]
Entzündung	**zapalenie** [zapalɛɲɛ]
Epilepsie	**epilepsja** [ɛp,ilɛpsja], **padaczka** [padat͡ʃka]
erbrechen, sich	**zwymiotować** [zvɨm,jɔtɔvat͡ɕ]
erkälten, sich	**przeziębić się** [pʃɛʑɛmb,it͡ɕ ɕɛ̃]
erkältet	**przeziębiony** [pʃɛʑɛmb,ɔɲɨ]
Erkältung	**przeziębienie** [pʃɛʑɛmb,ɛɲɛ]
Facharzt/-ärztin	**lekarz specjalista** [lɛkaʃ spɛt͡sjal,ista]
Fehlgeburt	**poronienie** [pɔrɔɲɛɲɛ]
Fieber	**gorączka** [gɔrɔnt͡ʃka]
Finger	**palec** [palɛt͡s]

Fuß	**stopa** [stɔpa]
Gallenblase	**woreczek żółciowy** [vɔrɛt͡ʃɛk ʒuwt͡ɕɔvɨ]
gebrochen	**złamany** [zwamanɨ]
Gehirn	**mózg** [musk]
Gehirnerschütterung	**wstrząs mózgu** [fstʃɔ̃s muzgu]
Gehirnschlag	**wylew krwi do mózgu** [vɨlɛf krfʲi dɔ muzgu], **apopleksja** [apɔplɛksja], **udar mózgu** [udar muzgu]
Gehör	**słuch** [swux]
Gelbsucht	**żółtaczka** [ʒuwtat͡ʃka]
Gelenk	**staw** [staf]
Geschlechtskrankheit	**choroba weneryczna** [xɔrɔba vɛnɛrɨt͡ʃna]
Geschlechtsorgane	**narządy płciowe** [naʒɔndɨ pwt͡ɕɔvɛ]
geschwollen	**spuchnięty** [spuxɲɛntɨ]
Geschwulst	**obrzęk** [ɔbʒɛŋk]
Geschwür	**wrzód** [vʒut]
Gesicht	**twarz** *f* [tfaʃ]
Gips	**gips** [ɟips]
Glieder	**kończyny** [kɔɲt͡ʃɨnɨ]
Grippe	**grypa** [grɨpa]
Hals	**gardło** [gardwɔ]
Halsschmerzen	**ból gardła** [bul gardwa]
Hämorrhoiden	**hemoroidy** [xɛmɔrɔjdɨ]
Hand	**ręka** [rɛŋka]
Haut	**skóra** [skura]
Hautkrankheit	**choroba skórna** [xɔrɔba skurna]
heiser sein	**mieć chrypkę** [mʲɛt͡ɕ xrɨpkɛ̃]
Herz	**serce** [sɛrtsɛ]
Herzanfall	**atak serca** [atak sɛrt͡sa]
Herzbeschwerden	**dolegliwości sercowe** [dɔlɛglʲivɔɕt͡ɕi sɛrt͡sɔvɛ]
Herzfehler	**wada serca** [vada sɛrt͡sa]
Herzinfarkt	**zawał serca** [zavaw sɛrt͡sa]
Herzschrittmacher	**rozrusznik serca** [rɔzruʃɲik sɛrt͡sa]
Herzspezialist	**kardiolog** [kardʲjɔlɔg]
Heuschnupfen	**katar sienny** [katar ɕɛnnɨ]
Hexenschuss	**postrzał** [pɔstʃaw], **lumbago** [lumbagɔ]
Höhensonne	**lampa kwarcowa** [lampa kfart͡sɔva], **kwarcówka** [kfart͡sufka]
Hüfte	**biodro** [bʲjɔdrɔ]
Husten	**kaszel** [kaʃɛl]
impfen	**szczepić** [ʃtʃɛpʲit͡ɕ]
Impfpass	**książeczka szczepień** [kɕɔ̃ʒɛt͡ʃka ʃtʃɛpʲɛɲ]
Impfung	**szczepienie** [ʃtʃɛpʲɛɲɛ]
Infektion	**infekcja** [infɛktsja]
Infusion	**infuzja** [infuzja]
Ischias	**rwa kulszowa** [rva kulʃɔva], **ischias** [isxʲjas]

Juckreiz	**świąd** [ɕf,ɔnt], **swędzenie** [sfɛnd͡zɛɲɛ]
Keuchhusten	**koklusz** [kɔkluʃ], **krztusiec** [kʃtuɕɛt͡s]
Kinderlähmung	**paraliż dziecięcy** [paral,iʃ d͡ʑɛt͡ɕɛnt͡sɨ]
Knie	**kolano** [kɔlanɔ]
Knöchel	**kostka** [kɔstka]
Knochen	**kość** *f* [kɔɕt͡ɕ]
Knochenbruch	**złamanie kości** [zwamaɲɛ kɔɕt͡ɕi]
Kolik	**kolka** [kɔlka]
Kopf	**głowa** [gwɔva]
Kopfschmerzen	**bóle głowy** [bulɛ gwɔvɨ]
krank	**chory** [xɔrɨ]
Krankenhaus	**szpital** [ʃp,ital]
Krankenkasse	**kasa chorych** [kasa xɔrɨx] **ubezpieczalnia** [ubɛsp,ɛt͡ʃalɲa]
Krankenschein	**poświadczenie ubezpieczenia na wypadek choroby** [pɔɕf,att͡ʃɛɲɛ ubɛsp,ɛt͡ʃɛɲa na vɨpadɛk xɔrɔbɨ]
Krankenschwester	**pielęgniarka** [p,ɛlɛ̃gɲarka]; *fam* **siostra** [ɕɔstra]
Krankheit	**choroba** [xɔrɔba]
Krebs	**rak** [rak]
Kreislaufstörungen	**zaburzenia krążeniowe** [zabuʒɛɲa krɔ̃ʒɛɲɔvɛ]
Lähmung	**paraliż** [paral,iʃ]
Lebensmittelvergiftung	**zatrucie pokarmowe** [zatrut͡ɕɛ pɔkarmɔvɛ]
Leber	**wątroba** [vɔntrɔba]
Leistenbruch	**przepuklina** [pʃɛpukl,ina]
Leukämie	**leukemia** [lɛwkɛm,a], **białaczka** [b,awat͡ʃka]
Lippe	**warga** [varga]
Lunge	**płuca** *pl* [pwut͡sa]
Lungenentzündung	**zapalenie płuc** [zapalɛɲɛ pwut͡s]
Magen	**żołądek** [ʒɔwɔndɛk]
Magenschmerzen	**bóle żołądka** [bulɛ ʒɔwɔntka]
Mandelentzündung	**zapalenie migdałków** [zapalɛɲɛ m,igdawkuf]
Mandeln	**migdałki** [m,igdawci]
Masern	**odra** [ɔdra]
Menstruation	**miesiączka** [m,ɛɕɔnt͡ʃka], **menstruacja** [mɛnstruat͡sja]
Migräne	**migrena** [m,igrɛna]
Mittelohrentzündung	**zapalenie ucha środkowego** [zapalɛɲɛ uxa ɕrɔtkɔvɛgɔ]
Mumps	**zapalenie przyusznicy** [zapalɛɲɛ pʃɨuʃɲit͡sɨ]; *fam* **świnka** [ɕf,inka]
Mund	**usta** *pl* [usta]
Muskel	**mięsień** [m,ɛ̃ɕɛɲ], **muskuł** [muskuw]
nähen	**szyć** [ʃɨt͡ɕ]

Narbe	**blizna** [blˌizna]
Narkose	**narkoza** [narkɔza], **znieczulenie** [zɲɛt͡ʃulɛɲɛ]
Nase	**nos** [nɔs]
Nasenbluten	**krwotok z nosa** [krfɔtɔk z nɔsa]
Nerv	**nerw** [nɛrf]
nervös	**nerwowy** [nɛrvɔvɨ]
Niere	**nerki** *pl* [nɛrci]
Nierenentzündung	**zapalenie nerek** [zapalɛɲɛ nɛrɛk]
Nierenstein	**kamica nerkowa** [kamˌit͡sa nɛrkɔva]
Ohnmacht	**utrata przytomności** [utrata pʃɨtɔmnɔɕt͡ɕi], **zemdlenie** [zɛmdlɛɲɛ]
Ohr	**ucho** [uxɔ]
Operation	**operacja** [ɔpɛrat͡sja]
Pocken	**ospa** [ɔspa]
Praxis	**gabinet lekarski** [gabˌinɛt lɛkarsci]
Prellung	**stłuczenie** [stwut͡ʃɛɲɛ], **kontuzja** [kɔntuzja]
Prothese	**proteza** [prɔtɛza]
Puls	**puls** [puls]
Quetschung	**stłuczenie** [stwut͡ʃɛɲɛ], **kontuzja** [kɔntuzja]
Rheuma	**reumatyzm** [rɛwmatɨzm], **gościec** [gɔɕt͡ɕɛt͡s]
Rippe	**żebro** [ʒɛbrɔ]
röntgen	**prześwietlać** [pʃɛɕfˌɛtlat͡ɕ]
Röntgenaufnahme	**prześwietlenie** [pʃɛɕfˌɛtlɛɲɛ]
Röteln	**różyczka** [ruʒɨt͡ʃka]
Rücken	**plecy** *pl* [plɛt͡sɨ]
Rückenschmerzen	**bóle pleców** [bulɛ plɛt͡suf]
Rücktransport	**transport powrotny** [transpɔrt pɔvrɔtnɨ]
Salmonellen	**salmonella** [salmɔnɛlla]
Schädel	**czaszka** [t͡ʃaʃka]
Scharlach	**szkarlatyna** [ʃkarlatɨna], **płonica** [pwɔɲit͡sa]
Schienbein	**kość** *f* **piszczelowa** [kɔɕt͡ɕ pˌiʃt͡ʃɛlɔva]
Schiene	**szyna** [ʃɨna]
Schlaflosigkeit	**bezsenność** *f* [bɛssɛnnɔɕt͡ɕ]
Schlaganfall	**udar mózgu** [udar muzgu], **apopleksja** [apɔplɛksja]
Schlüsselbein	**obojczyk** [ɔbɔjt͡ʃɨk]
Schmerzen	**bóle** [bulɛ]
Schnittwunde	**rana cięta** [rana t͡ɕɛnta]
Schnupfen	**katar** [katar]
Schulter	**bark** [bark], **ramię** *n* [ramˌɛ̃]
Schüttelfrost	**dreszcze** *pl* [drɛʃt͡ʃɛ]
Schwangerschaft	**ciąża** [t͡ɕɔ̃ʒa]
Schweiß	**pot** [pɔt]
Schwellung	**obrzęk** [ɔbʒɛŋk]

Schwindel	**zawrót głowy** [zavrut gwɔvɨ]
schwitzen	**pocić się** [pɔt͡ɕit͡ɕ ɕɛ̃]
Seitenstechen	**kolka** [kɔlka] **kłucie w boku** [kwut͡ɕɛ v bɔku]
Sodbrennen	**zgaga** [zgaga]
Sonnenstich	**porażenie słoneczne** [pɔraʒɛɲɛ swɔnɛt͡ʃnɛ], **udar słoneczny** [udar swɔnɛt͡ʃnɨ]
Speiseröhre	**przełyk** [pʃɛwɨk]
Sprechstunde	**godziny** *pl* **przyjęć** [gɔd͡ʑinɨ pʃɨjɛɲt͡ɕ]
Spritze	**zastrzyk** [zastʃɨk]
Station	**oddział** [ɔdd͡ʑaw]
Stich	**kłócie** [kwut͡ɕɛ], **ból kłuty** [bul kwutɨ]
Stirnhöhlenentzündung	**zapalenie zatok czołowych** [zapalɛɲɛ zatɔk t͡ʃɔwɔvɨx]
Stuhlgang	**stolec** [stɔlɛt͡s]
Sucht	**uzależnienie** [uzalɛʒɲɛɲɛ]
süchtig	**uzależniony** [uzalɛʒɲɔnɨ]
Tetanus	**tężec** [tɛ̃ʒɛt͡s]
Transfusion	**transfuzja krwi** [transfuzja krfˌi]
Trommelfell	**bębenek** [bɛmbɛnɛk]
Typhus	**tyfus** [tɨfus], **dur** [dur]
Übelkeit	**mdłości** *pl* [mdwɔɕt͡ɕi]
Ultraschalluntersuchung	**badanie ultradźwiękowe** [badaɲɛ ultrad͡ʑvˌɛŋkɔvɛ]
Unterleib	**podbrzusze** [pɔdbʒuʃɛ]
Untersuchung	**badanie** [badaɲɛ]
Urin	**mocz** [mɔt͡ʃ]
Verband	**opatrunek** [ɔpatrunɛk], **bandaż** [bandaʃ]
verbinden	**opatrzeć** [ɔpatʃɛt͡ɕ] **zabandażować** [zabandaʒɔvat͡ɕ]
Verbrennung	**oparzenie** [ɔpaʒɛɲɛ]
Verdauung	**trawienie** [travˌɛɲɛ]
Verdauungsstörungen	**zaburzenia w trawieniu** [zabuʒɛɲa f travˌɛɲu]
Vergiftung	**zatrucie** [zatrut͡ɕɛ]
verletzen	**skaleczyć** [skalɛt͡ʃɨt͡ɕ]
Verletzung	**skaleczenie** [skalɛt͡ʃɛɲɛ]
verschreiben	**zapisywać/zapisać** [zapˌisɨvat͡ɕ/zapˌisat͡ɕ]
verstaucht	**skręcony** [skrɛnt͡sɔnɨ]
Verstopfung	**zatwardzenie** [zatfard͡zɛɲɛ], **obstrukcja** [ɔpstrukt͡sja]
Virus	**wirus** [vˌirus]
Wartezimmer	**poczekalnia** [pɔt͡ʃɛkalɲa]
wehtun	**boleć** [bɔlɛt͡ɕ]
Windpocken	**ospa wietrzna** [ɔspa vˌɛt͡ʃʃna]
Wirbelsäule	**kręgosłup** [krɛŋgɔswup]
Wunde	**rana** [rana]
Zehe	**paluch** [palux]

Zerrung	**nadwerężenie** [nadvɛrɛ̃ʒɛɲɛ]
Zunge	**język** [jɛ̃zɨk]

Beim Zahnarzt

Ich habe (starke) Zahnschmerzen.	**Mam (ostre) bóle zęba.** [mam (ɔstrɛ) bulɛ zɛmba]
Dieser Zahn (oben/unten/vorn/hinten) tut weh.	**Ten ząb (na górze/na dole/z przodu/z tyłu) boli.** [tɛn zɔmp (na guʒɛ/na dɔlɛ/s pʃɔdu/s tɨwu) bɔlʲi]
Ich habe eine Füllung verloren.	**Wypadła mi plomba.** [vɨpadwa mʲi plɔmba]
Mir ist ein Zahn abgebrochen.	**Złamał mi się ząb.** [zwamaw mʲi ɕɛ̃ zɔmp]
Ich behandle ihn nur provisorisch.	**Zrobię go tylko prowizorycznie.** [zrɔbʲɛ̃ gɔ tɨlkɔ prɔvʲizɔrɨt͡ʃɲɛ]
Ich muss ihn ziehen.	**Muszę go wyrwać.** [muʃɛ̃ gɔ vɨrvat͡ɕ]
Geben Sie mir bitte eine/keine Spritze.	**Proszę mi dać zastrzyk/nie dawać zastrzyku.** [prɔʃɛ̃ mʲi dat͡ɕ zastʃɨk/ɲɛ davat͡ɕ zastʃɨku]
Können Sie diese Prothese reparieren?	**Czy może pan/pani zreperować tę protezę?** [t͡ʃɨ mɔʒɛ pan/paɲi zrɛpɛrɔvat͡ɕ tɛ̃ prɔtɛzɛ̃]
Suchen Sie dann zu Hause gleich Ihren Zahnarzt auf.	**Zaraz po powrocie do domu proszę iść do swojego dentysty.** [zaraz pɔ pɔvrɔt͡ɕɛ dɔ dɔmu prɔʃɛ̃ iɕt͡ɕ dɔ sfɔjɛgɔ dɛntɨstɨ]

Backenzahn	**ząb trzonowy** [zɔmp tʃɔnɔvɨ]
Kiefer	**szczęka** [ʃt͡ʃɛŋka]
Krone	**koronka** [kɔrɔnka]
Loch	**dziura (w zębie)** [d͡ʑura (v zɛmbʲɛ)]
Plombe	**plomba** [plɔmba]
Schneidezahn	**siekacz** [ɕɛkat͡ʃ]
Zahn	**ząb** [zɔmp]
Zahnfleisch	**dziąsło** [dʑɔ̃swɔ]
Zahnschmerzen	**ból zęba** [bul zɛmba]
ziehen	**wyrywać/wyrwać (ząb)** [vɨrɨvat͡ɕ/vɨrvat͡ɕ (zɔmp)]

Wichtiges von A bis Z

Bank

Wo ist hier bitte eine Bank/ eine Wechselstube?	**Gdzie tu jest bank/kantor (wymiany walut)?** [gd͡ʑɛ tu jɛst baŋk/kantɔr (vɨm,janɨ valut)]
Wann öffnet/schließt die Bank?	**O której otwierają/zamykają bank?** [ɔ kturɛj ɔtf,ɛrajɔ̃/zamɨkajɔ̃ baŋk]
Ich möchte ... Euro (Schweizer Franken) in ... wechseln.	**Chciałbym/*f* chciałabym wymienić ... ecu (franków szwajcarskich) na ...** [xt͡ɕawbɨm/xt͡ɕawabɨm vɨm,ɛɲit͡ɕ ... ɛci (ʃɨl,iŋguf, fraŋkuf ʃfajt͡sarscix) na]
Wie ist heute der Wechselkurs?	**Jaki jest dziś kurs?** [jaci jɛst d͡ʑiɕ kurs]
Ich möchte diesen Reisescheckeinlösen.	**Chciałbym/chciałabym zrealizować ten czek podróżny.** [xt͡ɕawbɨm/xt͡ɕawabɨm zrɛal,izɔvat͡ɕ tɛn t͡ʃɛk pɔdruʒnɨ]
Auf welchen Betrag kann ich den Scheck maximal ausstellen?	**Na jaką maksymalną sumę mogę wystawić czek?** [na jakɔ̃ maksɨmalnɔ̃ sumɛ̃ mɔgɛ̃ vɨstav,it͡ɕ t͡ʃɛk]
Ihre Scheckkarte, bitte.	**Proszę pańską/pani kartę czekową.** [prɔʃɛ̃ paɲskɔ̃/paɲi kartɛ̃ t͡ʃɛkɔvɔ̃]
Darf ich bitte Ihren Pass/ Ausweis sehen?	**Czy mogę zobaczyć pana/pani paszport/dowód osobisty?** [t͡ʃɨ mɔgɛ̃ zɔbat͡ʃɨt͡ɕ pana/paɲi paʃpɔrt/dɔvut ɔsɔb,istɨ]
Würden Sie bitte hier unterschreiben?	**Czy może pan/pani tu podpisać?** [t͡ʃɨ mɔʒɛ pan/paɲi tu pɔtp,isat͡ɕ]
Wie wollen Sie das Geld haben?	**W jakich wartościach chce pan/pani tę sumę?** [vjacix vartɔɕt͡ɕax xt͡sɛ pan/paɲi tɛ̃ sumɛ̃]
Bitte nur Scheine.	**Proszę tylko banknoty.** [prɔʃɛ̃ tɨlkɔ baŋknɔtɨ]
Auch etwas Kleingeld.	**Trochę drobnych także.** [trɔxɛ̃ drɔbnɨx tagʒɛ]

auszahlen	**wypłacać/wypłacić** [vɨpwat͡sat͡ɕ/vɨpwat͡ɕit͡ɕ]
Bank	**bank** [baŋk]
bar	**bar** [bar], **gotówką** [gɔtufkɔ̃], **w gotówce** [vgɔtuft͡sɛ]
Bargeld	**gotówka** [gotufka]
Betrag	**suma** [suma]
Devisen	**dewizy** [dɛvˌizɨ]
einzahlen	**wpłacać/wpłacić** [fpwat͡sat͡ɕ/fpwat͡ɕit͡ɕ]
Euro	**ecu** [ɛci]
Formular	**formularz** [fɔrmulaʃ], **druczek** [drut͡ʃɛk]
Geheimzahl	**tajny numer** [tajnɨ numɛr]
Geld	**pieniądze** *pl* [pˌɛɲɔnd͡zɛ]
Geldautomat	**automat bankowy** [awtɔmat baŋkɔvɨ]
Geldanweisung	**przekaz pieniężny** [pʃɛkas pˌɛɲɛ̃ʒnɨ]
Geldschein	**banknot** [baŋknɔt]
Geldwechsel	**wymiana pieniędzy** [vɨmˌjana pˌɛɲɛnd͡zɨ]
Kleingeld	**drobne** *pl* [drɔbnɛ]
Konto	**konto** [kɔntɔ]
Kreditkarte	**karta kredytowa** [karta krɛdɨtɔva]
Kurs	**kurs** [kurs]
Münze	**moneta** [mɔnɛta]
Provision	**prowizja** [prɔvˌizja]
Quittung	**pokwitowanie** [pɔkfˌitɔvaɲɛ], **kwit** [kfˌit]
Reisescheck	**czek podróżny** [t͡ʃɛk pɔdruʒnɨ]
Schalter	**okienko** [ɔcɛnkɔ]
Scheck	**czek** [t͡ʃɛk]
einen Scheck ausstellen	**wystawić czek** [vɨstavˌit͡ɕ t͡ʃɛk]
Scheckkarte	**karta czekowa** [karta t͡ʃɛkɔva]
Schweizer Franken	**frank szwajcarski** [fraŋk ʃfajt͡sarsci]
Sparkasse	**kasa oszczędności** [kasa ɔʃt͡ʃɛndnɔɕt͡ɕi]
Überweisung	**przekaz** [pʃɛkas], **przelew** [pʃɛlɛf]
telegrafische Überweisung	**przekaz telegraficzny** [pʃɛkas tɛlɛgrafˌit͡ʃnɨ]
umtauschen	**wymieniać** [vɨmˌɛɲat͡ɕ]
unterschreiben	**podpisać** [pɔtpˌisat͡ɕ]
Währung	**waluta** [valuta]
Wechselkurs	**kurs wymiany** [kurs vɨmˌjanɨ]
Wechselstube	**kantor wymiany walut** [kantɔr vɨmˌjanɨ valut]
zahlen	**płacić** [pwat͡ɕit͡ɕ]
Zahlkarte	**przekaz** [pʃɛkas], **blankiet nadawczy** [blaŋcɛt nadaft͡ʃɨ]
Zahlung	**opłata** [ɔpwata], **płatność** [pwatnɔɕt͡ɕ]
Zahlungsanweisung	**nakaz płatniczy** [nakas pwatɲit͡ʃɨ]

Fundbüro

➢ auch Polizei, unten

Wo ist das Fundbüro, bitte?	**Gdzie znajduje się biuro rzeczy znalezionych?** [gd͡ʑɛ znajdujɛ ɕɛ̃ bʲurɔ ʒɛt͡ʃɨ znalɛʑɔnɨx]
Ich habe … verloren.	**Zgubiłem/zgubiłam …** [zgubʲiwɛm/zgubʲiwam]
Ich habe meine Handtasche im Zug vergessen.	**Zostawiłam w pociągu moją torebkę.** [zɔstavʲiwam f pɔt͡ɕɔŋgu mɔjɔ̃ tɔrɛpkɛ̃]
Benachrichtigen Sie mich bitte, wenn sie abgegeben/gefunden werden sollte.	**Proszę mnie zawiadomić, gdyby została znaleziona.** [prɔʃɛ̃ mɲɛ zavʲjadɔmʲit͡ɕ, gdɨbɨ zɔstawa znalɛʑɔna]
Hier ist meine Hotelanschrift/Heimatadresse.	**Tu jest adres mojego hotelu/mój adres domowy.** [tu jɛst adrɛs mɔjɛgɔ xɔtɛlu/muj adrɛs dɔmɔvɨ]

Polizei

Wo ist bitte das nächste Polizeirevier?	**Gdzie jest najbliższy komisariat policji?** [gd͡ʑɛ jɛst najblʲiʃʃɨ kɔmʲisarʲjat pɔlʲit͡sji]
Ich möchte einen Diebstahl/Verlust/Unfall anzeigen.	**Chciałbym/*f* Chciałabym zgłosić kradzież/zgubę/wypadek.** [xt͡ɕawbɨm/xt͡ɕawabɨm zgwɔɕit͡ɕ krad͡ʑɛʃ/zgubɛ̃/vɨpadɛk]
Mir ist … gestohlen worden.	**Ukradziono mi …** [ukrad͡ʑɔnɔ mʲi]
die Handtasche	**torebkę.** [tɔrɛpkɛ̃]
die Brieftasche	**portfel.** [pɔrtfɛl]
mein Fotoapparat	**mój aparat fotograficzny.** [muj aparat fɔtɔgrafʲit͡ʃnɨ]
mein Auto	**moje auto.** [mɔjɛ awtɔ]
Mein Auto ist aufgebrochen worden.	**Włamano się do mojego auta.** [vwamanɔ ɕɛ̃ dɔ mɔjɛgɔ awta]
Aus meinem Auto ist … gestohlen worden.	**Z mojego auta ukradziono …** [z mɔjɛgɔ awta ukrad͡ʑɔnɔ]
Ich habe … verloren.	**Zgubiłem/*f* zgubiłam …** [zgubʲiwɛm/zgubʲiwam]
Mein Sohn/Meine Tochter ist seit … verschwunden.	**Od …** *+gen* **nie ma mojego syna/mojej córki.** [ɔt … ɲɛ ma mɔjɛgɔ sɨna/mɔjɛj t͡surci]

Dieser Mann belästigt mich.	**Ten człowiek mnie napastuje.** [tɛn t͡ʃɔv̦ɛk mɲɛ napastujɛ]
Können Sie mir bitte helfen?	**Czy może mi pan/pani pomóc?** [t͡ʃɨ mɔʒɛ m̦i pan/paɲi pɔmut͡s]
Wann genau ist das passiert?	**Kiedy dokładnie to się stało?** [cɛdɨ dɔkwadɲɛ tɔ ɕɛ̃ stawɔ]
Ihren Namen und Ihre Anschrift, bitte.	**Pana/pani nazwisko i adres proszę.** [pana/paɲi nazv̦iskɔ i adrɛs prɔʃɛ̃]
Wenden Sie sich bitte an das deutsche/österreichische/Schweizer Konsulat.	**Proszę zwrócić się do niemieckiego/austriackiego/szwajcarskiego konsulatu.** [prɔʃɛ̃ zvrut͡ɕit͡ɕ ɕɛ̃ dɔ ɲɛm̦ɛt͡scɛgɔ/awstr̦jat͡scɛgɔ/ʃfajt͡sarscɛgɔ kɔnsulatu.]

anzeigen	**zgłaszać/zgłosić** [zgwaʃat͡ɕ/zwɔɕit͡ɕ]
aufbrechen	**włamać się** [vwamat͡ɕ ɕɛ̃]
Autoradio	**radio samochodowe** [rad̦jɔ samɔxɔdɔvɛ]
Autoschlüssel	**kluczyk do samochodu** [klut͡ʃɨk dɔ samɔxɔdu]
belästigen	**napastować** [napastɔvat͡ɕ]
beschlagnahmen	**skonfiskować** [skɔnf̦iskɔvat͡ɕ]
Brieftasche	**portfel** [pɔrtfɛl]
Dieb	**złodziej** [zwɔd͡ʑɛj]
Diebstahl	**kradzież** [krad͡ʑɛʃ]
Führerschein	**prawo jazdy** [pravɔ jazdɨ]
Gefängnis	**więzienie** [v̦ɛ̃ʑɛɲɛ]
Geld	**pieniądze** *pl* [p̦ɛɲɔnd͡zɛ]
Geldbörse	**portmonetka** [pɔrtmɔnɛtka]
Kfz-Schein	**dowód rejestracyjny** [dɔvut rɛjɛstrat͡sɨjnɨ]; *fam* **karta wozu** [karta vɔzu]
Papiere	**papiery** [pap̦ɛrɨ], **dokumenty** [dɔkumɛntɨ]
Personalausweis	**dowód osobisty** [dɔvut ɔsɔb̦istɨ]
Polizei	**policja** [pɔl̦it͡sja]
Polizeiwagen	**samochód/radiowóz policyjny** [samɔxut/rad̦jɔvus pɔl̦it͡sɨjnɨ]
Polizist/in	**policjant/ka** [pɔl̦it͡sjant/ka]
Rauschgift	**narkotyk** [narkɔtɨk]
Rechtsanwalt/-anwältin	**adwokat** [advɔkat]
Reisepass	**paszport** [paʃpɔrt]
Scheck	**czek** [t͡ʃɛk]
Scheckkarte	**karta czekowa** [karta t͡ʃɛkɔva]
Schlüssel	**klucz** [klut͡ʃ]
Schmuggel	**przemyt** [pʃɛmɨt], **szmugiel** [ʃmuɟɛl]
Schuld	**wina** [v̦ina]

Taschendieb	złodziej kieszonkowy [zwɔdʑɛj cɛʃɔnkɔvɨ]
Überfall	napad [napat]
Untersuchungshaft	areszt śledczy [arɛʃt ɕlɛttʃɨ]
Verbrechen	przestępstwo [pʃɛstɛmpstfɔ]
Vergewaltigung	gwałt [gvawt]
verhaften	aresztować [arɛʃtɔvatɕ]
verlieren	zgubić [zgubʲitɕ]
zusammenschlagen	bić/pobić [bʲitɕ/pobitɕ]

Post

Wo ist das nächste Postamt/der nächste Briefkasten?	**Gdzie jest najbliższa poczta/najbliższa skrzynka pocztowa?** [gdʑɛ jɛst najblʲiʃʃa pɔtʃta/najblʲiʃʃa skʃɨnka pɔtʃtɔva]
Was kostet ein Brief/eine Postkarte …	**Ile kosztuje list/pocztówka …** [ilɛ kɔʃtujɛ lʲist/pɔtʃtufka]
nach Deutschland?	**do Niemiec?** [dɔ ɲɛmʲɛts]
nach Österreich?	**do Austrii?** [dɔ awstrʲji]
in die Schweiz?	**do Szwajcarii?** [dɔ ʃfajtsarʲji]
Drei Briefmarken zu … Zloty, bitte.	**trzy znaczki po … złotych, proszę.** [tʃɨ znatʃci pɔ ... zwɔtɨx, prɔʃɛ̃]
Diesen Brief bitte per …	**Ten list proszę jako …** [tɛn lʲist prɔʃɛ̃ jakɔ]
Einschreiben.	**polecony.** [pɔlɛtsɔnɨ]
Luftpost.	**lotniczy.** [lɔtɲitʃɨ]
Express.	**ekspres.** [ɛksprɛs]
Wie lange braucht ein Brief nach Deutschland?	**Jak długo idzie list do Niemiec?** [jak dwugɔ idʑɛ lʲist dɔ ɲɛmʲɛts]
Kann ich bei Ihnen auch Sondermarken bekommen?	**Czy ma pan/pani też znaczki okolicznościowe?** [tʃɨ ma pan/paɲi tɛʃ znatʃci ɔkɔlʲitʃnɔɕtɕɔvɛ]
Diesen Satz/Je eine Marke, bitte.	**Tę serię/po jednym znaczku, proszę.** [tɛ̃ sɛrʲjɛ̃/pɔ jɛdnɨm znatʃku, prɔʃɛ̃]
Ich möchte … DM/Zloty von meinem Postsparbuch abheben.	**Chciałbym/chciałabym podjąć … marek/ złotych z mojej pocztowej książeczki oszczędnościowej.** [xtɕawbɨm/xtɕawabɨm pɔdjɔɲtɕ … marɛk/zwɔtɨx zmɔjɛj pɔtʃtɔvɛj kɕɔ̃ʒɛtʃci ɔʃtʃɛndnɔɕtɕɔvɛj]

➢ **auch Bank, S. 139**

absenden	**wysyłać/wysłać** [vɨsɨwat͡ɕ/vɨswat͡ɕ]
Absender	**nadawca** [nadaft͡sa]
Adresse	**adres** [adrɛs]
ausfüllen	**wypełniać/wypełnić** [vɨpɛwɲat͡ɕ/vɨpɛwɲit͡ɕ]
Brief	**list** [l̦ist]
Briefkasten	**skrzynka pocztowa** [skʃɨnka pɔt͡ʃtɔva]
Briefmarke	**znaczek pocztowy** [znat͡ʃɛk pɔt͡ʃtɔvɨ]
Briefmarkenautomat	**automat do znaczków pocztowych** [awtɔmat dɔ znat͡ʃkuf pɔt͡ʃtɔvɨx]
Briefumschlag	**koperta** [kɔpɛrta]
Eilbrief	**ekspres** [ɛksprɛs], **list ekspresowy** [l̦ist ɛksprɛsɔvɨ]
Einschreibebrief	**list polecony** [l̦ist pɔlɛt͡sɔnɨ]
Empfänger	**odbiorca** [ɔdb̦jɔrt͡sa]
Empfangsbestätigung	**potwierdzenie odbioru** [pɔtf̦ɛrd͡zɛɲɛ ɔdb̦jɔru]
frankieren	**frankować** [frankɔvat͡ɕ], **nalepić znaczek** [nalɛp̦it͡ɕ znat͡ʃɛk]
Gebühr	**opłata** [ɔpwata]
Gewicht	**waga** [vaga]
Hauptpostamt	**poczta główna** [pɔt͡ʃta gwuvna]
Leerung	**wyjmowanie listów** [vɨjmɔvaɲɛ l̦istuf]
mit Luftpost	**poczta lotnicza** [pɔt͡ʃta lɔtɲit͡ʃa]
per Nachnahme	**zaliczenie pocztowe** [zal̦it͡ʃɛɲɛ pɔt͡ʃtɔvɛ], **za zaliczeniem pocztowym** [za zal̦it͡ʃɛɲɛm pɔt͡ʃtɔvɨm]
nachsenden	**dosyłać/dosłać** [dɔsɨwat͡ɕ/dɔswat͡ɕ]
Päckchen	**paczka** [pat͡ʃka], **paczuszka** [pat͡ʃuʃka]
Paket	**pakiet** [pacɛt], **paczka** [pat͡ʃka]
Paketkarte	**przekaz na paczkę** [pʃɛkas na pat͡ʃkɛ̃]
Porto	**porto** [pɔrtɔ], **opłata** [ɔpwata]
Postamt	**poczta** [pɔt͡ʃta]
Postanweisung	**przekaz pocztowy** [pʃɛkas pɔt͡ʃtɔvɨ]
Postkarte	**pocztówka** [pɔt͡ʃtufka]
Postlagernd	**poste restante** [pɔst rɛstãt]
Postleitzahl	**kod pocztowy** [kɔt pɔt͡ʃtɔvɨ]
Postsparbuch	**pocztowa książeczka oszczędnościowa** [pɔt͡ʃtɔva kɕɔ̃ʒɛt͡ʃka ɔʃt͡ʃɛndnɔɕt͡ɕɔva]
Postsparkasse	**pocztowa kasa oszczędności** [pɔt͡ʃtɔva kasa ɔʃt͡ʃɛndnɔɕt͡ɕi]
Schalter	**okienko** [ɔcɛnkɔ]
Schalterstunden	**godziny otwarcia (okienka)** [gɔd͡ʑinɨ ɔtfart͡ɕa (ɔcɛnka)]
Sondermarke	**znaczek okolicznościowy** [znat͡ʃɛk ɔkɔl̦it͡ʃnɔɕt͡ɕɔvɨ]
Telefax	**telefaks** [tɛlɛfaks]
Telegramm	**telegram** [tɛlɛgram]

Telex	**teleks** [tɛlɛks]
Wertangabe	**wartość** *f* [vartɔɕt͡ɕ]
Zollerklärung	**deklaracja celna** [dɛklarat͡sja t͡sɛlna]

Telefonieren

Dürfte ich wohl Ihr Telefon benutzen?	**Czy mógłbym/mogłabym skorzystać z pana/pani telefonu?** [t͡ʃɨ mugwbɨm/mɔgwabɨm skɔʒɨstat͡ɕ s pana/paɲi tɛlɛfɔnu]
Wo ist die nächste Telefonzelle?	**Gdzie jest najbliższa budka telefoniczna?** [gd͡ʑɛ jɛst najblˌiʃʃa butka tɛlɛfɔɲit͡ʃna]
Bitte eine Telefonkarte/ Telefonmünze.	**Proszę kartę telefoniczną/monetę do automatu telefonicznego.** [prɔʃɛ̃ kartɛ̃ tɛlɛfɔɲit͡ʃnɔ̃/mɔnɛtɛ̃ dɔ autɔmatu tɛlɛfɔɲit͡ʃnɛgɔ]
Haben Sie ein Telefonbuch von …?	**Czy ma pan/pani książkę telefoniczną …?** [t͡ʃɨ ma pan/paɲi kɕɔ̃ʃkɛ̃ tɛlɛfɔɲit͡ʃnɔ̃]
Wie ist die Vorwahl von …?	**Jaki jest numer kierunkowy do … ?** [jaci jɛst numɛr cɛrunkɔvɨ dɔ]
Bitte ein Ferngespräch nach …	**Zamawiam rozmowę międzymiastową z …** *+instr* [zamavˌjam rɔzmɔvɛ̃ mˌɛnd͡ʑɨmˌjastɔvɔ̃ z]
Ich möchte ein R-Gespräch anmelden.	**Chciałbym/chciałabym zamówić R-kę.** [xt͡ɕawbɨm/xt͡ɕawabɨm zamuvˌit͡ɕ ɛrkɛ̃]
Können Sie mich bitte mit … verbinden?	**Czy może mnie pan/pani połączyć z …** *+instr* **?** [t͡ʃɨ mɔʒɛ mɲɛ pan/paɲi pɔwɔnt͡ʃɨt͡ɕ z]
Gehen Sie in Kabine Nr. …	**Proszę iść do kabiny numer …** [prɔʃɛ̃ iɕt͡ɕ dɔ kabˌinɨ numɛr]
Die Leitung ist besetzt.	**Linia jest zajęta.** [lˌiɲa jɛst zajɛnta]
Es meldet sich niemand.	**Nikt nie odbiera.** [ɲikt ɲɛ ɔdbˌɛra]

Auslandsgespräche (nur von großen Orten aus möglich):
Auslandsvorwahl:

Deutschland	0	Wählton abwarten, dann	049	Ortskennzahl, «0» weglassen	Teilnehmer
Österreich	0		043		
Schweiz	0		041		

Ein Telefongespräch

Hier spricht…	**Tu mówi…** [tu muv̡i]
Hallo, mit wem spreche ich?	**Halo, z kim mówię?** [xalɔ, scim muv̡ɛ̃]
Kann ich bitte Herrn/Frau/Fräulein… sprechen?	**Czy mogę mówić z panem/z panią/z panną…** *+instr* **?** [t͡ʃɨ mɔgɛ̃ muv̡it͡ɕ s panɛm/s paɲɔ̃/s pannɔ̃]
Am Apparat.	**Przy aparacie.** [pʃɨ aparat͡ɕɛ]
Ich verbinde.	**Łączę** [wɔnt͡ʃɛ̃]
Bleiben Sie bitte am Apparat.	**Proszę zaczekać przy aparacie.** [prɔʃɛ̃ zat͡ʃɛkat͡ɕ pʃɨ aparat͡ɕɛ]
Tut mir Leid, er/sie ist nicht da/zuhause.	**Przykro mi, nie ma go/jej tu/w domu.** [pʃɨkrɔ m̡i, ɲɛ ma gɔ/jɛj tu/v dɔmu]
Wann wird er/sie zurück sein?	**Kiedy wróci z powrotem?** [cɛdɨ vrut͡ɕi spɔvrɔtɛm]
Kann er/sie Sie zurückrufen?	**Czy on/ona może do pana/pani zadzwonić?** [t͡ʃɨ ɔn/ɔna mɔʒɛ dɔ pana/paɲi zad͡zvɔɲit͡ɕ]
Ja, meine Nummer ist…	**Tak, mój numer telefonu jest…** [tak, muj numɛr tɛlɛfɔnu jɛst]
Würden Sie ihm/ihr bitte sagen, ich hätte angerufen?	**Czy może mu/jej pan/pani powiedzieć, że dzwoniłem/***f* **dzwoniłam?** [t͡ʃɨ mɔʒɛ mu/jɛj pan/paɲi pɔv̡ɛd͡ʑɛt͡ɕ, ʒɛ d͡zvɔɲiwɛm/d͡zvɔɲiwam]
Ich rufe später nochmals an.	**Zadzwonię jeszcze raz później.** [zad͡zvɔɲɛ̃ jɛʃt͡ʃɛ ras puʑɲɛj]
Falsch verbunden.	**Pomyłka.** [pɔmɨwka]
Kein Anschluss unter dieser Nummer.	**Nie ma połączenia z tym numerem.** [ɲɛ ma pɔwɔnt͡ʃɛɲa stɨm numɛrɛm]

abnehmen	**odbierać/odebrać** [ɔdb̡ɛrat͡ɕ/ɔdɛbrat͡ɕ]
Anruf	**telefon** [tɛlɛfɔn]
Anrufbeantworter	**automatyczna sekretarka** [awtɔmatɨt͡ʃna sɛkrɛtarka]
anrufen	**dzwonić/zadzwonić** [d͡zvɔɲit͡ɕ/zad͡zvɔɲit͡ɕ]
Auskunft	**informacja** [infɔrmat͡sja]
Auslandsgespräch	**rozmowa międzynarodowa** [rɔzmɔva m̡ɛnd͡zɨnarɔdɔva]
besetzt	**zajęte** [zajɛntɛ]

Besetztzeichen	**sygnał: zajęte** [sɨgnaw zajɛntɛ]
Branchenverzeichnis	**spis instytucji** [sp̦is instɨtu͡tsji]
durchwählen	**zadzwonić bezpośrednio** [zadzvɔɲi͡tɕ bɛspɔɕrɛdɲɔ]
Ferngespräch	**rozmowa międzymiastowa** [rɔzmɔva m̦ɛnd͡zɨm̦jastɔva]
Freizeichen	**sygnał: wolne** [sɨgnaw vɔlnɛ]
Gebühr	**opłata** [ɔpwata]
Gebühreneinheit	**jednostka telefoniczna** [jɛdnɔstka tɛlɛfɔɲi͡tʃna]
Gespräch	**rozmowa** [rɔzmɔva]
Hörer	**słuchawka** [swuxafka]
Münzfernsprecher	**automat telefoniczny** [awtɔmat tɛlɛfɔɲi͡tʃnɨ]
Ortsgespräch	**rozmowa miejscowa** [rɔzmɔva m̦ɛjs͡tsɔva]
R-Gespräch	**rozmowa r-ka** [rɔzmɔva ɛrka]
Rufnummer	**numer telefonu** [numɛr tɛlɛfɔnu]
Störungsstelle	**biuro napraw** [b̦jurɔ napraf]
Summton	**sygnał ciągły** [sɨgnaw ͡tɕɔŋgwɨ]
Telefon	**telefon** [tɛlɛfɔn]
Telefonbuch	**książka telefoniczna** [kɕɔ̃ʃka tɛlɛfɔɲi͡tʃna]
Telefongespräch	**rozmowa telefoniczna** [rɔzmɔva tɛlɛfɔɲi͡tʃna]
Telefonkarte	**karta telefoniczna** [karta tɛlɛfɔ ɲi͡tʃna]
Telefonmünze	**moneta do automatu (telefonicznego)** [mɔnɛta dɔ awtɔmatu tɛlɛfɔɲi͡tʃnɛgɔ]
Telefonnummer	**numer telefonu** [numɛr tɛlɛfɔnu]
Telefonzelle	**budka telefoniczna** [butka tɛlɛfɔɲi͡tʃna]
Verbindung	**połączenie** [pɔwɔn͡tʃɛɲɛ]
Vermittlung	**centrala telefoniczna** [͡tsɛntrala tɛlɛfɔɲi͡tʃna]
Voranmeldung	**uprzednie zgłoszenie** [upʃɛdɲɛ zgwɔʃɛɲɛ]
Vorwahlnummer	**numer kierunkowy** [numɛr cɛrunkɔvɨ]
wählen	**nakręcać numer** [nakrɛn͡tsa͡tɕ numɛr], **dzwonić** [d͡zvɔɲi͡tɕ]

Kurzgrammatik

Das Substantiv (Hauptwort)

Das Genus (Geschlecht)

Das Polnische kennt weder einen bestimmten noch einen unbestimmten Artikel.

Die Substantive haben im Singular (Einzahl) *sg*, wie im Deutschen, drei Geschlechter: das männliche (Maskulinum) *m*, das weibliche (Femininum) *f* und das sächliche (Neutrum) *n*:

Endung auf einen Konsonanten	Maskulinum	pa**n** [pan] pokó**j** [pɔkuj]	Herr Zimmer
Endung auf **-a**	Femininum	matk**a** [matka] ulic**a** [ul͵it͡sa]	Mutter Straße
Endung auf **-o** **-e**	Neutrum	miast**o** [m͵jastɔ] mieszkani**e** [m͵ɛʃkaɲɛ]	Stadt Wohnung

Aufgrund der Bedeutung des Wortes (natürliches Geschlecht) gehören zu den Maskulina einige Substantive auf -a: artysta [artɨsta] (Künstler), mężczyzna [mɛ̃ʃt͡ʃɨzna] (Mann).

Feminina sind auch einige Substantive auf -i: pani [paɲi] (Frau, Sie) sowie einige auf einen Konsonanten auslautende Substantive: podróż [pɔdruʃ] (Reise), wieś [v͵ɛɕ] (Dorf).
Neutra können auch auf -ę imię [im͵ɛ̃] (Vorname) sowie auf -um muzeum [muzɛum] (Museum) auslauten.
Die untypischen Wörter sind im Wörterbuch mit *m, f, n* gekennzeichnet.

Im Plural (Mehrzahl) *pl* unterscheidet man zwei Geschlechter: männlichpersonal *mp* und nichtmännlichpersonal *nmp*.
Als männlichpersonale werden im Plural alle Maskulina dekliniert, die Personen bezeichnen: inżynierowie [inʒɨɲɛrɔv͵ɛ] (Ingenieure), mężczyźni [mɛ̃ʃt͡ʃɨʑɲi] (Männer), lekarze [lɛkaʒɛ] (Ärzte).
Als nichtmännlichpersonale werden alle sonstigen Substantive dekliniert.

Die Deklination

Das Polnische hat im Unterschied zum Deutschen sieben Fälle (Kasus). Sie werden durch Endungen gekennzeichnet.

Name des Falles	Auf welche Frage antwortet der Fall	
1. Nominativ *nom*	kto? co?	(wer? was?)
2. Genitiv *gen*	kogo? czego?	(wessen?)
3. Dativ *dat*	komu? czemu?	(wem?)
4. Akkusativ *acc*	kogo? co?	(wen? was?)
5. Instrumentalis *instr*	(z) kim? (z) czym?	(mit wem? womit?)
6. Lokativ *loc*	o kim? o czym?	(über wen? worüber?)
7. Vokativ *vok*	wird bei Anruf, Anrede verwendet	

- Der Instrumentalis wird im Polnischen gebraucht zur Angabe des Mittels oder Werkzeugs (= Instrument) ohne Präposition:

  jechać pociągiem [jɛxat͡ɕ pɔt͡ɕɔŋɟɛm] mit dem Zug fahren
  pisać piórem [pˌisat͡ɕ pˌjurɛm] mit der Feder schreiben

- Die Konstruktion z + *instr* entspricht (besonders bei Personen) im Allgemeinen der deutschen Konstruktion (zusammen) mit + *dat.*

- Der Lokativ steht nur in Verbindung mit Präpositionen und wird u. a. für die Bezeichnung der Ortsangaben gebraucht:

  mieszkać w Warszawie [mˌɛʃkat͡ɕ v varʃavˌɛ] in Warschau wohnen
  pracować w biurze [prat͡sɔvat͡ɕ v bˌjuʒɛ] im Büro arbeiten

  und für eine Zeitbestimmung:

  spotkać się o piątej [spɔtkat͡ɕ ɕɛ̃ ɔ pˌjɔntɛj] sich um 5 Uhr treffen.

Singular (Einzahl)

Maskulinum (männliches Geschlecht)

1.	dyrektor (Direktor) [dɨrɛktɔr]	koń (Pferd) [kɔɲ]	paszport (Pass) [paʃpɔrt]
2.	dyrektor**a**	koni**a**	paszport**u**
3.	dyrektor**owi**	koni**owi**	paszport**owi**
4.	dyrektor**a** (= 2.)	koni**a** (= 2.)	paszport (= 1.)
5.	dyrektor**em**	koni**em**	paszport**em**
6.	dyrektor**ze**	koni**u**	paszpor**cie**
7.	dyrektor**ze** (= 6.)	koni**u** (= 6.)	paszpor**cie** (= 6.)

Besonderheiten

Bei den männlichen Substantiven unterscheidet man im Singular belebte (die Lebewesen bezeichnen) und unbelebte (alle übrigen) Substantive. Bei den belebten sind der 2. und 4. Fall gleich, bei den unbelebten der 1. und der 4. Fall.
Die belebten Substantive haben im 2. Fall die Endung **-a**. Die unbelebten **-a** oder **-u**. (Die Endung **-u** ist bei den Stichwörtern im Wörterbuchteil angegeben).
Über die Endung im 6. Fall entscheidet der phonetische Charakter der Endkonsonanten:
Die Endung **-e** bekommen Substantive, die im Nominativ auf einen harten Konsonanten enden, wobei die Endung einen Wechsel: harter Konsonant – weicher Konsonant (p – pi, m – mi, t – ci, d – dzi, s – si, z – zi, ł – l, r – rz) hervorruft;
die Endung **-u** bekommen Maskulina, die im Nominativ auf einen weichen Konsonanten (-ć, -dź, -ś, -ź, -n´) oder sog. historisch weichen Konsonanten (-c, -dz, -cz, -dż, -sz, -ż/-rz) sowie auf -k, -g, -ch enden.
Neben dem Konsonantenwechsel ist auch ein Vokalwechsel möglich:
a – e las – lesie [las – lɛɕɛ] (Wald),
ó – o stół – stole [stuw – stɔlɛ] (Tisch),
o/ó – e kościół – kościele [kɔɕt͡ɕuw – kɔɕt͡ɕɛlɛ] (Kirche).
Die Wörter dom [dɔm] (Haus), pan [pan] (Herr, Sie), syn [sɨn] (Sohn) bekommen ausnahmsweise die Endung **-u.**
Der 7. Fall ist in der Regel identisch mit dem 6.
Es gibt einen Unterschied zwischen dem Lokativ und Vokativ bei einigen Substantiven:

chłopiec (Junge) [xwɔpʲɛt͡s]	6. chłop**cu** [xwɔpt͡su]	7. chłop**cze** [xwɔpt͡ʃɛ]
Bóg (Gott) [buk]	6. Bog**u** [bɔgu]	7. Bo**że** [bɔʒɛ]
pan (Herr, Sie) [pan]	6. pan**u** [panu]	7. pa**nie** [paɲɛ]

Das Wort *pan* hat im 3. Fall die Form *panu.*

Die Maskulina auf **-a** werden wie die entsprechenden Feminina dekliniert.

Femininum (weibliches Geschlecht)

1.	firm**a** (Firma) [fʲirma]	prac**a** (Arbeit) [prat͡sa]	cioci**a** (Tante) [t͡ɕɔt͡ɕa]
2.	firm**y**	prac**y**	cioc**i**
3.	firm**ie**	prac**y**	cioc**i**
4.	firm**ę**	prac**ę**	cioci**ę**
5.	firm**ą**	prac**ą**	cioci**ą**
6.	firm**ie** (= 3.)	prac**y** (= 3.)	cioc**i** (= 3.)
7.	firm**o**	prac**o**	cioci**u**

Besonderheiten

Über Endungen in Fällen 2., 3., 6. und 7. entscheidet der phonetische Charakter der Konsonanten am Ende des Stammes (vor Endung **-a**).
Die Endung **-i** im 2. Fall haben Feminina, deren Stamm im Nominativ (vor der Endung **-a**) auf einen weichen Konsonanten (-ci-, -si-, -zi-, -dzi-, -ni-) oder auf -k, -g (ławka [wafka] – Bank, droga [drɔga] – Weg) endet.
Die Endung **-e** im 3. Fall bekommen hartstämmige Feminina, wobei die Endung im Stammauslaut einen Wechsel: harter Konsonant – weicher Konsonant (p – pi, b – bi, m – mi, t – ci, d – dzi, z – zi, n – ni, ł – l, f – fi, w – wi) bzw. harter Konsonant – historisch weicher Konsonant (k – c, g – dz, ch – sz, r – rz) hervorruft.
Die Endung **-i** bekommen Feminina, die einen weichen Konsonanten (si, zi, ci, dzi, ni, pi, bi, fi, wi, mi) im Stammauslaut haben. Die Endung **-y**, die einen historisch weichen Konsonanten (c, dz, cz, dż, sz, ż/rz) am Ende des Stammes haben.
Der 6. Fall ist gleich dem 3. Fall

Die Endung **-u** im 7. Fall haben weichstämmige verkleinerte Kosewörter: mamusia [mamuɕa] (Mutti), Ewunia [ɛvuɲa] (Evi).

Die nicht auf -a endenden Feminina:

1.	sprzedawczyni (Verkäuferin) [spʃɛdaft͡ʃɨɲi]	łódź (Boot) [wut͡ɕ]	noc (Nacht) [nɔt͡s]
2.	sprzedawczyni	łodzi [wɔdʑi]	nocy
3.	sprzedawczyni	łodzi	nocy
4.	sprzedawczyni**ę**	łódź	noc
5.	sprzedawczyni**ą**	łodzi**ą**	noc**ą**
6.	sprzedawczyni	łodzi	nocy
7.	sprzedawczyni	łodzi	nocy

Besonderheiten

Das Wort pani [paɲi] (Frau, Sie) hat im 4. Fall die Form panią.

Im Stamm ist ein Vokalwechsel möglich:
e (im 1. und 4. Fall) – Ausfall des Vokals (in den obliquen Kasus)
marchew – marchwi [marxɛf – marxfʲi] (Möhre),
ó – ołódź – łodzi [wut͡ɕ – wɔdʑi] (Boot),
ą – ęgałąź – gałęzi [gawɔ̃ɕ – gawɛ̃ʑi] (Ast).

Neutrum (sächliches Geschlecht)

1.	lat**o** (Sommer) [latɔ]	lotnisk**o** (Flughafen) [lɔtɲiskɔ]	morz**e** (Meer) [mɔʒɛ]
2.	lat**a**	lotnisk**a**	morz**a**
3.	lat**u**	lotnisk**u**	morz**u**
4.	lat**o**	lotnisk**o**	morz**e**
5.	lat**em**	lotniski**em**	morz**em**
6.	le**cie**	lotnisk**u**	morz**u**
7.	lat**o**	lotnisk**o**	morz**e**

Besonderheiten

Im 6. Fall ist die Endung vom phonetischen Charakter des Stammauslauts abhängig.

Die Endung **-e** bekommen hartstämmige Neutra, wobei die Endung des Stamms denselben Konsonanten- und Vokalwechsel wie bei den Maskulina (siehe oben) hervorruft.
Die Endung **-u** haben weichstämmige Neutra und die, deren Stamm auf g, k, ch auslautet.

Die Substantive auf **-um** muzeum [muzɛum] (Museum) haben im Singular keine Deklination.

Die Neutra auf **-ę** imię [imʲɛ̃] (Vorname), cielę [t͡ɕɛlɛ̃] (Kalb) ändern bei der Deklination ihren Stamm:

1.	imi**ę** [imʲɛ̃]	ciel**ę** [t͡ɕɛlɛ̃]
2.	imieni**a**	cielęci**a**
3.	imieni**u**	cielęci**u**
4.	imi**ę**	ciel**ę**
5.	imieni**em**	cielęci**em**
6.	imieni**u**	cielęci**u**
7.	imi**ę**	ciel**ę**

Plural (Mehrzahl)

Männlichpersonale

1.	ojc**owie** [ɔjt͡sɔv̦ɛ] (Väter)	pływac**y** [pwɨvat͡sɨ] (Schwimmer)	mężczyźn**i** [mɛ̃ʃt͡ʃɨʑɲi] (Männer)	lekarz**e** [lɛkaʒɛ] (Ärzte)
2.	ojc**ów**	pływak**ów**	mężczyzn	lekarz**y**
3.	ojc**om**	pływak**om**	mężczyzn**om**	lekarz**om**
4.	ojc**ów**	pływak**ów**	mężczyzn	lekarz**y**
5.	ojc**ami**	pływak**ami**	mężczyzn**ami**	lekarz**ami**
6.	ojc**ach**	pływak**ach**	mężczyzn**ach**	lekarz**ach**
7.	ojc**owie**	pływac**y**	mężczyźn**i**	lekarz**e**

Besonderheiten

Im Nominativ pl:
Die Endung **-owie** haben u. a. Titel und Bezeichnungen einer Würde oder von Verwandten, Familiennamen und männliche Vornamen; die Endung **-i**/**-y** bekommen hartstämmige Substantive sowie Substantive auf **-ec** chłopiec [xwɔp̦ɛt͡s] (Junge).
Vor der Endung wird der auslautende Konsonant erweicht, nach der Regel: harter Konsonant – weicher Konsonant (p – pi, b – bi, m – mi, t – ci, d – dzi, s – si, z – zi, n – ni, ł – l, f – fi, w – wi, ch – si) und die Endung wird **-i** oder nach der Regel: harter Konsonant – historisch weicher Konsonant (k – c, g – dz, r – rz), wo die Endung **-y** lautet. Weichstämmige männlichpersonale Substantive bekommen die Endung **-e**.

Nichtmännlichpersonale

1.	kot**y** [kɔtɨ] (Katzen)	paczk**i** [pat͡ʃci] (Päckchen)	pani**e** [paɲɛ] (Frauen, Sie)	okn**a** [ɔkna] (Fenster)
2.	kot**ów**	paczek	pan´	okien
3.	kot**om**	paczk**om**	pani**om**	okn**om**
4.	kot**y**	paczk**i**	pani**e**	okn**a**
5.	kot**ami**	paczk**ami**	pani**ami**	okn**ami**
6.	kot**ach**	paczk**ach**	pani**ach**	okn**ach**
7.	kot**y**	paczk**i**	pani**e**	okn**a**

Besonderheiten

Der 1. Fall:
Die Endung -**y** haben die hartstämmigen Substantive, die Endung -**i** die auf -**k** und -**g** und manche weichstämmige weibliche Substantive, die Endung -**e** weichstämmige Substantive und die Endung -**a** alle im Singular sächlichen Substantive.

Der 2. Fall:
Die Endung -**ów** haben hartstämmige und manche weichstämmige konsonantisch auslautende, im Singular männliche Substantive sowie die sächlichen auf -**um.**
Die Endung -**i** bekommen weichstämmige und die Endung -**y** historisch weichstämmige Substantive.
Endungslos sind die Substantive, die im Nominativ Singular auf einen Vokal enden.

Das Adjektiv (Eigenschaftswort)

Die polnischen Adjektive haben, wie die Substantive, im Singular (Einzahl) drei Geschlechter: das männliche (Maskulinum), das weibliche (Femininum) und das sächliche (Neutrum) und im Plural zwei: das männlichpersonale und das nichtmännlichpersonale.

Endung auf -**y** -**i**	Maskulinum	biał**y** [b,jawɨ] wielk**i** [v,ɛlci] głup**i** [gwup,i]	weiß groß dumm
Endung auf -**a**	Femininum	biał**a** [b,jawa] wielk**a** [v,ɛlka] głupi**a** [gwup,ja]	weiß groß dumm
Endung auf -**e**	Neutrum	biał**e** [b,jawɛ] wielki**e** [v,ɛlcɛ] głupi**e** [gwup,ɛ]	weiß groß dumm

Besonderheit

Bei Adjektiven auf -**i** bleibt -**i**- im weichen Auslaut in den weiblichen und sächlichen Formen, nach k und g bleibt -**i**- in der sächlichen Form.

Die Deklination des Adjektivs

Singular

	m	*n*
1.	bia**ły** wielk**i** głup**i**	bia**łe** wielk**ie** głup**ie**
2.	bia**łego** wielk**iego** głup**iego**	
3.	bia**łemu** wielk**iemu** głup**iemu**	
4.	bia**łego** wielk**iego** głup**iego**	bia**łe** wielk**ie** głup**ie**
	oder	
	bia**ły** wielk**i** głup**i**	
5.	bia**łym** wielk**im** głup**im**	
6.	bia**łym** wielk**im** głup**im**	
7.	bia**ły** wielk**i** głup**i**	bia**łe** wielk**ie** głup**ie**

Besonderheit

Im 4. Fall (Akkusativ) der männlichen Adjektive gelten die gleichen Regeln (belebt, unbelebt) wie bei Substantiven.

	f		
1.	bia**ła**	wielk**a**	głup**ia**
2.	bia**łej**	wielk**iej**	głup**iej**
3.	bia**łej**	wielk**iej**	głup**iej**
4.	bia**łą**	wielk**ą**	głup**ią**
5.	bia**łą**	wielk**ą**	głup**ią**
6.	bia**łej**	wielk**iej**	głup**iej**
7.	bia**ła**	wielk**a**	głup**ia**

Plural

	mp	*nmp*
1.	bia**li** wiel**cy** głup**i**	bia**łe** wielk**ie** głup**ie**
2.	bia**łych** wielk**ich** głup**ich**	
3.	bia**łym** wielk**im** głup**im**	
4.	bia**łych** wielk**ich** głup**ich**	bia**łe** wielk**ie** głup**ie**
5.	bia**łymi** wielk**imi** głup**imi**	
6.	bia**łych** wielk**ich** głup**ich**	
7.	bia**li** wiel**cy** głup**i**	bia**łe** wielk**ie** głup**ie**

Besonderheit

Die Endung **-y**/**-i** im 1. Fall (Nominativ) Plural der männlichpersonalen Adjektive bewirkt folgenden Konsonantenwechsel: b – bi, w – wi, t – ci, d – dzi, s – si, n – ni, ł – l, r– rz, k – c, g – dz, ch – si, sz – si, ż – zi.

Für manche Adjektive ist der Vokalwechsel o – e charakteristisch: wesoły – weseli [vεsɔwɨ – vεsεlˌi] (fröhlich).

Die Steigerung des Adjektivs

	m	*f*	*n*
Positiv	weso**ły** głup**i**	weso**ła** głup**ia**	weso**łe** głup**ie**
Komparativ	wesel**szy** głup**szy**	wesel**sza** głup**sza**	wesel**sze** głup**sze**
Superlativ	**naj**wesel**szy** **naj**głup**szy**	**naj**wesel**sza** **naj**głup**sza**	**naj**wesel**sze** **naj**głup**sze**

Besonderheiten

Das Suffix -szy ruft im Stamm den Konsonantenwechsel: g – ż, n – ń, ł – l, s – ż und manchmal Vokalwechsel: a – e biały – bielszy oder o – e wesoły – weselszy hervor.

Die Adjektive, die auf **-ki, -eki, -oki** auslauten, werden im Komparativ um den auslautenden Teil verkürzt:

szybki	[ʃɨpci]	szybszy	najszybszy	(schnell)
daleki	[dalεci]	dalszy	najdalszy	(weit)
wysoki	[vɨsɔci]	wyższy	najwyższy	(hoch)

Die Adjektive, deren Stamm auf zwei oder mehr Konsonanten endet, bilden den Komparativ mit dem Suffix **-ejszy.** Dieses Suffix ruft eine Erweichung des vorausgehenden Konsonanten hervor:

ładny – ładniejszy (schön),
uprzejmy – uprzejmiejszy (höflich).

Der Komparativ kann auch mit Hilfe des Wortes **bardziej** und der Superlativ mit Hilfe des Wortes **najbardziej** gebildet werden:

wesoły	bardziej wesoły	najbardziej wesoły
głupi	bardziej głupi	najbardziej głupi

Unregelmäßige Steigerung

dobry (gut)	lepszy (besser)	najlepszy (am besten)
zły (schlecht)	gorszy (schlechter)	najgorszy (am schlechtesten)
mały (klein)	mniejszy (kleiner)	najmniejszy (am kleinsten)
duży/wielki (groß)	większy (größer)	największy (am größten)
lekki (leicht)	lżejszy (leichter)	najlżejszy (am leichtesten)

Das Adverb (Umstandswort)

Die meisten Adverbien werden mit dem Suffix **-o** oder **-e** von den Adjektiven gebildet:

biały	–	biał**o**	wierny	–	wierni**e** (treu)
głupi	–	głupi**o**	dobry	–	dobrz**e** (gut)

Das Suffix **-e** ruft Erweichung des Auslauts hervor.

Besonderheit

Von den Adjektiven auf **-ski** und **-cki** werden die Adverbien mit Hilfe der Präposition **po** und des Suffixes **-u** gebildet:

pol**ski** (polnisch)	–	po polsk**u**
niemie**cki** (deutsch)	–	po niemieck**u**

Man kann u. a. diese Formen zur Bezeichnung einer Sprache benutzen.

Die wichtigsten Adverbien:

blisko [bl̦iskɔ]	nahe	mało [mawɔ]	wenig	tu, tutaj [tu, tutaj]	hier
szybko [ʃɨpkɔ]	schnell	dużo [duʒɔ]	viel	teraz [tɛras]	jetzt
daleko [dalɛkɔ]	weit	nigdzie [ɲigd͡ʑɛ]	nirgends	prawie [prav̦ɛ]	fast
późno [puʑnɔ]	spät	nigdy [ɲigdɨ]	niemals	tam [tam]	dort
wcześnie [ft͡ʃɛɕɲɛ]	früh	natychmiast [natɨxm̦jast]	sofort	potem [pɔtɛm]	danach

Die Steigerung des Adverbs

Positiv	pięknie (schön) [p̦ɛŋkɲɛ]	wiernie [v̦ɛrɲɛ]	szybko [ʃɨpkɔ]	głupio [gwup̦jɔ]
Komparativ	piękniej [p̦ɛŋkɲɛj]	wierniej [v̦ɛrɲɛj]	szybciej [ʃɨpt͡ɕɛj]	głupiej [gwup̦ɛj]
Superlativ	najpiękniej [najp̦ɛŋkɲɛj]	najwierniej [najv̦ɛrɲɛj]	najszybciej [najʃɨpt͡ɕɛj]	najgłupiej [najgwup̦ɛj]

Besonderheit

Das Suffix **-ej** bewirkt bei Adverbien auf **-o** die Erweichung des Stammes. Manche Adverbien werden mit Hilfe der Wörter **bardziej** und **najbardziej** gesteigert.

Unregelmäßige Steigerung

dobrze (gut) [dɔbʒɛ]	lepiej (besser) [lɛpˌɛj]	najlepiej (am besten) [najlɛpˌɛj]
źle (schlecht) [ʑlɛ]	gorzej (schlechter) [gɔʒɛj]	najgorzej (am schlechtesten) [najgɔʒɛj]
mało (wenig) [mawɔ]	mniej (weniger) [mɲɛj]	najmniej (am wenigsten) [najmɲɛj]
dużo (viel) [duʒɔ]	więcej (mehr) [vˌɛnt͡sɛj]	najwięcej (am meisten) [najvˌɛnt͡sɛj]
lekko (leicht) [lɛkkɔ]	lżej (leichter) [lʒɛj]	najlżej (am leichtesten) [najlʒɛj]

Die Pronomina

Personalpronomen

sg	ich	du	er	es	sie
nom	ja	ty	on	ono	ona
gen	mnie	ciebie	jego, go, niego		jej, niej
dat	mnie, mi	tobie, ci	jemu, mu, niemu		jej, niej
acc	mnie, mię	ciebie, cię	jego, go, niego	je	ją, nią
instr	mną	tobą	nim		nią
lok	mnie	tobie	nim		niej

pl	wir	ihr	sie (männlich-personale Form)	sie (nichtmännlich-personale Form: weibl. und sächl. Form sowie männl. Sachform)
nom	my	wy	oni	one
gen	nas	was	ich (nich)	ich (nich)
dat	nam	wam	im (nim)	im (nim)
acc	nas	was	ich (nich)	je (nie)
instr	nami	wami	nimi	nimi
lok	nas	was	nich	nich

Personalpronomina stehen vor den Verben nur dann, wenn dadurch das Pronomen besonders hervorgehoben werden soll, z. B.

Ja jadę do Polski (ich fahre nach Polen)

Die Kurzformen (mi, ci, mu, go . . .) dürfen weder nach Präpositionen noch am Satzanfang stehen. Die Form mię, cię wird seltener gebraucht und meistens durch die längere Form ersetzt.

Possessivpronomen

Die Possessivpronomina werden wie Adjektive dekliniert.

mein

<table>
<tr><th>sg</th><th>m</th><th>n</th><th>f</th></tr>
<tr><td>nom</td><td>mój</td><td>moje</td><td>moja</td></tr>
<tr><td>gen</td><td colspan="2">mojego</td><td>mojej</td></tr>
<tr><td>dat</td><td colspan="2">mojemu</td><td>mojej</td></tr>
<tr><td>acc</td><td>mój (mojego)</td><td>moje</td><td>moją</td></tr>
<tr><td>instr</td><td colspan="2">moim</td><td>moją</td></tr>
<tr><td>lok</td><td colspan="2">moim</td><td>mojej</td></tr>
<tr><td>vok</td><td>mój</td><td>moje</td><td>moja</td></tr>
</table>

<table>
<tr><th>pl</th><th>männlichpersonale Form</th><th>nichtmännlichpersonale Form
(weibl. und sächl. Form
sowie männl. Sachform)</th></tr>
<tr><td>nom</td><td>moi</td><td>moje</td></tr>
<tr><td>gen</td><td colspan="2">moich</td></tr>
<tr><td>dat</td><td colspan="2">moim</td></tr>
<tr><td>acc</td><td>moich</td><td>moje</td></tr>
<tr><td>instr</td><td colspan="2">moimi</td></tr>
<tr><td>lok</td><td colspan="2">moich</td></tr>
<tr><td>vok</td><td>moi</td><td>moje</td></tr>
</table>

dein	twój	twoje	twoja	twoi	twoje
sein	swój	swoje	swoja	swoi	swoje
unser	nasz	nasze	nasza	nasi	nasze
euer	wasz	wasze	wasza	wasi	wasze

Das Pronomen „swój" wird dann gebraucht, wenn das Subjekt des Satzes als Besitzer gilt. Handelt es sich um einen anderen Besitzer, so werden die Formen „jego (sein), jej (ihr), ich (ihr, *pl*)" verwendet. Die Pronomina „jego, jej, ich" werden nicht dekliniert.

Jakub jedzie swoim autem Jakob fährt sein Auto (d. h. sein eigenes Auto)

Jakub jedzie jego autem Jakob fährt sein Auto (d. h. das Auto einer anderen männlichen Person)

Jakub jedzie jej autem — Jakob fährt ihr Auto
(d. h. das Auto einer weiblichen Person)

Jakub jedzie ich autem — Jakob fährt ihr Auto
(d. h. das Auto anderer Personen)

Demonstrativpronomen

	Singular			Plural	
	m	*n*	*f*	männlich-personale Form	nichtmännlich-personale Form (weibl. und sächl. Form sowie männl. Sachform)
nom	ten (dieser)	to (dieses)	ta (diese)	ci	te
gen	tego		tej	tych	
dat	temu		tej	tych	
acc	ten (tego)	to	tę, tą	tych	te
instr	tym		tą	tymi	
lok	tym		tej	tych	

Als *acc f sg* wird in der Umgangssprache meistens „tą" verwendet.
Die Form des Vokativs gibt es nicht.

Reflexivpronomen

gen	siebie
dat	siebie
acc	siebie, się
instr	sobą
lok	sobie

Das Reflexivpronomen hat weder Nominativ noch Vokativ.
Es bezieht sich auf das Subjekt des Satzes, z. B.

Wziął wędkę ze sobą — Er nahm die Angel mit sich.
Licz tylko na siebie — Rechne nur mit dir.

Die Kurzform „się" ist Bestandteil des reflexiven Verbs

Das Verb (Zeitwort)

Der Verbalaspekt

Die polnischen Verben sind nach dem Aspekt (der Aktionsart) in 2 Gruppen aufgeteilt:
1. **Imperfektive** (unvollendete) Verben, die dauernde, wiederholbare Handlung bezeichnen.
2. **Perfektive** (vollendete) Verben, die die Gesamtheit der Handlung mit ihrem Abschluss und deren Resultaten bezeichnen.
Perfektive Verben haben kein Präsens. Ihre Formen, die mit den Präsensendungen der imperfektiven Verben identisch sind, bedeuten Futur.
Die imperfektiven und perfektiven Verben bilden Verbpaare mit gleichen Grundbedeutungen. Es gibt auch Verben, die entweder keine perfektiven oder imperfektiven Entsprechungen haben.

imperfektive	–	perfektive	
pisać [p̦isat͡ɕ]	–	napisać [nap̦isat͡ɕ]	(schreiben)
kupować [kupɔvat͡ɕ]	–	kupić [kup̦it͡ɕ]	(kaufen)
mówić [muv̦it͡ɕ]	–	powiedzieć [pɔv̦ɛd͡ʑɛt͡ɕ]	(sprechen, sagen)

Im Wörterbuchteil Deutsch – Polnisch sind beide Aspekte angegeben. Die erste Form ist die imperfektive (unvollendete) Form.

Konjugation des Hilfsverbs **być** (sein)

		Präsens	Präteritum			Futur
			m	*f*	*n*	
sg	1.	jestem	byłem	byłam		będę
	2.	jesteś	byłeś	byłaś		będziesz
	3.	jest	był	była	było	będzie
			mp	*nmp*		
pl	1.	jesteśmy	byliśmy	byłyśmy		będziemy
	2.	jesteście	byliście	byłyście		będziecie
	3.	są	byli	były		będą

Das polnische Verb hat zwei Flexionsstämme:

Infinitivstamm – man erhält ihn durch das Abtrennen des -ć/-c vom Infinitiv;
– von ihm wird u. a. das Präteritum gebildet;

Präsensstamm (bei perfektiven Verben: Futurstamm)
- man erhält ihn durch das Abtrennen der Endung der 1. Person *sg* Präsens.
- von ihm wird u. a. das Präsens (bei perfektiven Verben das Futur) gebildet.

Bei Verben, deren Infinitivstamm auf -**a** (und bei einigen auf -**e**) endet, ist der Präsensstamm identisch mit dem Infinitivstamm.

Das Präsens (Gegenwart)

I. Die Verben auf -**a**- wie czytać (lesen) und auf -**e**- wie umieć (können)

sg	1.	czytam	umiem	*pl*	1.	czytamy	umiemy
	2.	czytasz	umiesz		2.	czytacie	umiecie
	3.	czyta	umie		3.	czytają	umieją

In der 3. Pers. Plural wird der Stamm durch -**j**- erweitert.

II. Die Verben auf -**i**- wie robić (machen) płacić (zahlen), auf -**y**- wie uczyć (lehren) und auf -**e**- wie słyszeć (hören)

sg	1.	robię	płacę	uczę	słyszę
	2.	robisz	płacisz	uczysz	słyszysz
	3.	robi	płaci	uczy	słyszy
pl	1.	robimy	płacimy	uczymy	słyszymy
	2.	robicie	płacicie	uczycie	słyszycie
	3.	robią	płacą	uczą	słyszą

Die Verben, deren Stamm auf -ci- (płacić), -dzi-, -si-, -zi-, -ści-, -ździ- endet, bekommen in der 1. Person Singular und der 3. Person Plural entsprechend -c-, -dz-, -sz-, -ż-, -szcz-, -żdż-.

III. Die Verben auf -**owa**- wie kupować (kaufen), auf -**ywa**- wie pokazywać (zeigen), auf -**a**- wie dawać (geben), auf -**e**- wie mdleć (bewusstlos werden), auf -**i**- wie bić (schlagen), auf -**y**- wie myć (waschen)

sg	1.	kupuję	pokazuję	daję	biję	myję
	2.	kupujesz	pokazujesz	dajesz	bijesz	myjesz
	3.	kupuje	pokazuje	daje	bije	myje
pl	1.	kupujemy	pokazujemy	dajemy	bijemy	myjemy
	2.	kupujecie	pokazujecie	dajecie	bijecie	myjecie
	3.	kupują	pokazują	dają	biją	myją

Der Präsensstamm ist stets anders als der Infinitivstamm. Die Teile des Infinitivs -owa-, -ywa- werden durch -uj- ersetzt. Bei anderen Verben wird oft der Stamm durch -j- erweitert.

IV. Die Verben auf **-ną-**, **-ą-** wie stanąć (stehen bleiben – perfektiv), wziąć (nehmen – perfektiv), auf **-ść** wie nieść (tragen), auf **-c** wie piec (backen) und einige andere wie brać (nehmen)

sg	1.	stanę	wezmę	niosę	piekę	biorę
	2.	staniesz	weźmiesz	niesiesz	pieczesz	bierzesz
	3.	stanie	weźmie	niesie	piecze	bierze
pl	1.	staniemy	weźmiemy	niesiemy	pieczemy	bierzemy
	2.	staniecie	weźmiecie	niesiecie	pieczecie	bierzecie
	3.	staną	wezmą	niosą	pieką	biorą

In der 1. Person Singular und der 3. Person Plural befindliche harte Konsonanten werden in allen anderen Personen erweicht. Bei einigen Verben ist Vokalwechsel o – e möglich.

Das Präteritum (Vergangenheit)

Das Präteritum wird meistens vom Infinitivstamm mit den Suffixen **-ł-** im Singular und **-li-**, **-ły-** im Plural gebildet

czytać – lesen

		m	*f*	*n*		*mp*	*nmp*
sg	1.	czytałem	czytałam		*pl*	czytaliśmy	czytałyśmy
	2.	czytałeś	czytałaś			czytaliście	czytałyście
	3.	czytał	czytała	czytało		czytali	czytały

Im Vergleich mit dem Infinitiv ist in der Flexionsform des Präteritums der Vokalwechsel möglich: a – e, ą – ę, o – ó, ó – e.

Das Futur

Die imperfektiven (unvollendeten) Verben bilden das Futur mit Hilfe der Futurformen des Verbs być (sein) + Infinitiv oder + den Formen der 3. Person Präteritum. Die beiden Bildungen haben die gleiche Bedeutung.

czytać – lesen

sg	1.	będę czytać	*pl*	1.	będziemy czytać
	2.	będziesz czytać		2.	będziecie czytać
	3.	będzie czytać		3.	będą czytać

oder

		m	f	n
sg	1.	będę czytał	będę czytała	
	2.	będziesz czytał	będziesz czytała	
	3.	będzie czytał	będzie czytała	będzie czytało

		mp	nmp
pl	1.	będziemy czytali	będziemy czytały
	2.	będziecie czytali	będziecie czytały
	3.	będą czytali	będą czytały

Der Imperativ

Die 2. Person Singular wird meistens von der 3. Person Singular Präsens gebildet:

durch Erweiterung mit -j	czyta	–	czytaj
durch Streichung der Endungen	kupi pisze	– –	kup pisz
durch Streichung der Endungen und Erweiterung mit -yj/-ij	rośnie spóźnia się	– –	rośnij spóźnij się

Die 1. und 2. Person Plural werden durch Hinzufügen der Personalendungen **-my, -cie** an die Form der 2. Person Singular gebildet:
czytajmy, czytajcie; kupmy, kupcie; piszmy, piszcie.

Die 3. Person Singular und Plural werden mit Hilfe des Partikels **niech** + 3. Person (Singular oder Plural) Präsens gebildet:
niech czyta, niech czytają.

Einige wichtige unregelmäßige Verben

mieć – haben [mʲɛt͡ɕ]

Präsens	mam, masz, ma, mamy, macie, mają	
Imperativ	miej, niech ma, miejmy, miejcie, niech mają	
Präteritum	*m*	miałem, miałeś, miał
	f	miałam, miałaś, miała
	n	miało
	mp	mieliśmy, mieliście, mieli
	nmp	miałyśmy, miałyście, miały

móc – können, dürfen [mut͡s]

Präsens	mogę, możesz, może, możemy, możecie, mogą	
Imperativ	–	
Präteritum	*m*	mogłem, mogłeś, mógł
	f	mogłam, mogłaś, mogła
	n	mogło
	mp	mogliśmy, mogliście, mogli
	nmp	mogłyśmy, mogłyście, mogły

musieć – müssen [muɕɛt͡ɕ]

Präsens	muszę, musisz, musi, musimy, musicie, muszą	
Imperativ	–	
Präteritum	*m*	musiałem, musiałeś, musiał
	f	musiałam, musiałaś, musiała
	n	musiało
	mp	musieliśmy, musieliście, musieli
	nmp	musiałyśmy, musiałyście, musiały

chcieć – wollen [xt͡ɕɛt͡ɕ]

Präsens	chcę, chcesz, chce, chcemy, chcecie, chcą	
Imperativ	chciej, niech chce, chciejmy, chciejcie, niech chcą	
Präteritum	*m*	chciałem, chciałeś, chciał
	f	chciałam, chciałaś, chciała
	n	chciało
	mp	chcieliśmy, chcieliście, chcieli
	nmp	chciałyśmy, chciałyście, chciały

iść – gehen [iɕtɕ]

Präsens	idę, idziesz, idzie, idziemy, idziecie, idą	
Imperativ	idź, niech idzie, idźmy, idźcie, niech idą	
Präteritum	*m*	szedłem, szedłeś, szedł
	f	szłam, szłaś, szła
	n	szło
	mp	szliśmy, szliście, szli
	nmp	szłyśmy, szłyście, szły

jeść – essen

Präsens	jem, jesz, je, jemy, jecie, jedzą	
Imperativ	jedz, niech je, jedzmy, jedzcie, niech jedzą	
Präteritum	*m*	jadłem, jadłeś, jadł
	f	jadłam, jadłaś, jadła
	n	jadło
	mp	jedliśmy, jedliście, jedli
	nmp	jadłyśmy, jadłyście, jadły

Die Präpositionen (Verhältniswörter)

mit dem Genitiv	bez	ohne	podczas	während
	dla	für	spod	unter hervor
	do	bis, in, nach, auf, an, zu	spośród	aus, von
			spoza	jenseits
	koło	bei, neben	u	bei
	mimo	trotz	wokół	ringsherum
	naprzeciw	gegenüber	wśród	inmitten
	obok	neben	wzdłuż	entlang
	od	von, seit, als	z	aus
	około	um, herum, gegen	zamiast	statt
	oprócz	außer	znad	von/über
mit dem Dativ	dzięki	dank	przeciw	gegen, wider
	ku	zu	przeciwko	gegen, wider
	naprzeciw	entgegen	wbrew	trotz
mit dem Akkusativ	na	nach (wohin?)	ponad	über (wie lange?)
	nad	an (wohin?)	poza	hinter (wohin?)
	o	um (um was?)	przez	durch, über
	po	um, nach (wozu?)	w	nach (wohin?)
	pod	unter, vor (wohin?)	za	für
mit dem Instrumentalis	między	zwischen	przed	vor
	nad	über, an	z	mit
	pod	unter, bei	za	hinter
mit dem Lokativ	na	auf, in, zu (wo?)	przy	an, bei
	o	um, an, über, vor	w	in
	po	nach		

Die Höflichkeitsform

Die Höflichkeitsform, im Deutschen „Sie“, wird im Polnischen durch den Gebrauch der Anrede „pan“ (männliche Person), „pani“ (weibliche Person), „państwo“ (s. u.) zum Ausdruck gebracht.

Pan ma rację.	Sie haben Recht.
Czy pan jest Niemcem?	Sind Sie Deutscher?
Pani ma rację.	Sie haben Recht.
Czy pani jest Niemką?	Sind Sie Deutsche?

Eine Frau und ein Mann zusammen, ein Ehepaar oder eine Gesellschaft, die aus Männern und Frauen besteht, werden mit „państwo“ angesprochen:

Czy państwo przyjechali z Niemiec?	Sind Sie aus Deutschland gekommen?
Szanowni Państwo	Meine Damen und Herren

Bei den Formen „pan“, „pani“ muss das Verb in der 3. Person *sg* stehen, bei „państwo“ in der 3. Person *pl*

Die Deklination der Zahlwörter

jeden (1)

	m	*n*	*f*
1.	jeden	jedno	jedna
2.	jednego		jednej
3.	jednemu		jednej
4.	jednego	jedno	jedną
oder	jeden		
5.	jednym		jedną
6.	jednym		jednej
7.	jeden	jedno	jedna

dwa (2)

	mp	*mn*	*f*
1.	dwaj	dwa	dwie
2.	dwóch		
3.	dwom		
4.	dwóch	dwa	dwie
5.	dwoma	dwiema	
6.	dwóch		
7.	dwaj	dwa	dwie

trzy (3)

	mp		*mfn*
1.	trzej		trzy
2.		trzech	
3.		trzem	
4.	trzech		trzy
5.		trzema	
6.		trzech	
7.	trzej		trzy

cztery (4)

	mp		*mfn*
1.	czterej		cztery
2.		czterech	
3.		czterem	
4.	czterech		cztery
5.		czterema	
6.		czterech	
7.	czterej	cztery	

pięć (5)

	mp		mfn
1.	pięciu		pięć
2.		pięciu	
3.		pięciu	
4.	pięciu		pięć
5.		pięcioma	
6.		pięciu	
7.	pięciu		pięć

Die Zahlwörter 6–99 werden in analoger Weise zu 5 dekliniert mit Erweichung des Stammes.
Bei zusammengesetzten Zahlwörtern werden alle Glieder dekliniert.
Der Numerus 100 hat außer im 1. und 4. Fall des nichtpersonalen Geschlechts die Form stu.
Die Zahlwörter 200, 300, 400 haben in den restlichen Fällen die Formen dwustu, trzystu, czterystu.
Die Zahlwörter 500, 600, 700, 800, 900 haben in den anderen Kasus die Formen pięciuset, sześciuset, siedmiuset, ośmiuset, dziewięciuset.
Tysiąc und milion werden wie unbelebte männliche Substantive dekliniert.
Ordnungszahlen werden nach Genus und Kasus wie Adjektive dekliniert.

Besonderheit

Bei Pluraliatantum, bei Substantiven, die Paare bezeichnen und bei Substantiven, die Personen beiderlei Geschlechts bezeichnen, gebraucht man statt der Kardinalia so genannte Kollektiva.
Die von 2 bis 4 lauten: **dwoje, troje, czworo**, die restlichen werden von den Kardinalia mit Hilfe des Suffixes -**oro** gebildet:
pięcioro, sześcioro, siedmioro . . .
Bei der Deklination außer im 1. Fall wird der Stamm der Kollektiva um -g- erweitert.
Kollektiva werden wie hartstämmige sächliche Substantive im Singular dekliniert.

Deutsch – Polnisch

Das themenbezogene Vokabular finden Sie in den Wortlisten der Kapitel.

Bei Verben werden vor dem Schrägstrich die imperfektiven, nach dem Schrägstrich die perfektiven Formen genannt.
Das Geschlecht wird nur bei nicht eindeutigen Endungen angegeben.

A

ab od [ɔt]
Abend wieczór [vˌɛt͡ʃur]
aber ale [alɛ]
Abfall odpadki [ɔtpatci], śmieci [ɕmˌɛt͡ɕi]
abgeben oddawać/oddać [ɔddavat͡ɕ/ɔddat͡ɕ]
abholen iść po coś/po kogoś [iɕt͡ɕ pɔ t͡sɔɕ/pɔ kɔgɔɕ]
Abkürzung skrót [skrut]
ablehnen odmawiać/odmówić [ɔdmavˌat͡ɕ/ɔdmuvˌit͡ɕ]
abreisen (nach) odjeżdżać/odjechać (do + *gen*) [ɔdjɛʒd͡ʒat͡ɕ/ɔdjɛxat͡ɕ]
abschließen zamykać/zamknąć [zamɨkat͡ɕ/zamknɔ̃t͡ɕ]
abwärts w dół [vduw]
Achtung! uwaga! [uvaga]
Adresse adres [adrɛs]
Agentur agencja [agɛnt͡sˌja]
ähnlich podobny [pɔdɔbnɨ]
alle wszyscy [fʃɨst͡sɨ]
allein sam [sam]
alles wszystko [fʃɨstkɔ]
als *(zeitlich)* kiedy, gdy [cɛdɨ, gdɨ]; *(beim Komparativ)* niż [ɲiʃ]
also więc [vˌɛ̃t͡s]
alt stary [starɨ]
Alter wiek [vˌɛk]
amüsieren, s. ~ bawić się [bavˌit͡ɕ ɕɛ̃]
andere, der/die/das ~ inn-y/a/e [inn-ɨ/a/ɛ]
anders inaczej [inat͡ʃɛj]
anderswo gdzie indziej [gd͡ʑɛ ind͡ʑɛj]
Anfang początek [pɔt͡ʃɔntɛk]
anfangen zaczynać/zacząć [zat͡ʃɨnat͡ɕ/zat͡ʃɔ̃t͡ɕ]
Angabe *(des Namens, der Adresse)* podanie [pɔdaɲɛ]
angenehm *adv* przyjemnie [pʃɨjɛmɲɛ]
Angst strach [strax], lęk [lɛ̃k]
anhalten zatrzymywać/zatrzymać [zat͡ʃɨmɨvat͡ɕ/zat͡ʃɨmat͡ɕ]
ansehen oglądać [ɔglɔ̃dat͡ɕ], się przyjrzeć [ɕɛ̃ pʃɨjʒɛt͡ɕ]
anstatt zamiast [zamˌiast]
antworten odpowiadać/odpowiedzieć [ɔtpɔvˌjadat͡ɕ/ɔtpɔvˌjɛd͡ʑɛt͡ɕ]
anziehen *(Magnet, auch fig.)* przyciągać/przyciągnąć [pʃɨt͡ɕɔ̃gat͡ɕ/pʃɨt͡ɕɔ̃gnɔ̃t͡ɕ]; *(Kleidung)* ubierać/ubrać [ubˌɛrat͡ɕ/ubrat͡ɕ]; **s. ~** ubierać się/ubrać się [ubˌɛrat͡ɕ ɕɛ̃/ubrat͡ɕ ɕɛ̃]
Apparat aparat [aparat]
Appetit apetyt [apɛtɨt]
Arbeit praca [prat͡sa]
arbeiten pracować [prat͡sɔvat͡ɕ]
ärgern, s. ~ über złościć się (na + *acc*) [zwɔɕt͡ɕit͡ɕ ɕɛ̃ na]
arm biedny [bˌɛdnɨ]
Art rodzaj [rɔd͡zaj]
auch też [tɛʃ]
auf na [na]; *(offen)* otwarty [ɔtfartɨ]; **~ Polnisch** po polsku [pɔ pɔlsku]

aufbewahren przechowywać/przechować [pʃɛxɔvɨvat͡ɕ/pʃɛxɔvat͡ɕ]
aufhören przestawać/przestać [pʃɛstavat͡ɕ/pʃɛstat͡ɕ]
aufpassen (auf) uważać (na + *acc*) [uvaʒat͡ɕ (na)]
aufschreiben zapisać [zapʲisat͡ɕ], zanotować [zanɔtɔvat͡ɕ]
aufstehen wstawać/wstać [fstavat͡ɕ/fstat͡ɕ]
aufwachen obudzić się [ɔbudʑit͡ɕ ɕɛ̃]
aufwärts w górę [v gurɛ̃]
Augenblick moment [mɔmɛnt]
aus *(Richtung, Material)* z, ze + *gen* [z, zɛ]
Ausbildung wykształcenie [vɨkʃtawt͡ʃɛɲɛ]
Ausdruck wyrażenie [vɨraʒɛɲɛ]
ausdrücklich wyraźny [vɨraʑnɨ], jasny [jasnɨ]
Ausgang wyjście [vɨjɕt͡ɕɛ]
ausgeben wydawać/wydać [vɨdavat͡ɕ/vɨdat͡ɕ]
ausgehen wychodzić/wyjść [vɨxɔdʑit͡ɕ/vɨjɕt͡ɕ]
ausgezeichnet znakomity [znakɔmʲitɨ]
Auskunft informacja [infɔrmat͡sja]
Ausland zagranica [zagraɲit͡sa]
Ausländer/in cudzoziem-iec/ka [t͡sud͡zɔʑɛm-jɛt͡s/ka]
ausländisch zagraniczny [zagraɲit͡ʃnɨ]
ausruhen, s. ~ wypoczywać [vɨpɔt͡ʃɨvat͡ɕ], odpoczywać/odpocząć [ɔtpɔt͡ʃɨvat͡ɕ/ɔtpɔt͡ʃɔ̃t͡ɕ]
außen na zewnątrz [na zɛvnɔ̃t͡ʃ], zewnątrz [zɛvnɔ̃t͡ʃ]
außer poza [pɔza]
außerdem poza tym [pɔza tɨm]
außerhalb poza [pɔza]
Aussicht widok [vʲidɔk]
aussprechen wymawiać/wymówić [vɨmav, at͡ɕ/vɨmuvʲit͡ɕ]
aussuchen wyszukać [vɨʃukat͡ɕ]
Ausverkauf wyprzedaż [vɨpʃɛdaʃ]
Auto samochód [samɔxut], auto [awtɔ]; ~ **fahren** jeździć samochodem [jɛʑd͡ʑit͡ɕ samɔxɔdɛm]
automatisch automatyczny [awtɔmatɨt͡ʃnɨ]

B

Baby baby [bɛbʲi], dziecko [d͡ʑɛt͡skɔ]
bald wkrótce [fkrutt͡sɛ]
Ball piłka [pʲiwka]; *(Fest)* bal [bal]
Bank *(Geldinstitut)* bank [baŋk]; *(Sitz~)* ławka [wafka]
bar zahlen płacić gotówką [pwat͡ɕit͡ɕ gɔtuvkɔ̃]
Bauernhof gospodarstwo [gɔspɔdarstfɔ]
Baum drzewo [d͡ʒɛvɔ]
beabsichtigen zamierzać [zamʲɛʒat͡ɕ], zaplanować [zaplanɔvat͡ɕ]
beachten przestrzegać [pʃɛst͡ʃɛgat͡ɕ], uważać na coś [uvaʒat͡ɕ na t͡sɔɕ]
Beanstandung reklamacja [rɛklamat͡sja]
beantworten odpowiadać/odpowiedzieć [ɔtpɔvʲadat͡ɕ/ɔtpɔvʲɛd͡ʑɛt͡ɕ]
bedauern żałować [ʒawɔvat͡ɕ]
Bedeutung znaczenie [znat͡ʃɛɲɛ]
Bedienung obsługa [ɔpswuga]
Bedingung warunek [varunɛk]
beeilen, s. ~ śpieszyć się [ɕpʲɛʃɨt͡ɕ ɕɛ̃]
befinden, s. ~ znajdować się/znaleźć się [znajdɔvat͡ɕ ɕɛ̃/znalɛɕt͡ɕ ɕɛ̃]
befreundet sein być zaprzyjaźnionym [bɨt͡ɕ zapʃɨjaʑɲɔnɨm]
begeistert (von) zachwycony (kimś, czymś) [zaxfɨt͡sɔnɨ (cimɕ, t͡ʃɨmɕ)]
begleiten towarzyszyć [tɔvaʒɨʃɨt͡ɕ]
begrüßen witać/powitać [vʲitat͡ɕ/pɔvʲitat͡ɕ], kłaniać się [kwaɲat͡ɕ ɕɛ̃]
behalten zatrzymywać/zatrzymać [zat͡ʃɨmɨvat͡ɕ/zat͡ʃɨmat͡ɕ]
behaupten twierdzić [tfʲɛrdʑit͡ɕ]
Behörde urząd [uʒɔnt], instytucja

[institut͡sja]
bei *(in der Nähe)* w pobliżu [f pɔblˌiʒu]
beide obaj/obie/oboje [ɔbaj/ɔbˌjɛ/ ɔbɔjɛ]
Beispiel przykład [pʃɨkwat]; **zum ~** na przykład [na pʃɨkwat]
beißen gryźć [grɨɕt͡ɕ]
bekannt znany [znanɨ]; **jdn mit jdm ~ machen** zapoznać kogoś z kimś [zapɔznat͡ɕ kɔgɔɕ s cimɕ]
Bekannte, der/die ~ znajom-y/a [znajɔm-ɨ/a]
bekommen otrzymać [ɔtʃɨmat͡ɕ], dostać [dɔstat͡ɕ]
belästigen zaczepiać *(+ acc)* [zat͡ʃɛpˌat͡ɕ], naprzykrzać się *(+ dat)* [napʃɨkʃat͡ɕ ɕɛ̃]
Beleidigung obraza [ɔbraza]
bemerken zauważyć [zauvaʒɨt͡ɕ]
benachrichtigen zawiadamiać/ zawiadomić [zavˌadamˌat͡ɕ/ zavˌadɔmˌit͡ɕ]
benötigen potrzebować [pɔt͡ʃɛbɔvat͡ɕ]
benutzen używać/użyć [uʒɨvat͡ɕ/ uʒɨt͡ɕ]
beobachten obserwować [opsɛrvɔvat͡ɕ], przyglądać się [pʃɨglɔndat͡ɕ ɕɛ̃]
bequem wygodny [vɨgɔdnɨ]
bereit gotowy [gɔtɔvɨ]
bereits już [juʃ]
Beruf zawód [zavut]
beruhigen, s. ~ uspokajać się/ uspokoić się [uspɔkajat͡ɕ ɕɛ̃/ uspɔkɔit͡ɕ ɕɛ̃]
berühmt sławny [swavnɨ]
berühren dotykać/dotknąć [dɔtɨkat͡ɕ/dɔtknɔ̃tɕ]
beschädigen uszkadzać/uszkodzić [uʃkad͡zat͡ɕ/uʃkɔd͡ʑit͡ɕ], psuć [psut͡ɕ]
bescheinigen zaświadczać/zaświadczyć [zaɕfˌatt͡ʃat͡ɕ/zaɕfˌatt͡ʃɨt͡ɕ]
beschreiben opisywać/opisać [ɔpˌisɨvat͡ɕ/ɔpˌisat͡ɕ]
beschweren, s. ~ (über) skarżyć się/poskarżyć się (na + *acc*) [skarʒɨt͡ɕ ɕɛ̃/pɔskarʒɨt͡ɕ ɕɛ̃ (na)]
besetzt zajęty [zajɛntɨ]
besichtigen zwiedzać/zwiedzić [zvˌɛd͡zat͡ɕ/zvˌɛd͡ʑit͡ɕ]
Besitzer posiadacz [pɔɕadat͡ʃ], właściciel [vwaɕt͡ɕit͡ɕɛl]
besonders specjalnie [spɛt͡sjalɲɛ], szczególnie [ʃt͡ʃɛgulɲɛ]
besorgen starać się/postarać się [starat͡ɕ ɕɛ̃/pɔstarat͡ɕ ɕɛ̃]
besser *adj* lepszy [lɛpʃɨ]; *adv* lepiej [lɛpˌɛj]
bestätigen potwierdzać/potwierdzić [pɔtfˌɛrd͡zat͡ɕ/pɔtfˌɛrd͡ʑit͡ɕ]
beste(r, -s) najlepsz-a/y/e [najlɛpʃ-a/ɨ/ɛ]
bestehen, ~ auf upierać się [upˌɛrat͡ɕ ɕɛ̃]; **~ aus** składać się z (czegoś) [skwadat͡ɕ ɕɛ̃ s t͡ʃɛgɔɕ]
bestimmt *adj* pewny [pɛvnɨ]; *adv* na pewno [na pɛvnɔ]
Besuch odwiedziny [ɔdvˌɛd͡ʑinɨ]
besuchen, jdn ~ odwiedzać/ odwiedzić kogoś [odvˌɛd͡zat͡ɕ/ ɔdvˌɛd͡ʑitɕ kɔgɔɕ]
Betrag kwota [kfɔta], suma [suma]
betrinken, s. ~ upić się [upit͡ɕ ɕɛ̃]
Betrug oszustwo [ɔʃustfɔ]
betrunken pijany [pˌijanɨ]
Bett łóżko [wuʃkɔ]; **ins/zu ~ gehen** iść do łóżka [iɕt͡ɕ dɔ wuʃka]
Beutel torebka [tɔrɛpka]
bevor zanim [zaɲim]
Beweis dowód [dɔvut]
bewundern podziwiać [pɔd͡ʑivˌat͡ɕ]
bezahlen płacić/zapłacić [pwat͡ɕit͡ɕ/ zapwat͡ɕit͡ɕ]
Bezeichnung oznaczenie [ɔznat͡ʃɛɲɛ]
Biene pszczoła [pʃt͡ʃɔwa]
Bild obraz [ɔbras]; *(Foto)* zdjęcie [zdjɛɲt͡ɕɛ]
billig tani [taɲi]
bis do [dɔ]; **~ jetzt** do tej pory [dɔ tɛj pɔrɨ]
bisschen, ein ~ trochę [trɔxɛ̃], tros-

zeczkę [trɔʃɛt͡ʃkɛ̃]
Bitte prośba [prɔʑba]
bitten, jdn um etw ~ kogoś poprosić o coś [kɔgɔɕ pɔprɔɕit͡ɕ ɔ t͡sɔɕ]
bitter gorzki [gɔʃci]
Blatt liść [l̦iɕt͡ɕ]; *(Papier)* kartka [kartka]
bleiben (po)zostać [(pɔ)zɔstat͡ɕ]
Blick spojrzenie [spɔjʒɛɲɛ], rzut oka [ʒut ɔka]; *(Aussicht)* widok [v̦idɔk]
blöd głupi [gwup'i]
Blume kwiat [kv̦at]
Boden ziemia [ʑ'ɛm̦a], grunt [grunt]; *(Fuß~)* podłoga [pɔdwɔga]
böse zły [zwɨ]
Botschaft wiadomość *f* [v̦adɔmɔɕt͡ɕ]; *(dipl. Vertretung)* ambasada [ambasada]
Brand pożar [pɔʒar]
brauchen potrzebować [pɔt͡ʃɛbɔvat͡ɕ]
braun brązowy [brɔ̃zɔvɨ]
breit szeroki [ʃɛrɔci]
bringen *(her~)* przynieść [pʃɨɲɛɕt͡ɕ]; *(weg~)* zanieść [zaɲɛɕt͡ɕ]
Bruder brat [brat]
Buch książka [kɕɔ̃ʃka]
buchstabieren literować [l̦itɛrɔvat͡ɕ]
Bucht zatoka [zatɔka]
Bummel przechadzka (po mieście) [pʃɛxat͡ska (pɔ m̦ɛɕt͡ɕɛ)]
bunt kolorowy [kɔlɔrɔvɨ]
Büro biuro [b̦urɔ]

C

Café kawiarnia [kav̦arɲa]
Chef szef [ʃɛf]

D

da *(dort)* tam [tam]; *(hier)* tu [tu], tutaj [tutaj]; *(dann)* wtedy [ftɛdɨ]; *(weil)* ponieważ [pɔɲɛvaʃ]
daheim w domu [v dɔmu]
damals wtedy [ftɛdɨ]
danach potem [pɔtɛm]
danken dziękować/podziękować [d͡ʑɛŋkɔvat͡ɕ/pɔd͡ʑɛŋkɔvat͡ɕ]
dann potem [pɔtɛm]
dass że [ʒɛ]; *(damit)* aby [abɨ], żeby [ʒɛbɨ]
dasselbe to samo [tɔ samɔ]
Datum data [data]
Dauer trwanie [trvaɲɛ], okres [ɔkrɛs]
dauern trwać [trvat͡ɕ]
dein(e) twój/twoja/twoje [tfuj/tfɔja/tfɔjɛ]
denken an myśleć o [mɨɕlɛt͡ɕ ɔ]
denn ponieważ [pɔɲɛvaʃ], gdyż [gdɨʃ]
deshalb ponieważ [pɔɲɛvaʃ], gdyż [gdɨʃ]
deutlich *adv* wyraźnie [vɨraʑɲɛ]
deutsch niemiecki [ɲɛm̦ɛt͡ʃci]
Deutsche, der/die ~ Niemiec [ɲɛm̦ɛt͡s]/Niemka [ɲɛmka]
Deutschland Niemcy [ɲɛmt͡sɨ]
dich cię [t͡ɕɛ̃], ciebie [t͡ɕɛb̦ɛ]
dick gruby [grubɨ]
diese(r, -s) ta, ten, to [ta, tɛn, tɔ]
Ding rzecz [ʒɛt͡ʃ]
dir tobie [tɔb̦ɛ]
direkt *adj* bezpośredni [bɛspɔɕrɛdɲi]; *adv* wprost [fprɔst]
Direktion dyrekcja [dɨrɛkt͡sja]
doch ależ tak [alɛʃ tak]; *(trotzdem)* jednak [jɛdnak]
doppelt podwójny [pɔdvujnɨ]
Dorf wieś *f* [v̦ɛɕ]
dort tam [tam]
Dose puszka [puʃka]
draußen *(außerhalb eines Raumes, Gebäudes)* na dworze [na dvɔʒɛ]
drin, drinnen w środku [f ɕrɔtku], wewnątrz [vɛvnɔ̃t͡ʃ]
dringend pilnie [p̦ilɲɛ]
du ty [tɨ]
dumm głupi [gwup̦i]
dunkel ciemny [t͡ɕɛmnɨ]
dünn cienki [t͡ɕɛnci]; *(schlank)* szczupły [ʃt͡ʃupwɨ]
durch *(räumlich, auch Mittel, Ursache)* przez [pʃɛs]

Durchreise, auf der ~ przejazdem [pʃɛjazdɛm]
durchschnittlich *adj* przeciętny [pʃɛt͡ɕɛ̃tnɨ]; *adv* przeciętnie [pʃɛt͡ɕɛ̃tɲɛ]
dürfen móc [mut͡s]
durstig spragniony [spragɲɔnɨ]

E

Ebene równina [ruvɲina]
echt prawdziwy [pravd͡ʑivɨ]
Ecke róg [ruk]
Ehefrau żona [ʒɔna], małżonka [mawʒɔnka]
Ehemann mąż [mɔ̃ʃ], małżonek [mawʒɔnɛk]
eigen własny [vwasnɨ]; *(für jdn typisch)* właściwy [vwaɕt͡ɕivɨ]
Eigenschaft właściwość *f* [vwaɕt͡ɕivɔɕt͡ɕ]
Eigentümer właściciel [vwaɕt͡ɕit͡ɕɛl]
eilig pośpieszny [pɔɕpʲɛʃnɨ]; **es ~ haben** śpieszyć się [ɕpʲɛʃɨt͡ɕ ɕɛ̃]
ein(e) jeden (jedna, jedno) [jɛdɛn (jɛdna, jɛdnɔ)]
Eindruck wrażenie [vraʒɛɲɛ]
einfach *adj* prosty [prɔstɨ], łatwy [watfɨ]; *adv* po prostu [pɔ prɔstu]
Eingang wejście [vɛjɕt͡ɕɛ]
einheimisch tutejszy [tutɛjʃɨ], miejscowy [mʲɛjst͡sɔvɨ], rodzimy [rɔd͡ʑimɨ]
einige kilka [cilka], niektórzy [ɲɛktuʒɨ]
einkaufen robić zakupy [rɔbit͡ɕ zakupɨ], kupować [kupɔvat͡ɕ]
einladen zapraszać/zaprosić [zapraʃat͡ɕ/zaprɔɕit͡ɕ]
einmal raz [ras]
einsam samotny [samɔtnɨ]
einschalten włączać/włączyć [vwɔ̃t͡ʃat͡ɕ/vwɔ̃t͡ʃɨt͡ɕ]
eintreten wchodzić/wejść [fxɔd͡ʑit͡ɕ/vɛjɕt͡ɕ]
Eintritt wstęp [fstɛmp], wejście [vɛjɕt͡ɕɛ]
Eintrittskarte bilet wstępu [bʲilɛt fstɛmpu]
Eintrittspreis cena za wstęp [t͡sɛna za fstɛmp]
Einwohner mieszkaniec [mʲɛʃkaɲɛt͡s]
einzig jedyny [jɛdɨnɨ]
elektrisch elektryczny [ɛlɛktrɨt͡ʃnɨ]
Eltern rodzice [rɔd͡ʑit͡sɛ]
empfangen przyjmować/przyjąć [pʃɨjmɔvat͡ɕ/pʃɨjɔ̃t͡ɕ]
empfehlen polecać/polecić [pɔlɛt͡sat͡ɕ/pɔlɛt͡ɕit͡ɕ]
Ende koniec [kɔɲɛt͡s]; **am ~** *(räumlich)* na końcu [na kɔɲt͡su]; *(zeitlich)* w końcu [f kɔɲt͡su]
endgültig ostateczny [ɔstatɛt͡ʃnɨ]
endlich nareszcie [narɛʃt͡ɕɛ]
eng ciasny [t͡ɕasnɨ]
englisch angielski [aŋɟɛlsci]
Enkel/in wnuk/wnuczka [vnuk/vnut͡ʃka]
entdecken odkrywać/odkryć [ɔtkrɨvat͡ɕ/ɔtkrɨt͡ɕ]
entfernt oddalony [ɔddalɔnɨ], odległy [ɔdlɛgwɨ]
Entfernung odległość *f* [ɔdlɛgwɔɕt͡ɕ], dystans [dɨstans]
entgegengesetzt przeciwstawny [pʃɛt͡ɕifstavnɨ]
entscheiden rozstrzygać/rozstrzygnąć [rɔst͡ʃɨgat͡ɕ/rɔst͡ʃɨgnɔ̃t͡ɕ]
entschuldigen przepraszać/przeprosić [pʃɛpraʃat͡ɕ/pʃɛprɔɕit͡ɕ]
Entschuldigung przeprosiny [pʃɛprɔɕinɨ]; ~! przepraszam! [pʃɛpraʃam]
enttäuscht rozczarowany [rɔst͡ʃarɔvanɨ]
entweder ... oder albo ... albo [albɔ ... albɔ]
entzückend zachwycający [zaxfɨt͡sajɔ̃t͡sɨ]
er on [ɔn]
Erde ziemia [ʑɛmʲa]
Erdgeschoss parter [partɛr]
Ereignis wydarzenie [vɨdaʒɛɲɛ]
erfreut (über) ucieszony (z) [ut͡ɕɛʃɔnɨ (z)]

Erfrischung orzeźwienie [ɔʒɛʑvʲɛɲɛ]
Ergebnis wynik [vɨɲik]
erhöhen podwyższać/podwyższyć [pɔdvɨʃʃat͡ɕ/pɔdvɨʃʃɨt͡ɕ]
erholen, s. ~ wypoczywać/wypocząć [vɨpɔt͡ʃɨvat͡ɕ/vɨpɔt͡ʃɔ̃t͡ɕ]
erklären oświadczać/oświadczyć [ɔɕvʲatt͡ʃat͡ɕ/ɔɕvʲatt͡ʃɨt͡ɕ]
erkundigen, s. ~ dowiadywać się/dowiedzieć się [dɔvʲadɨvat͡ɕ ɕɛ̃/dɔvʲɛd͡ʑɛt͡ɕ ɕɛ̃]
erlauben pozwalać/pozwolić [pɔzvalat͡ɕ/pɔzvolʲit͡ɕ]
Erlaubnis zezwolenie [zɛzvɔlɛɲɛ]
erledigen załatwiać/załatwić [zawatvʲat͡ɕ/zawatvʲit͡ɕ]
Ermäßigung zniżka [zɲiʃka]
ernst poważny [pɔvaʒnɨ]
Ernte żniwa [ʒɲiva]
Ersatz surogat [surɔgat]; *(Schaden~)* odszkodowanie [ɔtʃkɔdɔvaɲɛ]
erschöpft zmęczony [zmɛ̃t͡ʃonɨ], wycieńczony [vɨt͡ɕɛɲt͡ʃonɨ]
ersetzen zastępować/zastąpić [zastɛmpɔvat͡ɕ/zastɔmpʲit͡ɕ]; *(Unkosten)* zwrócić [zvrut͡ɕit͡ɕ]
erst *(zuerst)* najpierw [najpʲɛrf]; *(nicht früher als)* dopiero [dɔpʲɛrɔ]
Erwachsene(r) dorosł-a/y [dɔrɔsw-a/ɨ]
erwarten *(warten auf)* czekać na [t͡ʃɛkat͡ɕ na]; *(rechnen mit)* oczekiwać [ɔt͡ʃɛcivat͡ɕ]
erzählen opowiadać/opowiedzieć [ɔpɔvʲadat͡ɕ/ɔpɔvʲɛd͡ʑɛt͡ɕ]
essbar jadalny [jadalnɨ]
Essen jedzenie [jɛd͡zɛɲɛ]
essen jeść [jɛɕt͡ɕ]
etwa około [ɔkɔwɔ]
etwas coś [t͡sɔɕ]; *(ein wenig)* trochę [trɔxɛ̃]
euch *acc* was [vas]; *dat* wam [vam]
euer, eure wasz(a, e) [vaʃ(a, ɛ)]
Europa Europa [ɛwrɔpa]
Europäer/in Europejczyk [ɛwrɔpɛjt͡ʃɨk], Europejka [ɛwrɔpɛjka]
europäisch europejski [ɛwrɔpɛjsci]
extra ekstra [ɛkstra]

F

Fabrik fabryka [fabrɨka]
fahren jechać/jeździć [jɛxat͡ɕ/jɛʑd͡ʑit͡ɕ]
Fahrer kierowca [cɛrɔft͡sa]
Fahrgast pasażer [pasaʒɛr]
Fahrstuhl winda [vʲinda]
Fahrt jazda [jazda]
falls jeśli [jɛɕlʲi]
falsch *(unrichtig)* błędny [bwɛndnɨ]; *(betrügerisch)* fałszywy [fawʃɨvɨ]
Familie rodzina [rɔd͡ʑina]
fast prawie [pravʲɛ]
fehlen brakować [brakɔvat͡ɕ]
Fehler *(den man macht)* błąd [bwɔnt]; *(den man hat)* brak [brak]
feilschen targować się [targɔvat͡ɕ ɕɛ̃]
fein *(dünn, zart)* drobny [drɔbnɨ], delikatny [dɛlikatnɨ]
Feld pole [pɔlɛ]
Fels skała [skawa]
Ferien wakacje [vakat͡sjɛ]
Fest święto [ɕvʲɛntɔ]
fett tłusty [twustɨ]
feucht wilgotny [vʲilgɔtnɨ]
Feuer ogień [ɔɟɛɲ]
feuergefährlich łatwopalny [watvɔpalnɨ]
Feuerlöscher gaśnica [gaɕɲit͡sa]
Feuerwehr straż pożarna [straʃ pɔʒarna]
finden znaleźć [znalɛɕt͡ɕ]
Firma firma [fʲirma], zakład [zakwat]
Fisch ryba [rɨba]
flach płytki [pwɨtci]
Flasche butelka [butɛlka]
Fliege mucha [muxa]
fließen płynąć [pwɨnɔ̃t͡ɕ]
flüssig płynny [pwɨnnɨ]
folgen iść/pójść (za kimś) [iɕt͡ɕ/pujɕt͡ɕ (za cimɕ)]
Form forma [fɔrma]
Formular formularz [fɔrmulaʃ]
Frage pytanie [pɨtaɲɛ]

fragen pytać/spytać [pɨtat͡ɕ/spɨtat͡ɕ]
Frau pani [paɲi], kobieta [kɔbˌɛta]
Fräulein panna [panna]
frei wolny [vɔlnɨ]; *(kostenlos)* bezpłatny [bɛspwatnɨ]
fremd *(nicht eigen)* obcy [ɔpt͡sɨ]; *(ausländisch)* cudzoziemski [t͡sud͡zɔʑɛmsci]
Fremde, der/die ~ obcy/obca [ɔpt͡sɨ/opt͡sa]
Freude radość *f* [radɔɕt͡ɕ]
freuen, s. ~ auf cieszyć się na *(+ acc)* [t͡ɕɛʃɨt͡ɕ ɕɛ̃ na]; **s. ~ über** cieszyć się z *(+ gen)* [t͡ɕɛʃɨt͡ɕ ɕɛ̃ z]
Freund/in przyjaciel [pʃɨjat͡ɕɛl]/ przyjaciółka [pʃɨjat͡ɕuwka]
freundlich uprzejmy [upʃɛjmɨ]
frieren marznąć [marznɔɲt͡ɕ]
frisch świeży [ɕfˌɛʒɨ]
froh *(heiter)* wesoły [vɛsɔwɨ]; *(erfreut, zufrieden)* zadowolony [zadɔvɔlɔnɨ]
früher *adv (ehemals)* dawniej [davɲɛj]; *(eher)* wcześniej [ft͡ʃɛɕɲɛj]
frühstücken jeść śniadanie [jɛɕt͡ɕ ɕɲadaɲɛ]
fühlen czuć [t͡ʃut͡ɕ]
Führer *(Person, Buch)* przewodnik [pʃɛvɔdɲik]
füllen napełniać/napełnić [napɛwɲat͡ɕ/napɛwɲit͡ɕ]
Fundbüro biuro rzeczy znalezionych [bˌurɔ ʒɛt͡ʃɨ znalɛʑɔnɨx]
funktionieren funkcjonować [fuŋkt͡sjɔnɔvat͡ɕ]
für *(für jdn)* dla [dla]; *(für etwas)* na [na]
Fußgänger pieszy [pˌɛʃɨ]

G

ganz *adj* cały [t͡sawɨ]; *(vollständig)* całkowity [t͡sawkɔvˌitɨ]; *adv* całkiem [t͡sawcɛm]
Garten ogród [ɔgrut]
Gast gość [gɔɕt͡ɕ]
Gastfreundschaft gościnność *f* [gɔɕt͡ɕinnɔɕt͡ɕ]
Gastgeber/in gospodarz/gospodyni [gɔspɔdaʃ/gɔspɔdɨɲi]
Gebäude budynek [budɨnɛk]
geben dawać/dać [davat͡ɕ/dat͡ɕ]
gebräuchlich utarty [utartɨ], przyjęty [pʃɨjɛntɨ]
Gebühren opłaty [ɔpwatɨ]
Geburtstag urodziny *pl* [urɔd͡ʑinɨ]
Gefahr niebezpieczeństwo [ɲɛbɛspˌɛt͡ʃɛɲstfɔ]
gefährlich niebezpieczny [ɲɛbɛspˌɛt͡ʃnɨ]
Gefälligkeit uprzejmość *f* [upʃɛjmɔɕt͡ɕ]
Gefühl uczucie [ut͡ʃut͡ɕɛ]
gegen przeciw [pʃɛt͡ɕif]
Gegend okolica [ɔkɔlˌit͡sa]
Gegenstand przedmiot [pʃɛdmˌɔt]; *(Thema)* temat [tɛmat]
Gegenteil przeciwieństwo [pʃɛt͡ɕivˌɛɲstfɔ]; **im ~** wprost przeciwnie [fprɔst pʃɛt͡ɕivɲɛ]
gegenüber naprzeciw [napʃɛt͡ɕif], naprzeciwko [napʃɛt͡ɕifkɔ]
gehen iść [iɕt͡ɕ], pójść [pujɕt͡ɕ]
gehören należeć [nalɛʒɛt͡ɕ]
Gelände teren [tɛrɛn]
Geld pieniądze *pl* [pˌɛɲɔ̃d͡zɛ]
Geldbeutel portmonetka [pɔrtmɔnɛtka]
gelten mieć ważność [mˌɛt͡ɕ vaʒnɔɕt͡ɕ]
gemeinsam *adj* wspólny [fspulnɨ]; *adv* wspólnie [fspulɲɛ], razem [razɛm]
gemischt mieszany [mˌɛʃanɨ]
genau dokładny [dɔkwadnɨ]
genehmigen zezwalać/zezwolić [zɛzvalat͡ɕ/zɛzvɔlˌit͡ɕ]
genug dosyć [dɔsɨt͡ɕ], dość [dɔɕt͡ɕ]
geöffnet otwarty [ɔtfartɨ]
gerade prosty [prɔstɨ]; *(zeitlich)* akurat [akurat], w tej chwili [ftɛj xvˌilˌi]
Geräusch szmer [ʃmɛr]
Gericht *(Essen)* potrawa [pɔtrava]; *(Justiz)* sąd [sɔnt]

gern chętnie [xɛntɲɛ]
Geruch zapach [zapax]
geschehen zdarzyć się [zdaʒɨt͡ɕ ɕɛ̃]
Geschenk prezent [prɛzɛnt]
Geschichte historia [xʲistɔrʲja]
geschlossen zamknięty [zamkɲɛ̃tɨ]
Geschmack smak [smak]
Geschwindigkeit szybkość *f* [ʃɨpkɔɕt͡ɕ]
Gespräch rozmowa [rɔzmɔva]
gesund zdrowy [zdrɔvɨ]
Gewicht waga [vaga]
gewöhnlich zwyczajny [zvɨt͡ʃajnɨ]
gibt, es ~ jest/są [jɛst/sɔ̃]
Gift trucizna [trut͡ɕizna]
giftig trujący [trujɔnt͡sɨ]
glauben wierzyć [vʲɛʒɨt͡ɕ]; *(meinen)* sądzić [sɔɲd͡ʑit͡ɕ]
gleich równy [ruvnɨ]; *(identisch)* taki sam [taci sam]; *(sofort)* zaraz [zaras]
gleichzeitig równoczesny [ruvnɔt͡ʃɛsnɨ]
glücklich szczęśliwy [ʃt͡ʃɛ̃ɕlʲivɨ]
Gott Bóg [buk]
gratis za darmo [za darmɔ]
gratulieren gratulować [gratulɔvat͡ɕ]
groß duży [duʒɨ]; *fig* wielki [vʲɛlci]
Größe wielkość *f* [vʲɛlkɔɕt͡ɕ]; *(Kleidung)* rozmiar [rɔzmʲar]
Großmutter babka [bapka], babcia [bapt͡ɕa]
Großvater dziadek [d͡ʑadɛk]
Gruppe grupa [grupa]
gültig ważny [vaʒnɨ], aktualny [aktualnɨ]
gut *adj* dobry [dɔbrɨ]; *adv* dobrze [dɔbʒɛ]
Gutschein bon [bɔn], talon [talɔn]

H

haben mieć [mʲɛt͡ɕ]
halb pół [puw]
Hälfte połowa [pɔwɔva]
halt! stop! [stɔp]
halten trzymać [tʃɨmat͡ɕ]; *(stehen bleiben)* zatrzymywać się/zatrzymać się [zatʃɨmɨvat͡ɕ ɕɛ̃/zatʃɨmat͡ɕ ɕɛ̃]
handgemacht praca ręczna [prat͡sa rɛnt͡ʃna]
hart twardy [tfardɨ]
hauptsächlich *adv* głównie [gwuvɲɛ], przede wszystkim [pʃɛdɛ fʃɨstcim]
Hauptstadt stolica [stɔlʲit͡sa]
Haus dom [dɔm]
heben podnosić/podnieść [pɔdnɔɕit͡ɕ/pɔdɲɛɕt͡ɕ]
heilig święty [ɕvʲɛntɨ]
Heimat ojczyzna [ɔjt͡ʃɨzna]
Heimreise podróż do domu [pɔdruʃ dɔ dɔmu]
heiß gorący [gɔrɔnt͡sɨ]
heißen nazywać się [nazɨvat͡ɕ ɕɛ̃]; *(bedeuten)* znaczyć [znat͡ʃɨt͡ɕ]
heizen palić [palʲit͡ɕ], grzać [gʒat͡ɕ]
helfen, jdm ~ pomagać/pomóc komuś [pɔmagat͡ɕ/pɔmut͡s kɔmuɕ]
hell jasny [jasnɨ]
herausgeben *(Geld)* wydawać/wydać [vɨdavat͡ɕ/vɨdat͡ɕ]
herein! proszę wejść! [prɔʃɛ̃ vɛjɕt͡ɕ]
hereinkommen wejść [vɛjɕt͡ɕ], wchodzić [fxɔd͡ʑit͡ɕ]
Herr pan [pan]
herrlich wspaniały [fspaɲawɨ]
hier tu [tu], tutaj [tutaj]
Hilfe pomoc *f* [pɔmɔt͡s]; **erste ~** pierwsza pomoc [pʲɛrfʃa pɔmɔt͡s]; **~ !** ratunku! [ratunku]
Himmel niebo [ɲɛbɔ]
hinlegen kłaść/położyć [kwaɕt͡ɕ/pɔwɔʒɨt͡ɕ]
hinten z tyłu [s tɨwu], w tyle [ftɨlɛ]
hinter za [za]
hinterlegen składać/złożyć [skwadat͡ɕ/zwɔʒɨt͡ɕ]
hoch wysoki [vɨsɔci]
höchstens najwyżej [najvɨʒɛj]
Hochzeit wesele [vɛsɛlɛ]
Hof podwórze [pɔdvuʒɛ]
hoffen mieć nadzieję [mʲɛt͡ɕ nad͡ʑɛjɛ̃]
höflich grzeczny [gʒɛt͡ʃnɨ]

Höhe wysokość *f* [vɨsɔkɔɕt͡ɕ]
holen *(etwas)* przynosić/przynieść [pʃɨnɔɕit͡ɕ/pʃɨɲɛɕt͡ɕ]; *(jdn)* przyprowadzać/przyprowadzić [pʃɨprɔvad͡zat͡ɕ/pʃɨprɔvad͡ʑit͡ɕ]
Holz drzewo [d͡ʒɛvɔ], drewno [drɛvnɔ]
hören słuchać [swuxat͡ɕ], słyszeć [swɨʃɛt͡ɕ]
hübsch ładny [wadnɨ]
Hügel wzgórze [vzguʒɛ]
Hund pies [pʲɛs]
hungrig głodny [gwɔdnɨ]

I

ich ja [ja]
Idee idea [idɛa], pomysł [pɔmɨsw]
ihr *pers prn* wy [vɨ]; *poss prn f* jej [jɛj]; *poss prn pl* ich [ix]
Imbiss imbis [imbʲis]
immer zawsze [zafʃɛ]
in *(Frage: wo?)* w + *loc* [v]; *(Frage: wohin?)* do + *gen* [dɔ]
informieren informować [infɔrmɔvat͡ɕ]
innen w środku [f ɕrɔtku]
Insekt insekt [insɛkt]
Insel wyspa [vɨspa]
interessant ciekawy [t͡ɕɛkavɨ], interesujący [intɛrɛsujɔnt͡sɨ]
interessieren, s. ~ (für) interesować się (czymś, kimś) [intɛrɛsɔvat͡ɕ ɕɛ̃ (t͡ʃɨmɕ, cimɕ)]
international międzynarodowy [mʲɛnd͡zɨnarɔdɔvɨ]

J

Jahr rok [rɔk]
Jahreszeit pora roku [pɔra rɔku]
jährlich *adv* rocznie [rɔt͡ʃɲɛ]
jede(r, -s) każd-a/y/e [kaʒd-a/ɨ/ɛ]
jemand ktoś [ktɔɕ]
jene(r, -s) tamten (tamta, tamto) [tamtɛn (tamta, tamtɔ)]
jetzt teraz [tɛras]
jung młody [mwɔdɨ]
Junge chłopiec [xwɔpʲɛt͡s]

K

kalt zimny [ʑimnɨ]
kaputt zepsuty [zɛpsutɨ]
Karpaten Karpaty [karpatɨ]
Katze kot [kɔt]
kaufen kupować/kupić [kupɔvat͡ɕ/kupʲit͡ɕ]
Kaution kaucja [kawt͡sja]
kein żaden [ʒadɛn]
keine(r, -s) żadna (żaden, żadne) [ʒadna (ʒadɛn, ʒadnɛ)]
kennen znać [znat͡ɕ]
kennen lernen poznać [pɔznat͡ɕ]
Kind dziecko [d͡ʑɛt͡skɔ]
klar czysty [t͡ʃɨstɨ], jasny [jasnɨ]; *(deutlich)* wyraźny [vɨraʑnɨ]
klein mały [mawɨ]
Klima klimat [klʲimat]
klug mądry [mɔndrɨ]
Koffer walizka [valʲiska]
kommen przychodzić/przyjść [pʃɨxɔd͡ʑit͡ɕ/pʃɨjɕt͡ɕ]
Kompass kompas [kɔmpas]
können móc [mut͡s]; *(gelernt haben)* umieć [umʲɛt͡ɕ]
Konsulat konsulat [kɔnsulat]
Kontakt kontakt [kɔntakt]
kontrollieren kontrolować [kɔntrɔlɔvat͡ɕ]
Körper ciało [t͡ɕawɔ]
kosten kosztować [kɔʃtɔvat͡ɕ]
kostenlos za darmo [za darmɔ]
krank chory [xɔrɨ]
Krankenwagen karetka pogotowia [karɛtka pɔgɔtɔvʲa]
kritisieren krytykować [krɨtɨkɔvat͡ɕ]
kühl chłodny [xwɔdnɨ]
Kummer zmartwienie [zmartvʲɛɲɛ]
kümmern, s. ~ um troszczyć się o [trɔʃt͡ʃɨt͡ɕ ɕɛ̃ ɔ]
Kuss pocałunek [pɔt͡sawunɛk]
küssen całować [t͡sawɔvat͡ɕ]
Küste wybrzeże [vɨbʒɛʒɛ]

L

lachen śmiać się [ɕmʲat͡ɕ ɕɛ̃]
Lage położenie [pɔwɔʒɛɲɛ]
Lampe lampa [lampa]
Land kraj [kraj]
lang długi [dwuɟi]
Länge długość *f* [dwugɔɕt͡ɕ]
langsam *adj* powolny [pɔvɔlnɨ]; *adv* powoli [pɔvɔlʲi]
langweilig nudny [nudnɨ]
Lärm hałas [xawas]
lästig uciążliwy [ut͡ɕɔ̃ʒlʲivɨ]
laufen biegać [bʲɛgat͡ɕ], biec [bʲɛt͡s]
laut głośny [gwɔɕnɨ]
Leben życie [ʒɨt͡ɕɛ]
leben żyć [ʒɨt͡ɕ]
lebhaft żywy [ʒɨvɨ]; *(Diskussion)* ożywiony [ɔʒɨvʲɔnɨ]
leer pusty [pustɨ]
legen położyć [pɔwɔʒɨt͡ɕ]
leicht lekki [lɛkci]
leider niestety [ɲɛstɛtɨ]
leihen pożyczać/pożyczyć [pɔʒɨt͡ʃat͡ɕ/pɔʒɨt͡ʃɨt͡ɕ]
leise *adv* cicho [t͡ɕixɔ]
Leiter/in kierowni-k/czka [cɛrɔvɲi-k/t͡ʃka]
lernen uczyć się [ut͡ʃɨt͡ɕ ɕɛ̃]
lesen czytać [t͡ʃɨtat͡ɕ]
letzte(r, -s) ostatn-ia/i/ie [ɔstatɲ-a/i/ɛ]
Leute ludzie [lud͡ʑɛ]
Licht światło [ɕvʲatwɔ]
lieb kochany [kɔxanɨ], miły [mʲiwɨ]
Liebe miłość *f* [mʲiwɔɕt͡ɕ]
lieben kochać [kɔxat͡ɕ]
liebenswürdig uprzejmy [upʃɛjmɨ]
lieber raczej [rat͡ʃɛj], lepiej [lɛpʲɛj]; **etwas ~ mögen/tun** woleć [vɔlɛt͡ɕ]
Liebling ulubieniec [ulubʲɛɲɛt͡s]; *(Anrede)* kochanie [kɔxaɲɛ]
Lied piosenka [pʲɔsɛnka]
liegen leżeć [lɛʒɛt͡ɕ]
Linie linia [lʲiɲa]
linke(r, -s) lew-a/y/e [lɛv-a/ɨ/ɛ]
links na lewo [na lɛvɔ]
Luft powietrze [pɔvʲɛtʃɛ]
Lust ochota [ɔxɔta]
lustig *(fröhlich)* wesoły [vɛsɔwɨ]; *(erheiternd)* śmieszny [ɕmʲɛʃnɨ]
luxuriös luksusowy [luksusɔvɨ]

M

machen robić [rɔbʲit͡ɕ]
Mädchen dziewczyn(k)a [d͡ʑɛft͡ʃɨn(k)a]
Mahlzeit posiłek [pɔɕiwɛk]
Mann mężczyzna [mɛ̃ʃt͡ʃɨzna]; *(Ehe~)* mąż [mɔ̃ʃ]
männlich męski [mɛ̃sci]
Maschine maszyna [maʃɨna]
Material materiał [matɛrʲjaw]
Meer morze [mɔʒɛ]
mehr więcej [vʲɛnt͡sɛj]
mein(e) mój, moja, moje [muj, mɔja, mɔjɛ]
meinen sądzić [sɔɲd͡ʑit͡ɕ], myśleć [mɨɕlɛt͡ɕ]; *(sagen)* powiedzieć [pɔvʲɛd͡ʑɛt͡ɕ]
Meinung zdanie [zdaɲɛ], pogląd [pɔglɔnt], opinia [ɔpʲiɲa]
melden meldować/zameldować [mɛldɔvat͡ɕ/zamɛldɔvat͡ɕ]
Menge ilość *f* [ilɔɕt͡ɕ]
Mensch człowiek [t͡ʃwɔvʲɛk]
Messe *(Ausstellung)* targi *pl* [tarɟi]; *(rel)* msza [mʃa]
mich *(Akk von ich)* mnie [mɲɛ]; *(bei reflexiven Verben)* się [ɕɛ̃]
mieten wynajmować/wynająć [vɨnajmɔvat͡ɕ/vɨnajɔnt͡ɕ]
mild łagodny [wagɔdnɨ]
mindestens co najmniej [t͡sɔ najmɲɛj], przynajmniej [pʃɨnajmɲɛj]
Minute minuta [mʲinuta]
mir mnie [mɲɛ], *(Kurzform nach den Verben)* mi [mʲi]
Missverständnis nieporozumienie [ɲɛpɔrɔzumʲɛɲɛ]
mit z + *Instr* [z]
mitbringen *(etwas)* przynosić/przynieść [pʃɨnɔɕit͡ɕ/pʃɨɲɛɕt͡ɕ], *(jmdn)* przyprowadzać/przyprowad-

zić [pʃɨprɔvad͡zat͡ɕ/pʃɨprɔvad͡ʑit͡ɕ]
mitnehmen zabierać ze sobą/zabrać ze sobą [zabˌɛrat͡ɕ zɛ sɔbɔ̃/zabrat͡ɕ zɛ sɔbɔ̃], brać/wziąć [brat͡ɕ/vʒɔɲt͡ɕ]
Mittag południe [pɔwudɲɛ]
Mitte środek [ɕrɔdɛk]
Mittel środek [ɕrɔdɛk]; *(med)* lekarstwo [lɛkarstfɔ]
Möbel mebel [mɛbɛl]
modern nowoczesny [mɔvɔt͡ʃɛsnɨ]; *(modisch)* modny [mɔdnɨ]
mögen *(gern haben)* lubić [lubˌit͡ɕ]; *(wollen)* chcieć [xt͡ɕɛt͡ɕ]; **ich möchte** chciałbym *m* [xt͡ɕawbɨm], chciałabym *f* [xt͡ɕawabɨm]
möglich możliwy [mɔʒlˌivɨ]
Mole molo [mɔlɔ]
Monat miesiąc [mˌɛɕɔnt͡s]
monatlich *adj* miesięczny [mˌɛɕɛnt͡ʃnɨ]; *adv* miesięcznie [mˌɛɕɛnt͡ʃɲɛ]
Mond księżyc [kɕɛ̃ʒɨt͡s]
Morgen poranek [pɔranɛk], rano [ranɔ]
Mücke komar [kɔmar]
müde zmęczony [zmɛ̃t͡ʃɔnɨ]
Müll śmieci *pl* [ɕmˌɛt͡ɕi], odpady *pl* [ɔtpadɨ]
Mülltonne pojemnik na śmieci [pɔjɛmɲik na ɕmˌɛt͡ɕi]
Mündung ujście [ujɕt͡ɕɛ]
Musik muzyka [muzɨka]
müssen musieć [muɕɛt͡ɕ]
Mutter matka [matka], mama [mama]

N

nach *(zeitlich)* po [pɔ]; *(wohin)* do [dɔ]; *(gemäß)* według [vɛdwuk]
Nachbar/in sąsiad/ka [sɔ̃ɕat/ka]
Nachmittag popołudnie [pɔpɔwudɲɛ]
Nachricht wiadomość *f* [vˌjadɔmɔɕt͡ɕ]
nächste(r, -s) następny (-a, -e) [nastɛmpnɨ]; *(nächstgelegen)* najbliższy [najblˌiʃʃɨ]
Nacht noc *f* [nɔt͡s]
nahe *adj* niedaleki [ɲɛdalɛci], bliski [blˌisci]; *adv* niedaleko [ɲɛdalɛkɔ], blisko [blˌiskɔ]
Name *(Vor~)* imię [imˌɛ̃]; *(Nach~)* nazwisko [nazvˌiskɔ]; *(Benennung)* nazwa [nazva]
nass mokry [mɔkrɨ], wilgotny [vˌilgɔtnɨ]
Natur natura [natura]
natürlich *adj* naturalny [naturalnɨ]; *adv* naturalnie [naturalɲɛ]
neben obok [ɔbɔk]; *(außer)* poza [pɔza]
nehmen brać/wziąć [brat͡ɕ/vʑɔɲt͡ɕ]
nervös nerwowy [nɛrvɔvɨ]
nett *adj* miły [mˌiwɨ]; *adv* miło [mˌiwɔ]
neu nowy [nɔvɨ]
neugierig ciekawy [t͡ɕɛkavɨ]
Neuigkeit nowina [nɔvˌina]
nicht nie [ɲɛ]
nichts nic [ɲit͡s]
nie nigdy [ɲigdɨ]
nieder, niedrig niski [ɲisci]
niemand nikt [ɲikt]
nirgends nigdzie [ɲigd͡ʑɛ]
noch jeszcze [jɛʃt͡ʃɛ]
Nonne zakonnica [zakɔnɲit͡sa]
Norden północ *f* [puwnɔt͡s]
nördlich von na północ od [na puwnɔt͡s ɔt]
normal normalny [nɔrmalnɨ]
normalerweise normalnie [nɔrmalɲɛ], zwykle [zvɨklɛ]
Notfall, im ~ w razie potrzeby [v raʑɛ pɔtʃɛbɨ]
notwendig konieczny [kɔɲɛt͡ʃnɨ]
nüchtern *(nicht betrunken)* trzeźwy [tʃɛʑvɨ]
Nummer numer [numɛr]
nur tylko [tɨlkɔ]

O

ob czy [t͡ʃɨ]
oben na górze [na guʒɛ]
obwohl chociaż [xɔt͡ɕaʃ]
oder albo [albɔ]
offen otwarty [ɔtfartɨ]
öffentlich publiczny [publ,it͡ʃnɨ]
offiziell oficjalny [ɔf,it͡sjalnɨ]
öffnen otwierać/otworzyć [ɔtf,jɛrat͡ɕ/ ɔtfɔʒɨt͡ɕ]
Öffnungszeiten godziny *pl* otwarcia [gɔd͡ʑinɨ ɔtfart͡ɕa]
oft często [t͡ʃɛ̃stɔ]
ohne bez [bɛs]
Ort miejsce [m,ɛjst͡sɛ]; *(Ortschaft)* miejscowość *f* [m,ɛjst͡sɔvɔɕt͡ɕ]
Osten wschód [fsxut]
Österreich Austria [awstr,ja]
Österreicher/in Austriak/ Austriaczka [awstr,jak/awstr,jat͡ʃka]

P

paar, ein ~ kilka [cilka]
Park park [park]
parken parkować/zaparkować [parkɔvat͡ɕ/zaparkɔvat͡ɕ]
passen pasować [pasɔvat͡ɕ]
Pauschale ryczałt [rɨt͡ʃawt]
Person osoba [ɔsɔba]
Pfand fant [fant], zastaw [zastaf]
Pflanze roślina [rɔɕl,ina]
Platz miejsce [m,ɛjst͡sɛ]; *(in Stadt)* plac [plat͡s]
plötzlich *adj* nagły [nagwɨ]; *adv* nagle [naglɛ]
Pole Polak [pɔlak]
Polen Polska [pɔlska]
Polin Polka [pɔlka]
polnisch polski [pɔlsci]
Pommern Pomorze [pɔmɔʒɛ]
praktisch praktyczny [praktɨt͡ʃnɨ]
Preis cena [t͡sɛna]
Priester ksiądz [kɕɔnt͡s], duchowny [duxɔvnɨ]
privat prywatny [prɨvatnɨ]
pro za [za]
Produkt produkt [prɔdukt]
Programm program [prɔgram]
provisorisch prowizoryczny [prɔv,izɔrɨt͡ʃnɨ]
prüfen *(Rechnung)* sprawdzać/sprawdzić [spravd͡zat͡ɕ/spravd͡ʑit͡ɕ]
Publikum publiczność *f* [publ,it͡ʃnɔɕt͡ɕ]
pünktlich *adj* punktualny [punktualnɨ]; *adv* punktualnie [punktualɲɛ]
putzen sprzątać/posprzątać [spʃɔntat͡ɕ/pɔspʃɔntat͡ɕ]

Q

Qualität jakość *f* [jakɔɕtɕ]
Quittung kwit [kf,it], pokwitowanie [pɔkf,itɔvaɲɛ]

R

Rabatt rabat [rabat]
Rasen trawnik [travɲik]
raten radzić/poradzić [rad͡ʑit͡ɕ/ pɔrad͡ʑit͡ɕ]; *(Rätsel)* rozwiązywać/ rozwiązać [rɔzv,jɔ̃zɨvat͡ɕ/rɔzv,jɔ̃zat͡ɕ]
rauchen dymić [dɨm,itɕ]; *(Zigaretten)* palić [pal,it͡ɕ]
Rechnung rachunek [raxunɛk]
Recht prawo [pravɔ]
Recht haben mieć rację [m,jɛt͡ɕ rat͡sjɛ̃]
rechte(r, -s) prawy, prawa, prawe [pravɨ, prava, pravɛ]
rechts na prawo [na pravɔ], w prawo [f pravɔ]
rechtzeitig w porę [f pɔrɛ̃], na czas [na t͡ʃas]
regelmäßig *adj* regularny [rɛgularnɨ]; *adv* regularnie [rɛgularɲɛ]
Regierung rząd [ʒɔnt]
reich bogaty [bɔgatɨ]
reichen sięgać [ɕɛ̃gat͡ɕ]; *(genügen)* wystarczać/wystarczyć [vɨstart͡ʃat͡ɕ/ vɨstart͡ʃɨt͡ɕ]
reinigen czyścić/oczyścić [t͡ʃɨɕt͡ɕit͡ɕ/ ɔt͡ʃɨɕt͡ɕit͡ɕ]

Reise podróż *f* [pɔdruʃ]
Reisebüro biuro podróży [bʲurɔ pɔdruʒɨ]
Reiseführer przewodnik [pʃɛvɔdɲik]
Reisegesellschaft uczestnicy *pl* wycieczki [ut͡ʃɛstɲit͡sɨ vɨt͡ɕɛt͡ʃci], *(fam)* wycieczka [vɨt͡ɕɛt͡ʃka]
reisen podróżować [pɔdruʒɔvat͡ɕ]
Reisende, der/die ~ podróżny *m* [pɔdruʒnɨ], podróżna *f* [pɔdruʒna], pasażer *m* [pasaʒɛr], pasażerka *f* [pasaʒɛrka]
reklamieren reklamować/ zareklamować [rɛklamɔvat͡ɕ/ zarɛklamɔvat͡ɕ]
rennen biec [bʲjɛt͡s]
reparieren naprawiać/naprawić [napravʲjat͡ɕ/napravʲit͡ɕ], reperować/ zreperować [rɛpɛrɔvat͡ɕ/zrɛpɛrɔvat͡ɕ]
reservieren rezerwować/ zarezerwować [rɛzɛrvɔvat͡ɕ/ zarɛzɛrvɔvat͡ɕ]
richtig *adj* prawidłowy [pravʲidwɔvɨ], odpowiedni [ɔtpɔvʲɛdɲi]; *adv* prawidłowo [pravʲidwɔvɔ], odpowiednio [ɔtpɔvʲɛdɲɔ]
Richtung kierunek [cɛrunɛk]
Riesengebirge Karkonosze *pl* [karkɔnɔʃɛ]
Risiko ryzyko [rɨzɨkɔ]
Route trasa [trasa]
Rückfahrt powrót [pɔvrut], podróż powrotna [pɔdruʃ pɔvrɔtna]
Rucksack plecak [plɛt͡sak]
rückwärts *adv* wstecz [fstɛt͡ʃ]
rufen wołać/zawołać [vɔwat͡ɕ/ zavɔwat͡ɕ]
Ruhe *(Stille)* cisza [t͡ɕiʃa]; *(Erholung)* odpoczynek [ɔtpɔt͡ʃɨnɛk]
ruhig spokojny [spɔkɔjnɨ], cichy [t͡ɕixɨ]
rund *adj* okrągły [ɔkrɔ̃gwɨ]; *adv* około [ɔkɔwɔ]

S

Sache rzecz [ʒɛt͡ʃ]; *(Angelegenheit)* sprawa [sprava]; *(Frage, Thema)* problem [prɔblɛm]
sagen mówić/powiedzieć [muvʲit͡ɕ/ pɔvʲɛd͡ʑɛt͡ɕ]
satt najedzony [najɛd͡zɔnɨ], syty [sɨtɨ]
Satz zdanie [zdaɲɛ]
sauber czysty [t͡ʃɨstɨ]
schade, es ist ~ szkoda [ʃkɔda]
Schaden szkoda [ʃkɔda], uszkodzenie [uʃkɔd͡zɛɲɛ]
schädlich szkodliwy [ʃkɔdlʲivɨ]
Schatten cień [t͡ɕɛɲ]
schauen patrzeć [patʃɛt͡ɕ]
schenken podarować [pɔdarɔvat͡ɕ], *(fam)* dać [dat͡ɕ]
schicken posyłać/posłać [pɔsɨwat͡ɕ/ pɔswat͡ɕ]
Schild *(Hinweis~)* szyld [ʃɨlt], tablica [tablʲit͡sa], wywieszka [vɨvʲjɛʃka]
schlafen spać [spat͡ɕ]
schlank szczupły [ʃt͡ʃupwɨ]
schlau przebiegły [pʃɛbʲjɛgwɨ]
schlecht *adj* zły [zwɨ]; *adv* źle [ʑlɛ], niedobrze [ɲɛdɔbʒɛ]
schließen zamykać/zamknąć [zamɨkat͡ɕ/zamknɔɲt͡ɕ]
schlimm *adj* zły [zwɨ]; *adv* źle [ʑlɛ]
Schloss *(an Tür; Bau)* zamek [zamɛk]
schmal wąski [vɔ̃sci]
schmecken smakować [smakɔvat͡ɕ]
schmerzen boleć [bɔlɛt͡ɕ], sprawiać ból [spravʲjat͡ɕ bul]
schmutzig brudny [brudnɨ]
schnarchen chrapać [xrapat͡ɕ]
schneiden ciąć [t͡ɕɔɲt͡ɕ], kroić [krɔit͡ɕ]
schnell szybki [ʃɨpci]
schon już [juʃ]
schön ładny [wadnɨ], piękny [pʲɛŋknɨ]
schrecklich straszny [straʃnɨ], okropny [ɔkrɔpnɨ]
schreiben pisać/napisać [pʲisat͡ɕ/ napʲisat͡ɕ]
schreien krzyczeć/krzyknąć [kʃɨt͡ʃɛt͡ɕ/ kʃɨknɔɲt͡ɕ]
schriftlich pisemny [pʲisɛmnɨ]

Schuld wina [vˌina]; *(Finanzen)* dług [dwuk]
schulden być dłużnym [bɨt͡ɕ dwuʒnɨm]
Schule szkoła [ʃkɔwa]
schwach słaby [swabɨ]
Schweiz Szwajcaria [ʃfajt͡sarˌja]
Schweizer/in Szwajcar/ka [ʃfajt͡sar/ka]
schwer ciężki [t͡ɕɛ̃ʃci]; *(schwierig)* trudny [trudnɨ]
Schwester siostra [ɕɔstra]
schwierig trudny [trudnɨ]
schwimmen pływać [pwɨvat͡ɕ]
sehen widzieć/zobaczyć [vˌid͡ʑɛt͡ɕ/zɔbat͡ʃɨt͡ɕ]
sehr bardzo [bard͡zɔ]
Seil lina [lˌina]
sein być [bɨt͡ɕ]
seit od [ɔt]
Seite strona [strɔna]
Sekunde sekunda [sɛkunda]
selbst sam [sam]
Selbstbedienung samoobsługa [samɔɔpswuga]
selten rzadki [ʒatci]
servieren podawać/podać [pɔdavat͡ɕ/pɔdat͡ɕ]
setzen sadzać/posadzić [sad͡zat͡ɕ/pɔsad͡ʑit͡ɕ]; **s.** ~ siadać/usiąść [ɕadat͡ɕ/uɕɔ̃ɕt͡ɕ]
Sex seks [sɛks]
sicher bezpieczny [bɛspˌjɛt͡ʃnɨ]; *(gewiss, zuverlässig)* pewny [pɛvnɨ]; *adv* na pewno [na pɛvnɔ]
Sicherheit bezpieczeństwo [bɛspˌjɛt͡ʃɛɲstfɔ]
Sicherung zabezpieczenie [zabɛspˌjɛt͡ʃɛɲɛ]; *(Schutz)* ochrona [ɔxrɔna]; *(elek)* bezpiecznik [bɛspˌjɛt͡ʃɲik]
Sicht widoczność *f* [vˌidɔt͡ʃnɔɕt͡ɕ]; *(Aus~)* widok [vˌidɔk]
sie *(3. Person sg)* ona [ɔna]; *(3. Person pl)* oni/one [ɔɲi/ɔnɛ]
Sie *(Herr)* pan [pan]; *(Frau)* pani [paɲi]; *(Herrschaften)* państwo [paɲstfɔ]
Signal sygnał [sɨgnaw]
singen śpiewać/zaśpiewać [ɕpˌjɛvat͡ɕ/zaɕpˌjɛvat͡ɕ]
Sitz *(Platz, ~fläche)* miejsce [mˌjɛjst͡sɛ], siedzenie [ɕɛd͡zɛɲɛ]; *(Ort)* siedziba [ɕɛd͡ʑiba]
so *(auf diese Weise)* tak [tak]; *(vor Adjektiv)* taki [taci]
sofort natychmiast [natɨxmˌjast]
Sohn syn [sɨn]
sollen mieć [mˌjɛt͡ɕ]; *(Verpflichtung)* powinien *m*, powinna *f*, powinno *n* [pɔvˌiɲɛn, pɔvˌinna, pɔvˌinnɔ]
Sonder... specjalny [spɛt͡sjalnɨ]
sorgen, sich ~ um martwić się o [martfˌit͡ɕ ɕɛ̃ ɔ]
Sorte rodzaj [rɔd͡zaj]
Spaß żart [ʒart]; *(Freude)* przyjemność *f* [pʃɨjɛmnɔɕt͡ɕ]
Spaziergang spacer [spat͡sɛr], przechadzka [pʃɛxat͡ska]
Spitze czubek [t͡ʃubɛk]; *(Berg~)* szczyt [ʃt͡ʃɨt]; *(erster Platz)* czoło [t͡ʃɔwɔ]; *(Gewebe)* koronka [kɔrɔnka]
Sport sport [spɔrt]
Sprache język [jɛ̃zɨk]; *(das Sprechen)* mowa [mɔva]
sprechen mówić/powiedzieć [muvˌit͡ɕ/pɔvˌjɛd͡ʑɛt͡ɕ]; *(Worte wechseln)* rozmawiać/porozmawiać [rɔzmavˌjat͡ɕ/pɔrɔzmavˌjat͡ɕ]
Staat państwo [paɲstfɔ]
Stadt miasto [mˌjastɔ]
Stadtplan plan miasta [plan mˌjasta]
Stadtteil dzielnica [d͡ʑɛlɲit͡sa]
stark silny [ɕilnɨ], mocny [mɔt͡snɨ]
statt zamiast [zamˌjast]
stattfinden odbywać się/odbyć się [ɔdbɨvat͡ɕ ɕɛ̃/ɔdbɨt͡ɕ ɕɛ̃]
Staub kurz [kuʃ]
stechen *(mit Nadel)* kłuć/ukłuć [kwut͡ɕ/ukwut͡ɕ]; *(mit Finger)* wtykać/wetknąć [ftɨkat͡ɕ/vɛtknɔɲt͡ɕ]; *(Mücke)* kąsić/ukąsić [kɔ̃ɕit͡ɕ/ukɔ̃ɕit͡ɕ]; *(Sonne)* przypiekać/przypiec [pʃɨpˌjɛkat͡ɕ/pʃɨpˌjɛt͡s]

stehen stać [stat͡ɕ]; *(sich befinden)* znajdować się [znajdɔvat͡ɕ ɕɛ̃]
stehen bleiben stawać/stanąć [stavat͡ɕ/stanɔɲt͡ɕ]
stehlen kraść/ukraść [kraɕt͡ɕ/ ukraɕt͡ɕ]
steil stromy [strɔmɨ], spadzisty [spad͡ʑistɨ]
Stein kamień [kamˌjɛɲ]
Stelle *(Ort)* miejsce [mˌjɛjst͡sɛ]; *(Arbeit)* stanowisko [stanɔvˌiskɔ], posada [pɔsada]
stellen stawiać/postawić [stavˌjat͡ɕ/ pɔstavˌit͡ɕ]
sterben umierać/umrzeć [umˌjɛrat͡ɕ/ umʒɛt͡ɕ]
Stern gwiazda [gvˌjazda]
still cichy [t͡ɕixɨ], spokojny [spɔkɔjnɨ]
stimmen zgadzać się [zgad͡zat͡ɕ ɕɛ̃]
stinken śmierdzieć [ɕmˌjɛrd͡ʑɛt͡ɕ]
Stockwerk piętro [pˌɛntrɔ]
stören przeszkadzać/przeszkodzić [pʃɛʃkad͡zat͡ɕ/pʃɛʃkɔd͡ʑit͡ɕ]
Strafe kara [kara]
Strand brzeg [bʒɛk]; *(mit Sand)* plaża [plaʒa]
Straße ulica [ulˌit͡sa]; *(Land~)* droga [drɔga]
Strauß *(Blumen~)* bukiet [bucɛt]
Strecke odcinek [ɔtt͡ɕinɛk]; *(Entfernung)* odległość [ɔdlɛgwɔɕt͡ɕ]; *(Bahn~)* trasa [trasa]
Streichholz zapałka [zapawka]
Strom *(Fluss)* rzeka [ʒɛka]; *(elek)* prąd [prɔnt]
Strömung prąd [prɔnt]
Stück sztuka [ʃtuka]; *(Teil)* kawałek [kavawɛk]
studieren studiować [studˌjɔvat͡ɕ]
Stuhl krzesło [kʃɛswɔ]
Stunde godzina [gɔd͡ʑina]
stürzen *(hinfallen)* upadać/upaść [upadat͡ɕ/upaɕt͡ɕ]; *(von etw fallen)* spadać/spaść [spadat͡ɕ/spaɕt͡ɕ]
suchen szukać/poszukać [ʃukat͡ɕ/ pɔʃukat͡ɕ]
Süden południe [pɔwudɲɛ]
südlich von na południe od [na pɔwudɲɛ ɔt]
Summe suma [suma]
süß słodki [swɔtci]
sympathisch sympatyczny [sɨmpatɨt͡ʃnɨ]

T

Tabak tytoń [tɨtɔɲ]
Tag dzień [d͡ʑɛɲ]
tanken tankować/zatankować [tankɔvat͡ɕ/zatankɔvat͡ɕ]
Tanz taniec [taɲɛt͡s]
tauschen wymieniać/wymienić [vɨmˌɛɲat͡ɕ/vɨmˌɛɲit͡ɕ], zamieniać/ zamienić [zamˌjɛɲat͡ɕ/zamˌjɛɲɨt͡ɕ]
täuschen, s. ~ zawodzić się/ zawieść się [zavɔd͡ʑit͡ɕ ɕɛ̃/zavˌjɛɕt͡ɕ ɕɛ̃]
Teil część *f* [t͡ʃɛ̃ɕt͡ɕ]; *(An~)* udział [ud͡ʑaw]; *(Bestand~)* składnik [skwadɲik]
teilnehmen (an) brać udział/ wziąć udział (w czymś) [brat͡ɕ ud͡ʑaw/vʑɔɲt͡ɕ ud͡ʑaw (f t͡ʃɨmɕ)]
telefonieren telefonować/zatelefonować [tɛlɛfɔnɔvat͡ɕ/zatɛlɛfɔnɔvat͡ɕ], dzwonić/zadzwonić [d͡zvɔɲit͡ɕ/ zadzwɔɲit͡ɕ]
Termin termin [tɛrmˌin]; *(Arzt~)* wizyta [vˌizɨta]
teuer drogi [drɔɟi]
tief głęboki [gwɛmbɔci]; *(niedrig)* niski [ɲisci]
Tier zwierzę [zwˌjɛʒɛ̃]
Tipp rada [rada]
Tisch stół [stuw]
Tochter córka [t͡surka]
Tod śmierć *f* [ɕmˌjɛrt͡ɕ]
tot umarły [umarwɨ], nieżywy [ɲɛʒɨvɨ]
Tour *(Ausflug)* wycieczka [vɨt͡ɕɛt͡ʃka]
Tourist/in turysta/turystka [turɨsta/ turɨstka]
Tracht strój [struj]
traurig smutny [smutnɨ]
treffen trafiać/trafić [trafˌjat͡ɕ/

traf,itɕ͡]; *(begegnen)* spotykać/spotkać [spɔtɨkat͡ɕ/spɔtkat͡ɕ]
trennen *(nicht zusammenkommen lassen)* rozdzielać/rozdzielić [rɔzd͡ʑɛlat͡ɕ/rɔzd͡ʑɛl,it͡ɕ]; *(abtrennen)* oddzielać/oddzielić [ɔdd͡ʑɛlat͡ɕ/ɔdd͡ʑɛl,it͡ɕ]
Treppe schody *pl* [sxɔdɨ]
treu wierny [v,jɛrnɨ]
trinken pić [p,it͡ɕ]
trocken suchy [suxɨ]
trocknen *(trans)* suszyć/wysuszyć [suʃɨt͡ɕ/ vɨsuʃɨt͡ɕ]; *(intr)* schnąć/wyschnąć [sxnɔɲt͡ɕ/vɨsxnɔɲt͡ɕ]
trotzdem mimo to [m,imɔ tɔ], pomimo to [pɔm,imɔ tɔ]
tun robić/zrobić [rɔb,it͡ɕ/zrɔb,it͡ɕ]
Tunnel tunel [tunɛl]
Tür drzwi *pl* [dʒv,i]
Tüte torebka [tɔrɛpka]
typisch typowy [tɨpɔvɨ]

U

üben ćwiczyć [t͡ɕf,it͡ʃɨt͡ɕ]
über *(räumlich)* nad [nat], ponad [pɔnat]; *(quer ~, Route)* przez [pʃɛs]; *(sprechen ~)* o [ɔ]
überall wszędzie [fʃɛɲd͡ʑɛ]
Übergang przejście [pʃɛjɕt͡ɕɛ]
überholen wyprzedzać/wyprzedzić [vɨpʃɛd͡zat͡ɕ/vɨpʃɛd͡ʑit͡ɕ]
übernachten przenocować [pʃɛnɔt͡sɔvat͡ɕ]
überqueren *(Straße)* przechodzić/przejść na drugą stronę [pʃɛxɔd͡ʑit͡ɕ/pʃɛjɕt͡ɕ na drugɔ̃ strɔnɛ̃]; *(Grenze)* przekraczać/przekroczyć [pʃɛkrat͡ʃat͡ɕ/pʃɛkrɔt͡ʃɨt͡ɕ]
überrascht zaskoczony [zaskɔt͡ʃɔnɨ], zdziwiony [zd͡ʑiv,jɔnɨ]
übersetzen tłumaczyć/przetłumaczyć [twumat͡ʃɨt͡ɕ/pʃɛtwumat͡ʃɨt͡ɕ], przekładać/przełożyć [pʃɛkwadat͡ɕ/pʃɛwɔʒɨt͡ɕ]
übertrieben przesadny [pʃɛsadnɨ]
überzeugen przekonywać/przekonać [pʃɛkɔnɨvat͡ɕ/pʃɛkɔnat͡ɕ]
üblich zwykły [zvɨkwɨ], normalny [nɔrmalnɨ]
übrig bleiben pozostawać/pozostać [pɔzɔstavat͡ɕ/pɔzɔstat͡ɕ]
Ufer brzeg [bʒɛk]
um *(räumlich)* dookoła [dɔɔkɔwa]; *(zeitlich)* o [ɔ]
Umgebung *(Landschaft)* okolica [ɔkɔl,it͡sa]
umkehren zawracać/zawrócić [zavrat͡sat͡ɕ/zavrut͡ɕit͡ɕ]
Umrechnung przeliczenie [pʃɛl,it͡ʃɛɲɛ]
umtauschen wymieniać/wymienić [vɨm,jɛɲat͡ɕ/vɨm,jɛɲit͡ɕ]
Umweg droga okrężna [drɔga ɔkrɛ̃ʒna]
Umwelt środowisko [srɔdɔv,iskɔ], otoczenie [ɔtɔt͡ʃɛɲɛ]
umziehen, s. ~ przebierać się/przebrać się [pʃɛb,jɛrat͡ɕ ɕɛ̃/pʃɛbrat͡ɕ ɕɛ̃]
unangenehm nieprzyjemny [ɲɛpʃɨjɛmnɨ]
unbedingt *adv* koniecznie [kɔɲɛt͡ʃɲɛ]
und i [i]
unerfreulich przykry [pʃɨkrɨ], nieprzyjemny [ɲɛpʃɨjɛmnɨ]
unerträglich nieznośny [ɲɛznɔɕnɨ]
Unfall wypadek [vɨpadɛk]
ungeeignet nieodpowiedni [ɲɛɔtpɔv,jɛdɲi]
ungefähr *adv* koło [kɔwɔ], około [ɔkɔwɔ]
ungewöhnlich niezwykły [ɲɛzvɨkwɨ]
unglaublich *adj* niewiarygodny [ɲɛv,jarɨgɔdnɨ]; *adv* nie do wiary [ɲɛ dɔ v,jarɨ]
unmöglich niemożliwy [ɲɛmɔʒl,ivɨ]
uns *(dat von wir)* nam [nam]; *(akk von wir)* nas [nas]
unschuldig niewinny [ɲɛv,innɨ]
unser, unsere nasz, nasza, nasze [naʃ, naʃa, naʃɛ]
unten w dole [v dɔlɛ], na dole [na

dɔlɛ]
unter pod [pɔt]; *(zwischen)* między [m,jɛnd͡zɨ]
unterbrechen przerywać/przerwać [pʃɛrɨvat͡ɕ/pʃɛrvat͡ɕ]
Unterführung *(für Fußgänger)* przejście podziemne [pʃɛjɕt͡ɕɛ pɔdʑɛmnɛ]; *(für Fahrzeuge)* tunel [tunɛl]
unterhalb poniżej [pɔɲiʒɛj], pod [pɔt]
unterhalten, s. ~ *(sprechen)* rozmawiać/porozmawiać [rɔzmav,jat͡ɕ/pɔrɔzmav,jat͡ɕ]; *(sich vergnügen)* bawić się [bav,it͡ɕ ɕɛ̃]
Unterhaltung *(Gespräch)* rozmowa [rɔzmɔva]; *(Vergnügen)* zabawa [zabava]
Unterkunft kwatera [kfatɛra], zakwaterowanie [zakfaterɔvaɲɛ]
unterrichten informować/poinformować [infɔrmɔvat͡ɕ/pɔinfɔrmɔvat͡ɕ]; *(in Schule)* uczyć [utʃit͡ɕ]
Unterschied różnica [ruʒɲit͡sa]
unterschreiben podpisywać/podpisać [pɔtp,isɨvat͡ɕ/pɔtp,isat͡ɕ]
Unterschrift podpis [pɔtp,is]
untersuchen badać/zbadać [badat͡ɕ/zbadat͡ɕ]
unterwegs w drodze [v drɔd͡zɛ]
unverschämt bezwstydny [bɛsfstɨdnɨ], bezczelny [bɛst͡ʃɛlnɨ]
unwahrscheinlich nieprawdopodobny [ɲɛpravdɔpɔdɔbnɨ]
unwichtig nieważny [ɲɛvaʒnɨ]
Urlaub urlop [urlɔp]

V

Vater ojciec [ɔjt͡ɕɛt͡s]
Verabredung umowa [umɔva]; *(Treffen)* spotkanie [spɔtkaɲɛ]
verabschieden, s. ~ żegnać się/pożegnać się [ʒɛgnat͡ɕ ɕɛ̃/pɔʒɛgnat͡ɕ ɕɛ̃]
Veränderung zmiana [zm,jana]
Veranstaltung impreza [imprɛza]
verantwortlich odpowiedzialny [ɔtpɔv,jɛd͡ʑalnɨ]
verbessern poprawiać/poprawić [pɔprav,jat͡ɕ/pɔprav,it͡ɕ], ulepszać/ulepszyć [ulɛpʃat͡ɕ/ulɛpʃɨt͡ɕ]
verboten! wzbronione! [vzbrɔɲɔnɛ]
Verbrauch użycie [uʒɨt͡ɕɛ]
verbringen spędzać/spędzić [spɛnd͡zat͡ɕ/spɛɲd͡ʑit͡ɕ]
verdorben *(Essen)* zepsuty [zɛpsutɨ]; *(moralisch)* zdemoralizowany [zdɛmɔral,izɔvanɨ]
vereinbaren umawiać (się)/umówić (się) [umav,jat͡ɕ (ɕɛ̃)/umuv,it͡ɕ (ɕɛ̃)]
Vergangenheit przeszłość [pʃɛʃwɔɕt͡ɕ]
vergehen mijać/minąć [m,ijat͡ɕ/m,inɔɲt͡ɕ]
vergessen zapominać/zapomnieć [zapɔm,inat͡ɕ/zapɔmɲɛt͡ɕ]
vergleichen porównywać/porównać [pɔruvnɨvat͡ɕ/pɔruvnat͡ɕ]
verheiratet *(Mann)* żonaty [zɔnatɨ], *(Frau)* zamężna [zamɛ̃ʒna]
verhindern zapobiegać/zapobiec [zapɔb,jɛgat͡ɕ/zapɔb,jɛt͡s]
verirren, s. ~ zabłąkać się [zabwɔŋkat͡ɕ ɕɛ̃], zbłądzić [zbwɔɲd͡ʑit͡ɕ]
verkaufen sprzedawać/sprzedać [spʃɛdavat͡ɕ/spʃɛdat͡ɕ]
Verkehr *(Straßen~)* ruch [rux]
Verkehrsamt wydział komunikacji [vɨd͡ʑaw kɔmuɲikat͡sji]
verlängern przedłużać/przedłużyć [pʃɛdwuʒat͡ɕ/pʃɛdwuʒɨt͡ɕ]
verlassen opuszczać/opuścić [ɔpuʃt͡ʃat͡ɕ/ɔpuɕt͡ɕit͡ɕ]
Verletzte, der/die ~ ranny *m*/ranna *f* [rannɨ/ranna]
verlieren gubić/zgubić [gub,it͡ɕ/zgub,it͡ɕ]; *(nicht gewinnen)* przegrywać/przegrać [pʃɛgrɨvat͡ɕ/pʃɛgrat͡ɕ]
vermieten wynajmować/wynająć [vɨnajmɔvat͡ɕ/vɨnajɔɲt͡ɕ]; *(Auto etc)* wypożyczać/wypożyczyć

[vɨpɔʒɨt͡ʃat͡ɕ/vɨpɔʒɨt͡ʃɨt͡ɕ]
Verpackung opakowanie [ɔpakɔvaɲɛ]
verpassen przegapiać/przegapić [pʃɛgap,jat͡ɕ/pʃɛgap,it͡ɕ]
verpflichtet sein być zobowiązanym [bɨt͡ɕ zɔbɔv,jɔ̃zanɨm]
verrechnen, s. ~ przeliczyć się [pʃɛl,it͡ʃɨt͡ɕ ɕɛ̃]
verrückt zwariowany [zvar,jɔvanɨ]
verschieben przesuwać/przesunąć [pʃɛsuvat͡ɕ/pʃɛsunɔɲt͡ɕ], przekładać/przełożyć [pʃɛkwadat͡ɕ/pʃɛwɔʒɨt͡ɕ]
verschließen zamykać/zamknąć [zamɨkat͡ɕ/zamknɔɲt͡ɕ]
verschwinden znikać/zniknąć [zɲikat͡ɕ/zɲiknɔɲt͡ɕ]
Versicherung ubezpieczenie [ubɛsp,jɛt͡ʃɛɲɛ]
versorgen mit zaopatrywać/zaopatrzeć w [zaɔpatrɨvat͡ɕ/zaɔpatʃɛt͡ɕ v]
verspäten, s. ~ spóźniać się/spóźnić się [spuʑɲat͡ɕ ɕɛ̃/spuʑɲit͡ɕ ɕɛ̃]
versprechen obiecywać/obiecać [ɔb,jɛt͡sɨvat͡ɕ/ɔb,jɛt͡sat͡ɕ]
verständigen, jdn ~ powiadamiać/powiadomić kogoś [pɔv,jadam,jat͡ɕ/pɔv,jadɔm,it͡ɕ kɔgɔɕ]
verstehen rozumieć/zrozumieć [rɔzum,jɛt͡ɕ/zrɔzum,jɛt͡ɕ]
versuchen próbować/spróbować [prubɔvat͡ɕ/sprubɔvat͡ɕ]
Vertrag umowa [umɔva]; *(pol)* traktat [traktat], układ [ukwat]
vertragen znosić/znieść [znɔɕit͡ɕ/zɲɛɕt͡ɕ]
Vertrauen zaufanie [zaufaɲɛ]
verunglücken mieć wypadek [m,jɛt͡ɕ vɨpadɛk]
verursachen powodować/spowodować [pɔvɔdɔvat͡ɕ/spɔvɔdɔvat͡ɕ]
verwechseln mylić/pomylić [mɨl,it͡ɕ/pɔmɨl,it͡ɕ]
Verzeichnis spis [sp,is], rejestr [rɛjɛstr], indeks [indɛks]
verzögern opóźniać/opóźnić [ɔpuʑɲat͡ɕ/ɔpuʑɲit͡ɕ]
viel dużo [duʒɔ]
vielleicht może [mɔʒɛ]
Vogel ptak [ptak]
Volk lud [lut], naród [narut]
voll pełny [pɛwnɨ]
Vollmacht pełnomocnictwo [pɛwnɔmɔt͡sɲit͡stfɔ], upoważnienie [upɔvaʒɲɛɲɛ]
Volt wolt [vɔlt]
von *(zeitlich; von jdm)* od [ɔt]; *(räumlich)* z [z]
vor przed [pʃɛt]
vorbereiten przygotowywać/przygotować [pʃɨgɔtɔvɨvat͡ɕ/pʃɨgɔtɔvat͡ɕ]
Vorfahrt pierwszeństwo przejazdu [p,jɛrʃɛɲstfɔ pʃɛjazdu]
vorher przedtem [pʃɛttɛm]
vorletzte(r, -s) przedostatni, przedostatnia, przedostatnie [pʃɛdɔstatɲi, pʃɛdɔstatɲa, pʃɛdɔstatɲɛ]
Vormittag przedpołudnie [pʃɛtpɔwudɲɛ]
vorn na przedzie [na pʃɛd͡ʑɛ], z przodu [s pʃɔdu]
Vorort przedmieście [pʃɛdm,jɛɕt͡ɕɛ]
Vorschlag propozycja [prɔpɔzɨt͡sja]
Vorschrift przepis [pʃɛp,is]; *(Anweisung)* instrukcja [instrukt͡sja]
Vorsicht ostrożność *f* [ɔstrɔʒnɔɕt͡ɕ]
vorstellen przedstawiać/przedstawić [pʃɛtstav,jat͡ɕ/pʃɛtstav,it͡ɕ]
Vorstellung *(Bekanntmachen)* prezentacja [prɛzɛntat͡sja]; *(im Theater)* przedstawienie [pʃɛtstav,jɛɲɛ]; *(Gedanke)* wyobrażenie [vɨɔbraʒɛɲɛ]
Vorteil korzyść *f* [kɔʒɨɕt͡ɕ]
vorüber, die Zeit ist ~ czas minął [t͡ʃas m,inɔw]
vorwärts naprzód [napʃut]
vorziehen woleć [vɔlɛt͡ɕ]

W

wach obudzony [ɔbud͡zɔnɨ]; *(fig)* czujny [t͡ʃujnɨ]

wählen wybierać/wybrać [vɨb̦jɛrat͡ɕ/vɨbrat͡ɕ]
wahr prawdziwy [pravd͡ʑivɨ]
während podczas [pɔtt͡ʃas]
wahrscheinlich *adj* prawdopodobny [pravdɔpɔdɔbnɨ]; *adv* prawdopodobnie [pravdɔpɔdɔbɲɛ]
Wand ściana [ɕt͡ɕana]
wandern wędrować/powędrować [vɛndrɔvat͡ɕ/pɔvɛndrɔvat͡ɕ]
warm ciepły [t͡ɕɛpwɨ]
warnen (vor) ostrzegać/ostrzec (przed) [ɔstʃɛgat͡ɕ/ɔstʃɛt͡s (pʃɛt)]
warten czekać/poczekać [t͡ʃɛkat͡ɕ/pɔt͡ʃɛkat͡ɕ]
was co [t͡sɔ]
waschen prać/uprać [prat͡ɕ/uprat͡ɕ]
Wasser woda [vɔda]
Watt *(elek)* wat [vat]
Wechselgeld drobne *pl* [drɔbnɛ]
wecken budzić/obudzić [bud͡ʑit͡ɕ/ɔbud͡ʑit͡ɕ]
weg precz [prɛt͡ʃ]
wegen z powodu [s pɔvɔdu]
weggehen iść/pójść [iɕt͡ɕ/pujɕt͡ɕ]
weiblich żeński [ʒɛɲsci]; *(für Frau charakteristisch)* kobiecy [kɔb̦jɛt͡sɨ]
weich miękki [m̦jɛŋkci]
weigern, s. ~ odmawiać/odmówić [ɔdmav̦jat͡ɕ/ɔdmuvit͡ɕ]
weil ponieważ [pɔɲɛvaʃ], bo [bɔ]
weit *(Weg …)* daleki [dalɛci]; *(Gegenteil von eng)* luźny [luʑnɨ]
Welt świat [ɕf̦jat]
wenig mało [mawɔ]
wenigstens co najmniej [t͡sɔ najmɲɛj], chociaż [xɔt͡ɕaʃ]
wenn jeżeli [jɛʒɛl̦i], jeśli [jɛɕl̦i]
werden stać się [stat͡ɕ ɕɛ̃], zostać [zɔstat͡ɕ]; *(Passiv)* być [bɨt͡ɕ]
werktags w dni powszednie [v dɲi pɔfʃɛdɲɛ]
Wert wartość *f* [vartɔɕt͡ɕ]
wertlos bezwartościowy [bɛzvartɔɕt͡ɕɔvɨ]
Wespe osa [ɔsa]
Westen zachód [zaxut]
westlich zachodni [zaxɔdɲi]
wichtig ważny [vaʒnɨ]
wie jak [jak]
wieder znowu [znɔvu], znów [znuf]
wiederholen powtarzać/powtórzyć [pɔftaʒat͡ɕ/pɔftuʒɨt͡ɕ]
wiederkommen wracać/wrócić [vrat͡sat͡ɕ/vrut͡ɕit͡ɕ]
wiegen ważyć [vaʒɨt͡ɕ]
Wiese łąka [wɔ̃ka]
wild dziki [d͡ʑici]
willkommen *(Nachricht)* radosny [radɔsnɨ]; *(Gast)* mile widziany [m̦ilɛ v̦id͡ʑanɨ]
wir my [mɨ]
wirklich *adj* rzeczywisty [ʒɛt͡ʃɨv̦istɨ]; *adv* naprawdę [napravdɛ̃]
Wirt/in gospodarz/gospodyni [gɔspɔdaʃ/gɔspɔdɨɲi]
wissen wiedzieć [v̦jɛd͡ʑɛt͡ɕ]
Witz żart [ʒart], dowcip [dɔft͡ɕip], *(fam)* kawał [kavaw]
Woche tydzień [tɨd͡ʑɛɲ]
wochentags w dni powszednie [v dɲi pɔfʃɛdɲɛ]
wöchentlich *adj* tygodniowy [tɨgɔdɲɔvɨ]; *adv* tygodniowo [tɨgɔdɲɔvɔ]
wohlhabend dobrze sytuowany [dɔbʒɛ sɨtuɔvanɨ]
wohnen mieszkać [m̦jɛʃkat͡ɕ]
Wohnung mieszkanie [m̦jɛʃkaɲɛ]
wollen chcieć [xt͡ɕɛt͡ɕ]
Wort słowo [swɔvɔ]
wunderbar cudowny [t͡sudɔvnɨ]
wundern, s. ~ (über) dziwić się (czemuś) [d͡ʑiv̦it͡ɕ ɕɛ̃ (t͡ʃɛmuɕ)]
wünschen życzyć [ʒɨt͡ʃɨt͡ɕ]
wütend wściekły [fɕt͡ɕɛkwɨ]

Z

Zahl liczba [l̦it͡ʃba]
zahlen płacić/zapłacić [pwat͡ɕit͡ɕ/zapwat͡ɕit͡ɕ]
zählen liczyć/policzyć [l̦it͡ʃɨt͡ɕ/pɔl̦it͡ʃɨt͡ɕ]
zärtlich czuły [t͡ʃuwɨ]

Zeichen znak [znak]
zeichnen rysować/narysować [rɨsɔvat͡ɕ/narɨsɔvat͡ɕ]
zeigen pokazywać/pokazać [pɔkazɨvat͡ɕ/pɔkazat͡ɕ]
Zeit czas [t͡ʃas]
Zeitung gazeta [gazɛta]
zentral centralny [t͡sɛntralnɨ]
Zentrum centrum [t͡sɛntrum]
zerstören niszczyć/zniszczyć [ɲiʃt͡ʃɨt͡ɕ/zɲiʃt͡ʃɨt͡ɕ]
ziehen ciągnąć [t͡ɕɔŋgnɔɲt͡ɕ]
Ziel cel [t͡sɛl]
ziemlich dość [dɔɕt͡ɕ]
zögern wahać się/zawahać się [vaxat͡ɕ ɕɛ̃/zavaxat͡ɕ ɕɛ̃]
zornig wściekły [fɕt͡ɕɛkwɨ]
zu *(Richtung)* do [dɔ]
zubereiten przygotowywać/przygotować [pʃɨgɔtɔvɨvat͡ɕ/pʃɨgɔtɔvat͡ɕ]
zuerst najpierw [najpʲjɛrf]
zufällig przypadkowo [pʃɨpatkɔvɔ]
zufrieden zadowolony [zadɔvɔlɔnɨ]
zugreifen korzystać z okazji [kɔʒɨstat͡ɕ z ɔkazji]
zuhören, jdm ~ słuchać (kogoś) [swuxat͡ɕ (kɔgɔɕ)]
Zukunft przyszłość *f* [pʃɨʃwɔɕt͡ɕ]
zukünftig *adj* przyszły [pʃɨʃwɨ]; *adv* w przyszłości [f pʃɨʃwɔɕt͡ɕi]
zulässig dopuszczalny [dɔpuʃt͡ʃalnɨ]
zuletzt *(am Schluss)* na koniec [na kɔɲɛt͡s]; *(zum letzten Mal)* ostatni raz [ɔstatɲi ras]
zurück z powrotem [s pɔvrɔtɛm]
zurückbringen zwracać/zwrócić [zvrat͡sat͡ɕ/zvrut͡ɕit͡ɕ]
zurückfahren jechać z powrotem [jɛxat͡ɕ s pɔvrɔtɛm]
zurückgeben oddawać/oddać [ɔddavat͡ɕ/ɔddat͡ɕ]
zurückkehren wracać/wrócić [vrat͡sat͡ɕ/ vrut͡ɕit͡ɕ]
zusagen obiecywać/obiecać [ɔbʲjɛt͡sɨvat͡ɕ/ɔbʲjɛt͡sat͡ɕ]; *(Einladung)* akceptować/zaakceptować [akt͡sɛptɔvat͡ɕ/zaakt͡sɛptɔvat͡ɕ]
zusammen razem [razɛm]
Zusammenstoß zderzenie [zdɛʒɛɲɛ]
zusätzlich dodatkowy [dɔdatkɔvɨ]
zuschauen przyglądać się/przyjrzeć się [pʃɨglɔndat͡ɕ ɕɛ̃/pʃɨjʒɛt͡ɕ ɕɛ̃], patrzeć [patʃɛt͡ɕ]
Zuschauer widz [vit͡s]
Zustand stan [stan]
zuständig kompetentny [kɔmpɛtɛntnɨ], właściwy [vwaɕt͡ɕivɨ]
zustimmen zgadzać się/zgodzić się [zgad͡zat͡ɕ ɕɛ̃/zgɔd͡ʑit͡ɕ ɕɛ̃]
zuverlässig niezawodny [ɲɛzavɔdnɨ]
zweite(r, -s) drugi, druga, drugie [druɟi, druga, druɟɛ]
zweitens po drugie [pɔ druɟɛ]
zwingen zmuszać/zmusić [zmuʃat͡ɕ/ zmuɕit͡ɕ]
zwischen między [mʲjɛnd͡zɨ]
Zwischenfall incydent [int͡sɨdɛnt]

Polnisch – Deutsch

A

aby [abɨ] damit, dass
adres [adrɛs] Adresse, Anschrift
akceptować/zaakceptować [akt͡sɛptɔvat͡ɕ/zaakt͡sɛptɔvat͡ɕ] akzeptieren; *(Einladung)* zusagen
aktualny [aktualnɨ] aktuell, gültig
albo [albɔ] oder; **albo ... albo** entweder ... oder
ale [alɛ] aber
ależ tak [alɛʃ tak] doch
ambasada [ambasada] *(dipl. Vertretung)* Botschaft
angielski [aɲɟɛlsci] englisch
aparat [aparat] Apparat
apetyt ‹-u› [apɛtɨt] Appetit
Austria [awstrʲja] Österreich
Austriak/Austriaczka [awstrʲjak/awstrʲjat͡ʃka] Österreicher/in
auto [awtɔ] Auto
automatyczny [awtɔmatɨt͡ʃnɨ] automatisch

B

babka [bapka] Großmutter
baby [bɛbʲi] Baby
badać/zbadać [badat͡ɕ/zbadat͡ɕ] untersuchen
bal ‹-u› [bal] *(Fest)* Ball
bank [baŋk] *(Geldinstitut)* Bank
bardzo [bard͡zɔ] sehr
bawić się [bavʲit͡ɕ ɕɛ̃] s. amüsieren
bez [bɛs] ohne
bezczelny [bɛst͡ʃɛlnɨ] unverschämt
beznadziejny [bɛznad͡ʑɛjnɨ] hoffnungslos; *(Lage)* verzweifelt
bezpieczeństwo [bɛspʲjɛt͡ʃɛɲstfɔ] Sicherheit
bezpiecznik [bɛspʲjɛt͡ʃɲik] *(elek)* Sicherung
bezpieczny [bɛspʲjɛt͡ʃnɨ] sicher, ungefährlich
bezpłatny [bɛspwatnɨ] (gebühren)frei, kostenlos
bezpośredni [bɛspɔɕrɛdɲi] direkt, unmittelbar; *(Zug)* durchgehend
bezwartościowy [bɛzvartɔɕt͡ɕɔvɨ] wertlos
bezwstydny [bɛsfstɨdnɨ] unverschämt
biec [bʲɛt͡s] laufen, rennen
biedny [bʲɛdnɨ] arm
biegać [bʲɛgat͡ɕ] laufen
bilet ‹-u› [bʲilɛt] Fahrkarte, (Einstritts-)Karte; **bilet wstępu** [bʲilɛt fstɛmpu] Eintrittskarte
biuro [bʲurɔ] Büro; **biuro podróży** [bʲurɔ pɔdruʒɨ] Reisebüro; **biuro rzeczy znalezionych** [bʲurɔ ʒɛt͡ʃɨ znalɛʑɔnɨx] Fundbüro
bliski [blʲisci] nahe
blisko [blʲiskɔ] *adv* nahe
błąd ‹błędu› [bwɔnt] Fehler *(den man macht)*
błędny [bwɛndnɨ] falsch, irrtümlich
bo [bɔ] weil
bogaty [bɔgatɨ] reich
boisko [bɔiskɔ] Sportplatz
boleć [bɔlɛt͡ɕ] schmerzen, wehtun
bon [bɔn] Gutschein
Bóg [buk] Gott
brać/wziąć [brat͡ɕ/vʒɔɲt͡ɕ] (mit)nehmen; **brać udział (w czymś)** [brat͡ɕ ud͡ʑaw (f t͡ʃɨmɕ)] teilnehmen (an)
brak ‹-u› [brak] Fehler *(den man hat),* Mangel
brakować [brakɔvat͡ɕ] fehlen
brat [brat] Bruder
brązowy [brɔ̃zɔvɨ] braun
brudny [brudnɨ] schmutzig

brzeg [bʒɛk] Rand; Ufer; Strand
brzydki [bʒɨtci] hässlich
budynek [budɨnɛk] Gebäude
budzić/obudzić [budʑitɕ/ ɔbudʑitɕ] wecken
bukiet ⟨-u⟩ [bucɛt] (Blumen-)Strauß
butelka [butɛlka] Flasche
być [bɨtɕ] sein; *(Passiv)* werden

C

całkiem [tsawcɛm] *adv* ganz
całkowity [tsawkɔvʲitɨ] vollständig, ganz
całować [tsawɔvatɕ] küssen
cały [tsawɨ] ganz
cel [tsɛl] Ziel; Zweck
cena [tsɛna] Preis; **cena za wstęp** [tsɛna za fstɛmp] Eintrittspreis
centralny [tsɛntralnɨ] zentral
centrum [tsɛntrum] Zentrum
chata [xata] Hütte
chcieć [xtɕɛtɕ] wollen; **chciał(a)bym** [xtɕaw(a)bɨm] ich möchte
chętnie [xɛntɲɛ] gern
chłodny [xwɔdnɨ] kühl
chłopiec [xwɔpʲɛts] Junge
chociaż [xɔtɕaʃ] obwohl; wenigstens
chory [xɔrɨ] krank
chrapać [xrapatɕ] schnarchen
chudy [xudɨ] mager
ciało [tɕawɔ] Körper
ciasny [tɕasnɨ] eng
ciąć [tɕɔɲtɕ] schneiden
ciągnąć [tɕɔŋgnɔɲtɕ] ziehen
cicho [tɕixɔ] *adv* leise
cichy [tɕixɨ] ruhig, still
ciebie [tɕɛbʲɛ] dich
ciekawy [tɕɛkavɨ] interessant; neugierig
ciemny [tɕɛmnɨ] dunkel, finster
cienki [tɕɛnci] dünn
cień [tɕɛɲ] Schatten
ciepły [tɕɛpwɨ] warm
cieszyć się na *(+ acc)* [tɕɛʃɨtɕ ɕɛ̃] s. freuen auf
cię [tɕɛ̃] dich
ciężki [tɕɛ̃ʃci] schwer
cisza [tɕiʃa] Stille, Ruhe
co [tsɔ] was
coś [tsɔɕ] etwas
córka [tsurka] Tochter
cudowny [tsudɔvnɨ] wunderbar
cudzoziem-iec/ka [tsudzɔʑɛm-jɛts/ka] Ausländer/in
cudzoziemski [tsudzɔʑɛmsci] ausländisch, fremd
czas ⟨-u⟩ [tʃas] Zeit; **na czas** [na tʃas] rechtzeitig
czekać/poczekać [tʃɛkatɕ/ pɔtʃɛkatɕ] warten; **czekać na** [tʃɛkatɕ na] warten auf, erwarten
często [tʃɛ̃stɔ] *adv* häufig, oft
część *f* [tʃɛ̃ɕtɕ] Teil
człowiek [tʃwɔvʲɛk] Mensch
czuć [tʃutɕ] fühlen
czuły [tʃuwɨ] zärtlich
czy [tʃɨ] ob
czysty [tʃɨstɨ] sauber, klar
czyścić/oczyścić [tʃɨɕtɕitɕ/ ɔtʃɨɕtɕitɕ] reinigen
czytać [tʃɨtatɕ] lesen

Ć

ćwiczenie [tɕfʲitʃɛɲɛ] Übung
ćwiczyć [tɕfʲitʃɨtɕ] üben

D

dać [datɕ] ➢ **dawać**
daleki [dalɛci] *(Weg …)* weit
data [data] Datum
dawać/dać [davatɕ/datɕ] geben, bieten; *fam* schenken
dawniej [davɲɛj] früher
delikatny [dɛlikatnɨ] fein, zart
dla [dla] für
długi [dwuɟi] lang
długość *f* [dwugɔɕtɕ] Länge
do *+ gen* [dɔ] *(Frage: wohin?)* in, nach, zu; *(zeitlich, räumlich)* bis; **do tej pory** [dɔ tɛj pɔrɨ] bis jetzt
dobry [dɔbrɨ] gut

brzeg [bʒɛk] Rand; Ufer; Strand
brzydki [bʒɨtci] hässlich
budynek [budɨnɛk] Gebäude
budzić/obudzić [bud͡ʑit͡ɕ/ ɔbud͡ʑit͡ɕ] wecken
bukiet ‹-u› [bucɛt] (Blumen-)Strauß
butelka [butɛlka] Flasche
być [bɨt͡ɕ] sein; *(Passiv)* werden

C

całkiem [t͡sawcɛm] *adv* ganz
całkowity [t͡sawkɔv̦itɨ] vollständig, ganz
całować [t͡sawɔvat͡ɕ] küssen
cały [t͡sawɨ] ganz
cel [t͡sɛl] Ziel; Zweck
cena [t͡sɛna] Preis; **cena za wstęp** [t͡sɛna za fstɛmp] Eintrittspreis
centralny [t͡sɛntralnɨ] zentral
centrum [t͡sɛntrum] Zentrum
chata [xata] Hütte
chcieć [xt͡ɕɛt͡ɕ] wollen; **chciał(a)bym** [xt͡ɕaw(a)bɨm] ich möchte
chętnie [xɛntɲɛ] gern
chłodny [xwɔdnɨ] kühl
chłopiec [xwɔp̦ɛt͡s] Junge
chociaż [xɔt͡ɕaʃ] obwohl; wenigstens
chory [xɔrɨ] krank
chrapać [xrapat͡ɕ] schnarchen
chudy [xudɨ] mager
ciało [t͡ɕawɔ] Körper
ciasny [t͡ɕasnɨ] eng
ciąć [t͡ɕɔɲt͡ɕ] schneiden
ciągnąć [t͡ɕɔŋgnɔɲt͡ɕ] ziehen
cicho [t͡ɕixɔ] *adv* leise
cichy [t͡ɕixɨ] ruhig, still
ciebie [t͡ɕɛb̦ɛ] dich
ciekawy [t͡ɕɛkavɨ] interessant; neugierig
ciemny [t͡ɕɛmnɨ] dunkel, finster
cienki [t͡ɕɛnci] dünn
cień [t͡ɕɛɲ] Schatten
ciepły [t͡ɕɛpwɨ] warm
cieszyć się na *(+ acc)* [t͡ɕɛʃɨt͡ɕ ɕɛ̃] s. freuen auf
cię [t͡ɕɛ̃] dich
ciężki [t͡ɕɛ̃ʃci] schwer
cisza [t͡ɕiʃa] Stille, Ruhe
co [t͡sɔ] was
coś [t͡sɔɕ] etwas
córka [t͡surka] Tochter
cudowny [t͡sudɔvnɨ] wunderbar
cudzoziem-iec/ka [t͡sud͡zɔʑɛm-jɛt͡s/ka] Ausländer/in
cudzoziemski [t͡sud͡zɔʑɛmsci] ausländisch, fremd
czas ‹-u› [t͡ʃas] Zeit; **na czas** [na t͡ʃas] rechtzeitig
czekać/poczekać [t͡ʃɛkat͡ɕ/ pɔt͡ʃɛkat͡ɕ] warten; **czekać na** [t͡ʃɛkat͡ɕ na] warten auf, erwarten
często [t͡ʃɛ̃stɔ] *adv* häufig, oft
część *f* [t͡ʃɛ̃ɕt͡ɕ] Teil
człowiek [t͡ʃwɔv̦ɛk] Mensch
czuć [t͡ʃut͡ɕ] fühlen
czuły [t͡ʃuwɨ] zärtlich
czy [t͡ʃɨ] ob
czysty [t͡ʃɨstɨ] sauber, klar
czyścić/oczyścić [t͡ʃɨɕt͡ɕit͡ɕ/ ɔt͡ʃɨɕt͡ɕit͡ɕ] reinigen
czytać [t͡ʃɨtat͡ɕ] lesen

Ć

ćwiczenie [t͡ɕf̦it͡ʃɛɲɛ] Übung
ćwiczyć [t͡ɕf̦it͡ʃɨt͡ɕ] üben

D

dać [dat͡ɕ] ➢ **dawać**
daleki [dalɛci] *(Weg ...)* weit
data [data] Datum
dawać/dać [davat͡ɕ/dat͡ɕ] geben, bieten; *fam* schenken
dawniej [davɲɛj] früher
delikatny [dɛlikatnɨ] fein, zart
dla [dla] für
długi [dwuɟi] lang
długość *f* [dwugɔɕt͡ɕ] Länge
do *+ gen* [dɔ] *(Frage: wohin?)* in, nach, zu; *(zeitlich, räumlich)* bis; **do tej pory** [dɔ tɛj pɔrɨ] bis jetzt
dobry [dɔbrɨ] gut

dobrze [dɔbʒɛ] *adv* gut
dodatkowy [dɔdatkɔvɨ] zusätzlich
dokładny [dɔkwadnɨ] genau
dom ⟨-u⟩ [dɔm] Haus; **w domu** [v dɔmu] zu Hause
dookoła [dɔɔkɔwa] *(räumlich)* um
dopiero [dɔpʲɛrɔ] *(nicht früher als)* erst
dopuszczalny [dɔpuʃt͡ʃalnɨ] zulässig
dorosł-a/y [dɔrɔsw-a/ɨ] Erwachsene(r)
dostać [dɔstat͡ɕ] bekommen
dosyć [dɔsɨt͡ɕ] genug
dość [dɔɕt͡ɕ] genug; ziemlich
dotknąć ➢ **dotykać**
dotykać/dotknąć [dɔtɨkat͡ɕ/dɔtknɔ̃t͡ɕ] berühren
dowcip [dɔft͡ɕip] Witz
drewno [drɛvnɔ] Holz
drobne *pl* [drɔbnɛ] Wechselgeld
drobny [drɔbnɨ] dünn, zart, fein
droga [drɔga] (Land-)Straße, Weg; **droga okrężna** [drɔga ɔkrɛ̃ʒna] Umweg
drogi [drɔɟi] teuer
drzewo [d͡ʒɛvɔ] Baum; Holz
drzwi *pl* [dʒvʲi] Tür
duchowny [duxɔvnɨ] Priester
dużo [duʒɔ] viel
duży [duʒɨ] groß
dymić [dɨmʲitɕ] qualmen, rauchen
dystans ⟨-u⟩ [dɨstans] Abstand
dziadek [d͡ʑadɛk] Großvater
dziecko [d͡ʑɛt͡skɔ] Kind
dzielnica [d͡ʑɛlɲit͡sa] Stadtteil
dzień [dʑɛɲ] Tag
dziewczyn(k)a [d͡ʑɛft͡ʃɨn(k)a] Mädchen
dziękować/podziękować [d͡ʑɛŋkɔvat͡ɕ/pɔd͡ʑɛŋkɔvat͡ɕ] danken
dziki [d͡ʑici] wild
dziwić się (czemuś) [d͡ʑivʲit͡ɕ ɕɛ̃ (t͡ʃɛmuɕ)] s. wundern (über)
dzwonek [d͡zvɔnɛk] Klingel
dzwonić/zadzwonić [d͡zvɔɲit͡ɕ/zadzwɔɲit͡ɕ] klingeln, läuten; telefonieren, anrufen
dźwięk [d͡ʑvʲjɛŋk] Laut, Ton

E

ekstra [ɛkstra] extra
elektryczny [ɛlɛktrɨt͡ʃnɨ] elektrisch
Europa [ɛwrɔpa] Europa
Europejczyk [ɛwrɔpɛjt͡ʃɨk] Europäer
Europejka [ɛwrɔpɛjka] Europäerin
europejski [ɛwrɔpɛjsci] europäisch

F

fałszywy [fawʃɨvɨ] betrügerisch, falsch
fant ⟨-u⟩ [fant] Pfand
firma [fʲirma] Firma
forma [fɔrma] Form
formularz [fɔrmulaʃ] Formular
funkcjonować [fuŋkt͡sjɔnɔvat͡ɕ] funktionieren

G

gaśnica [gaɕɲit͡sa] Feuerlöscher
gazeta [gazɛta] Zeitung
gdy [gdɨ] wenn; *(zeitlich)* als
gdyż [gdɨʃ] denn
gdzie [gd͡ʑɛ] wo; wohin
głęboki [gwɛmbɔci] tief
głodny [gwɔdnɨ] hungrig
głośny [gwɔɕnɨ] laut
głównie [gwuvɲɛ] hauptsächlich
głupi [gwupʲi] dumm, blöd
godzina [gɔd͡ʑina] Stunde, Uhrzeit; **godziny** *pl* **otwarcia** [gɔd͡ʑinɨ ɔtfart͡ɕa] Öffnungszeit(en)
gorący [gɔrɔnt͡sɨ] heiß
gospodarstwo [gɔspɔdarstfɔ] Bauernhof
gospodarz/gospodyni [gɔspɔdaʃ/gɔspɔdɨɲi] Gastgeber/in, Wirt/in
gościnność *f* [gɔɕt͡ɕinnɔɕt͡ɕ] Gastfreundschaft
gość [gɔɕt͡ɕ] Gast
gotowy [gɔtɔvɨ] bereit, fertig
gratulować [gratulɔvat͡ɕ] gratulieren

kierowni-k/czka [cɛrɔvɲi-k/t͡ʃka] Leiter/in
kierunek ‹-u› [cɛrunɛk] Richtung
kilka [cilka] einige, ein paar
klimat ‹-u› [kl,imat] Klima
kłaść/położyć [kwaɕt͡ɕ/pɔwɔʒɨt͡ɕ] (hin)legen
kobiecy [kɔb,jɛt͡sɨ] weiblich
kobieta [kɔb,ɛta] Frau
kochać [kɔxat͡ɕ] lieben
kochanie [kɔxaɲɛ] *(Anrede)* Liebling
kochany [kɔxanɨ] lieb
kolorowy [kɔlɔrɔvɨ] bunt, farbig
koło [kɔwɔ] ungefähr
komar [kɔmar] Mücke
kompas ‹-u› [kɔmpas] Kompass
kompetentny [kɔmpɛtɛntnɨ] zuständig
koniec [koɲɛt͡s] Ende, Schluss; **na końcu** [na kɔɲt͡su] am Ende, schließlich; **w końcu** [f kɔɲt͡su] *(zeitlich)* am Ende; **na koniec** [na kɔɲɛt͡s] am Schluss, zuletzt
koniecznie [kɔɲɛt͡ʃɲɛ] unbedingt
konieczny [kɔɲɛt͡ʃnɨ] nötig, notwendig, unentbehrlich
konsulat [kɔnsulat] Konsulat
kontrolować/skontrolować [kɔntrɔlɔvat͡ɕ/skɔntrɔlɔvat͡ɕ] kontrollieren, überprüfen
korzyść *f* [kɔʒɨɕt͡ɕ] Vorteil
kosz [kɔʃ] Korb
kosztować [kɔʃtɔvat͡ɕ] kosten
kot [kɔt] Katze
kraj [kraj] Staat, Land
kraść/ukraść [kraɕt͡ɕ/ukraɕt͡ɕ] stehlen
kreatywny [krɛatɨvnɨ] kreativ
kręcić [krɛ̃t͡ɕit͡ɕ] drehen; *(fam)* schwindeln, mogeln; **kręci mi się w głowie** [krɛɲt͡ɕi m,i ɕɛ̃ v gwɔv,jɛ] mir ist schwindlig
krętacz [krɛntat͡ʃ] Schwindler
kroić [krɔit͡ɕ] schneiden
krótkoterminowy [krutkɔtɛrm,inɔvɨ] kurzfristig
krytykować [krɨtɨkɔvat͡ɕ] kritisieren
krzesło [kʃɛswɔ] Stuhl
krzyczeć/krzyknąć [kʃɨt͡ʃɛt͡ɕ/kʃɨknɔɲt͡ɕ] schreien, rufen
ksiądz [kɕɔnt͡s] Priester
książka [kɕɔ̃ʃka] Buch
księżyc [kɕɛ̃ʒɨt͡s] Mond
ktoś [ktɔɕ] (irgend) jemand
kultura [kultura] Kultur
kupować/kupić [kupɔvat͡ɕ/kup,it͡ɕ] (ein)kaufen
kurz ‹-u› [kuʃ] Staub
kwatera [kfatɛra] Unterkunft
kwiat ‹-u› [kv,at] Blume
kwit ‹-u› [kf,it] Quittung
kwota [kfɔta] Betrag

L

lampa [lampa] Lampe
latać [latat͡ɕ] fliegen
lecieć [lɛt͡ɕɛt͡ɕ] laufen, rennen; fliegen
lekarstwo [lɛkarstfɔ] Medikament
lekki [lɛkci] leicht
leniwy [lɛɲivɨ] *(Mensch)* faul
lepiej [lɛp,ɛj] *adv* besser, eher, lieber
lepszy [lɛpʃɨ] besser
lew-a/y/e [lɛv-a/ɨ/ɛ] linke(r, -s); **na lewo** [na lɛvɔ] links
leżeć [lɛʒɛt͡ɕ] liegen
lęk ‹-u› [lɛ̃k] Angst
liczba [l,it͡ʃba] Zahl
liczyć/policzyć [l,it͡ʃɨt͡ɕ/pɔl,it͡ʃɨt͡ɕ] zählen, rechnen
lina [l,ina] Seil
linia [l,iɲa] Linie
literować [l,itɛrɔvat͡ɕ] buchstabieren
lubić [lub,it͡ɕ] gern haben, mögen
lud ‹-u› [lut] Volk
ludzie [lud͡ʑɛ] Leute
luksusowy [luksusɔvɨ] luxuriös

Ł

ładny [wadnɨ] schön, hübsch
łatwopalny [watvɔpalnɨ] feuergefährlich

łatwy [watfɨ] leicht, einfach
ławka [wafka] (Sitz-)Bank
łąka [wɔ̃ka] Wiese
łóżko [wuʃkɔ] Bett

M

mało [mawɔ] wenig
mały [mawɨ] klein
małżonek [mawʒɔnɛk] Ehemann
małżonka [mawʒɔnka] Ehefrau
mama [mama] Mutter
marznąć [marznɔɲt͡ɕ] frieren
maszyna [maʃɨna] Maschine
matka [matka] Mutter
mądry [mɔndrɨ] klug
mąż [mɔ̃ʃ] (Ehe-)Mann
mebel [mɛbɛl] Möbel(stück)
męski [mɛ̃sci] männlich
mężczyzna [mɛ̃ʃt͡ʃɨzna] Mann
miasto [m,jastɔ] Stadt
mieć [m,ɛt͡ɕ] haben, besitzen; sollen
miejsce [m,ɛjst͡sɛ] Ort, Platz; Sitz
miejscowość *f* [m,ɛjst͡sɔvɔɕt͡ɕ] Ortschaft, Ort
miejscowy [m,ɛjst͡sɔvɨ] örtlich, einheimisch
miesiąc [m,ɛɕɔnt͡s] Monat
miesięcznie [m,ɛɕɛnt͡ʃɲɛ] *adv* monatlich
miesięczny [m,ɛɕɛnt͡ʃnɨ] monatlich
mieszany [m,ɛʃanɨ] gemischt
mieszkać [m,jɛʃkat͡ɕ] wohnen
mieszkanie [m,jɛʃkaɲɛ] Wohnung
mieszkaniec [m,ɛʃkaɲɛt͡s] Einwohner, Bewohner
między [m,jɛnd͡zɨ] zwischen
międzynarodowy [m,ɛnd͡zɨnarɔdɔvɨ] international
miękki [m,jɛŋkci] weich; *(Fleisch)* zart
mijać/minąć [m,ijat͡ɕ/m,inɔɲt͡ɕ] *(Zeit)* vergehen; *(Auto)* überholen
miło [m,iwɔ] *adv* nett
miłość *f* [m,iwɔɕt͡ɕ] Liebe
miły [m,iwɨ] lieb, nett; **mile widziany** [m,ilɛ v,id͡ʑanɨ] gern gesehen; *(Gast)* willkommen
mimo [m,imɔ] trotz
minąć ➢ **mijać**
minuta [m,inuta] Minute
młody [mwɔdɨ] jung
mnie [mɲɛ] *(Akk von ich)* mich
mocny [mɔt͡snɨ] fest, kräftig, stark
modny [mɔdnɨ] modisch, modern
mokry [mɔkrɨ] nass
moment ‹-u› [mɔmɛnt] Augenblick
morze [mɔʒɛ] Meer, die See
mowa [mɔva] Rede, Sprache
może [mɔʒɛ] vielleicht
możliwy [mɔʒl,ivɨ] möglich
móc [mut͡s] können, im Stande sein; dürfen
mój, moja, moje [muj, mɔja, mɔjɛ] mein(e)
mówić [muv,it͡ɕ] sprechen
msza [mʃa] *(rel)* Messe
mucha [muxa] Fliege
musieć [muɕɛt͡ɕ] müssen
muzyka [muzɨka] Musik
my [mɨ] wir
mylić/pomylić [mɨl,it͡ɕ/pɔmɨl,it͡ɕ] verwechseln
myśleć [mɨɕlɛt͡ɕ] denken, meinen; **myśleć o** [mɨɕlɛt͡ɕ ɔ] denken an

N

na [na] auf; *(für etwas)* für; **na dole** [na dɔlɛ] unten; **na górze** [na guʒɛ] oben
nad [nat] *(räumlich)* über
nagle [naglɛ] *adv* plötzlich
nagły [nagwɨ] plötzlich
najbliższy [najbl,iʃʃɨ] nächstgelegen, nächste(r, -s)
najedzony [najɛd͡zɔnɨ] satt
najlepsz-a/y/e [najlɛpʃ-a/ɨ/ɛ] beste(r, -s)
najpierw [najp,ɛrf] zuerst, zunächst
najwyżej [najvɨʒɛj] höchstens
nam [nam] *(dat von wir)* uns
napełniać/napełnić [napɛwɲat͡ɕ/napɛwɲit͡ɕ] füllen

napisać ➢ **pisać**
naprawdę [napravdɛ̃] *adv* wirklich
naprawiać/naprawić [napravˌjat͡ɕ/ napravˌit͡ɕ] reparieren
naprzeciw [napʃɛt͡ɕif] gegenüber
naprzód [napʃut] vorwärts
naprzykrzać się *(+ dat)* [napʃɨkʃat͡ɕ ɕɛ̃] belästigen
nareszcie [narɛʃt͡ɕɛ] endlich
naród ‹-u› [narut] Nation, Volk
nas [nas] *(akk von wir)* uns
następny (-a, -e) [nastɛmpnɨ] nächste(r, -s)
nasz, nasza, nasze [naʃ, naʃa, naʃɛ] unser, unsere
natura [natura] Natur
naturalnie [naturalɲɛ] *adv* natürlich
naturalny [naturalnɨ] natürlich
natychmiast [natɨxmˌjast] sofort
nazwa [nazva] Bezeichnung, Name
nazwać ➢ **nazywać**
nazwisko [nazvˌiskɔ] (Nach-)Name
nazywać/nazwać [nazɨvat͡ɕ/ nazvat͡ɕ] nennen; **nazywać się** [nazɨvat͡ɕ ɕɛ̃] heißen
nerwowy [nɛrvɔvɨ] nervös
nic [ɲit͡s] nichts
nie [ɲɛ] nein; nicht
niebezpieczeństwo [ɲɛbɛspˌɛt͡ʃɛɲstfɔ] Gefahr
niebezpieczny [ɲɛbɛspˌɛt͡ʃnɨ] gefährlich
niebo [ɲɛbɔ] Himmel
niedaleko [ɲɛdalɛkɔ] *adv* nahe
niedobrze [ɲɛdɔbʒɛ] *adv* schlecht
niektórzy [ɲɛktuʒɨ] einige
Niemcy *pl* [ɲɛmt͡sɨ] Deutschland
Niemiec [ɲɛmˌɛt͡s] der Deutsche
niemiecki [ɲɛmˌɛt͡sci] deutsch
Niemka [ɲɛmka] die Deutsche
niemożliwy [ɲɛmɔʒlˌivɨ] unmöglich
nieodpowiedni [ɲɛɔtpɔvˌjɛdɲi] ungeeignet
nieporozumienie [ɲɛpɔrɔzumˌɛɲɛ] Missverständnis
nieprawdopodobny [ɲɛpravdɔpɔdɔbnɨ] unwahrscheinlich
nieprzyjemny [ɲɛpʃɨjɛmnɨ] unangenehm, unerfreulich
niestety [ɲɛstɛtɨ] leider
nieść ➢ **nosić**
nieważny [ɲɛvaʒnɨ] unwichtig; *(Fahrschein)* ungültig
niewiarygodny [ɲɛvˌjarɨgɔdnɨ] unglaublich
niewinny [ɲɛvˌinnɨ] unschuldig
niezawodny [ɲɛzavɔdnɨ] zuverlässig
niezdecydowany [ɲɛzdɛt͡sɨdɔvanɨ] unentschlossen
nieznośny [ɲɛznɔɕnɨ] unerträglich
niezwykły [ɲɛzvɨkwɨ] ungewöhnlich
nieżywy [ɲɛʒɨvɨ] tot
nigdy [ɲigdɨ] nie
nigdzie [ɲigd͡ʑɛ] nirgends
nikt [ɲikt] niemand
niski [ɲisci] niedrig, klein
niszczyć/zniszczyć [ɲɨʃt͡ʃɨt͡ɕ/ zɲiʃt͡ʃɨt͡ɕ] zerstören, kaputt machen
niż [ɲiʃ] *(beim Komparativ)* als
noc *f* [nɔt͡s] Nacht
normalnie [nɔrmalɲɛ] normalerweise
normalny [nɔrmalnɨ] normal, üblich
nowina [nɔvˌina] Neuigkeit
nowoczesny [nɔvɔt͡ʃɛsnɨ] modern
nowy [nɔvɨ] neu
nudny [nudnɨ] langweilig
numer ‹-u› [numɛr] Nummer

O

o [ɔ] *(sprechen)* über; *(zeitlich)* um
obaj/obie/oboje [ɔbaj/ɔbˌjɛ/ɔbɔjɛ] beide
obca ➢ **obcy**
obcinać/obciąć [ɔpt͡ɕinat͡ɕ/ ɔpt͡ɕɔɲt͡ɕ] (ab)schneiden
obcy [ɔpt͡sɨ] fremd; **obcy/obca** [ɔpt͡sɨ/opt͡sa] der/die Fremde
obejrzeć ➢ **oglądać**
obiecywać/obiecać [ɔbˌjɛt͡sɨvat͡ɕ/ ɔbˌjɛt͡sat͡ɕ] versprechen, zusagen
obok [ɔbɔk] neben
obraz ‹-u› [ɔbras] Bild

obraza [ɔbraza] Beleidigung
obserwować [opsɛrvɔvat͡ɕ] beobachten
obsługa [ɔpswuga] Bedienung
obudzić [ɔbudʑit͡ɕ] aufwecken; **obudzić się** [ɔbudʑit͡ɕ ɕɛ̃] aufwachen
obudzony [ɔbud͡zɔnɨ] wach
ochota [ɔxɔta] Lust
ochrona [ɔxrɔna] Schutz, Sicherung
oczekiwać [ɔtʃɛcivat͡ɕ] erwarten
oczyścić ➢ **czyścić**
od [ɔt] *(zeitlich)* ab, seit; *(von jdm)* von
odbywać się/odbyć się [ɔdbɨvat͡ɕ ɕɛ̃/ɔdbɨt͡ɕ ɕɛ̃] stattfinden
odcinek [ɔtt͡ɕinɛk] Strecke
oddać ➢ **oddawać**
oddawać/oddać [ɔddavat͡ɕ/ɔddat͡ɕ] abgeben, zurückgeben
odjeżdżać/odjechać [ɔd,jɛʒd͡ʒat͡ɕ/ɔd,jɛxat͡ɕ] abfahren, abreisen (*do + gen* nach)
odkrywać/odkryć [ɔtkrɨvat͡ɕ/ɔtkrɨt͡ɕ] entdecken
odległość *f* [ɔdlɛgwɔɕt͡ɕ] Entfernung, Strecke
odległy [ɔdlɛgwɨ] abgelegen, entfernt
odmawiać/odmówić [ɔdmav,at͡ɕ/ɔdmuv,it͡ɕ] ablehnen, s. weigern
odpadki [ɔtpatci] Abfälle
odpady *pl* [ɔtpadɨ] Müll
odpocząć ➢ **odpoczywać**
odpoczynek ‹-u› [ɔtpɔt͡ʃɨnɛk] Erholung, Ruhe
odpoczywać/odpocząć [ɔtpɔt͡ʃɨvat͡ɕ/ɔtpɔt͡ʃɔɲt͡ɕ] ruhen, s. ausruhen
odpowiadać/odpowiedzieć [ɔtpɔv,jadat͡ɕ/ɔtpɔv,jɛd͡ʑɛt͡ɕ] antworten, beantworten, erwidern
odpowiedni [ɔtpɔv,ɛdɲi] richtig; entsprechend, passend
odpowiednio [ɔtpɔv,ɛdɲɔ] *adv* richtig, passend
odpowiedzialny [ɔtpɔv,jɛd͡ʑalnɨ] verantwortlich
odpowiedzieć ➢ **odpowiadać**
odszkodowanie [ɔtʃkɔdɔvaɲɛ] Schadenersatz
odwiedzać/odwiedzić (kogoś) [odv,ɛd͡zat͡ɕ/ɔdv,ɛd͡ʑitɕ (kɔgɔɕ)] (jdn) besuchen
odwiedziny *pl* [ɔdv,ɛd͡ʑinɨ] Besuch
odzież *f* [ɔdʑɛʃ] Kleidung
oficjalny [ɔf,it͡sjalnɨ] offiziell
ogień [ɔɟɛɲ] Feuer
oglądać/obejrzeć [ɔglɔ̃dat͡ɕ/ɔbɛjʒɛt͡ɕ] ansehen, betrachten
ogród ‹-u› [ɔgrut] Garten
ojciec [ɔjt͡ɕɛt͡s] Vater
ojczyzna [ɔjt͡ʃɨzna] Heimat, Vaterland
okazja [ɔkazja] Anlass, Gelegenheit
okno [ɔknɔ] Fenster; **okno wystawowe** [ɔknɔ vɨstavɔvɛ] Schaufenster
okolica [ɔkɔl,it͡sa] Gegend, Umgebung
około [ɔkɔwɔ] etwa, ungefähr
okrągły [ɔkrɔ̃gwɨ] rund
okres ‹-u› [ɔkrɛs] Dauer
okropny [ɔkrɔpnɨ] schrecklich
on [ɔn] er
ona [ɔna] *(3. Person sg)* sie
oni/one [oɲi/ɔnɛ] *(3. Person pl)* sie
opakowanie [ɔpakɔvaɲɛ] Verpackung
opinia [ɔp,iɲa] Meinung, Urteil
opisywać/opisać [ɔp,isɨvat͡ɕ/ɔp,isat͡ɕ] beschreiben
opłata [ɔpwata] Gebühr
opowiadać/opowiedzieć [ɔpɔv,adat͡ɕ/ɔpɔv,ɛd͡ʑɛt͡ɕ] erzählen
opóźniać się/opóźnić się [ɔpuʑɲat͡ɕ ɕɛ̃/ɔpuʑɲit͡ɕ ɕɛ̃] s. verzögern
opuszczać/opuścić [ɔpuʃt͡ʃat͡ɕ/ɔpuɕt͡ɕit͡ɕ] verlassen
orzeźwienie [ɔʒɛʑv,ɛɲɛ] Erfrischung
osa [ɔsa] Wespe
osiągać/osiągnąć [ɔɕɔ̃gat͡ɕ/ɔɕɔ̃ŋgnɔ̃t͡ɕ] erreichen, schaffen
osoba [ɔsɔba] Person
ostateczny [ɔstatɛt͡ʃnɨ] endgültig

ostatn-ia/i/ie [ɔstatɲ-a/i/ɛ] letzte(r, -s)
ostrożny [ɔstrɔʒnɨ] vorsichtig
ostrzegać/ostrzec (przed) [ɔstʃɛgat͡ɕ/ɔstʃɛt͡s (pʃɛt)] warnen (vor)
oszustwo [ɔʃustfɔ] Betrug
oświadczać/oświadczyć [ɔɕvʲattʃat͡ɕ/ɔɕvʲattʃɨt͡ɕ] erklären
otoczenie [ɔtɔtʃɛɲɛ] Umwelt
otrzymać [ɔtʃɨmat͡ɕ] bekommen
otwarty [ɔtfartɨ] offen, geöffnet
otwierać/otworzyć [ɔtvʲɛrat͡ɕ/ɔtvɔʒɨt͡ɕ] aufmachen, öffnen
oznaczenie [ɔznatʃɛɲɛ] Bezeichnung
ożenić się ➢ **żenić się**

P

palić [palʲit͡ɕ] heizen; *(Zigaretten)* rauchen
pan [pan] Herr; *(Mann)* Sie
pani [paɲi] Frau; *(Frau)* Sie
panna [panna] Fräulein
państwo [paɲstfɔ] *(mindestens 2 Personen)* Sie; Staat
parter ‹-u› [partɛr] Erdgeschoss
pasażer [pasaʒɛr] Fahrgast, Reisender
pasażerka [pasaʒɛrka] die Reisende
pasować [pasɔvat͡ɕ] passen;
patrzeć [patʃɛt͡ɕ] schauen
pełnomocnictwo [pɛwnɔmɔt͡sɲit͡stfɔ] Vollmacht
pełny [pɛwnɨ] voll
pewny [pɛvnɨ] sicher, gewiss; **na pewno** [na pɛvnɔ] *adv* bestimmt, gewiss, sicher
pić [pʲit͡ɕ] trinken
pieniądze *pl* [pʲɛɲɔ̃d͡zɛ] Geld
pierwsz-a/y/e [pʲɛrfʃ-a/ɨ/ɛ] erste(r, -s); **pierwsza pomoc** [pʲɛrfʃa pɔmɔt͡s] erste Hilfe
pies [pʲɛs] Hund
pieszy [pʲɛʃɨ] Fußgänger
piękny [pʲɛŋknɨ] schön
piętro [pʲɛntrɔ] Stock(werk)
pijany [pʲijanɨ] betrunken
pilnie [pʲilɲɛ] *adv* dringend
piłka [pʲiwka] Ball
piosenka [pʲɔsɛnka] Lied
pisać/napisać [pʲisat͡ɕ/napʲisat͡ɕ] schreiben
pisemny [pʲisɛmnɨ] schriftlich
plac ‹-u› [plat͡s] *(in Stadt)* Platz
plama [plama] Fleck
plan ‹-u› [plan] Plan; **plan miasta** [plan mʲjasta] Stadtplan
plaża [plaʒa] *(mit Sand)* Strand
plecak [plɛt͡sak] Rucksack
płacić/zapłacić [pwat͡ɕit͡ɕ/zapwat͡ɕit͡ɕ] (be)zahlen; **płacić gotówką** [pwat͡ɕit͡ɕ gɔtuvkɔ̃] bar zahlen
płynąć [pwɨnɔ̃t͡ɕ] fließen
płynny [pwɨnnɨ] flüssig
płytki [pwɨtci] *(Wasser …)* flach
pływać [pwɨvat͡ɕ] schwimmen
po [pɔ] jeweils, je; *(zeitlich)* nach; **po polsku** [pɔ pɔlsku] auf Polnisch
pocałunek ‹-u› [pɔt͡sawunɛk] Kuss
pochodzić [pɔxɔd͡ʑit͡ɕ] stammen
pocić się/spocić się [pɔt͡ɕit͡ɕ ɕɛ̃/spɔt͡ɕit͡ɕ ɕɛ̃] schwitzen
początek ‹-u› [pɔtʃɔntɛk] Anfang, Beginn
poczekać ➢ **czekać**
pod [pɔt] unter, unterhalb
podać ➢ **podawać**
podanie [pɔdaɲɛ] *(des Namens, der Adresse)* Angabe
podarować [pɔdarɔvat͡ɕ] schenken
podawać/podać [pɔdavat͡ɕ/pɔdat͡ɕ] reichen; servieren
podczas [pɔttʃas] während
podłoga [pɔdwɔga] (Fuß-)Boden
podnosić/podnieść [pɔdnɔɕit͡ɕ/pɔdɲɛɕt͡ɕ] (auf-, hoch)heben; *(Preise)* heraufsetzen, erhöhen
podobać się [pɔdɔbat͡ɕ ɕɛ̃] gefallen
podobny [pɔdɔbnɨ] ähnlich
podpis ‹-u› [pɔtpʲis] Unterschrift
podpisywać/podpisać [pɔtpʲisɨvat͡ɕ/pɔtpʲisat͡ɕ] unterschreiben
podróż *f* [pɔdruʃ] Reise; **podróż do**

domu [pɔdruʃ dɔ dɔmu] Heimreise; **podróż powrotna** [pɔdruʃ pɔvrɔtna] Rückfahrt
podróżna [pɔdruʒna] die Reisende
podróżny [pɔdruʒnɨ] der Reisende
podróżować [pɔdruʒɔvat͡ɕ] reisen
podwójny [pɔdvujnɨ] doppelt
podwórze [pɔdvuʒɛ] Hof
podziękować ➢ **dziękować**
podziwiać [pɔd͡ʑivʲat͡ɕ] bewundern
poinformować ➢ **informować**
pokazywać/pokazać [pɔkazɨvat͡ɕ/pɔkazat͡ɕ] zeigen
pokój ‹-u› [pɔkuj] Frieden; Zimmer
pokwitowanie [pɔkfʲitɔvaɲɛ] Quittung
Polak [pɔlak] Pole
pole [pɔlɛ] Feld
polecać/polecić [pɔlɛt͡sat͡ɕ/pɔlɛt͡ɕit͡ɕ] empfehlen
polecić ➢ **polecać**
policzyć ➢ **liczyć**
Polka [pɔlka] Polin
Polska [pɔlska] Polen
polski [pɔlsci] polnisch
połowa [pɔwɔva] Hälfte
położyć ➢ **kłaść**
południe [pɔwudɲɛ] Mittag; Süden
pomagać/pomóc komuś [pɔmagat͡ɕ/pɔmut͡s kɔmuɕ] jdm helfen
pomimo [pɔmʲimɔ] trotz
pomoc *f* [pɔmɔt͡s] Hilfe
Pomorze [pɔmɔʒɛ] Pommern
pomóc komuś ➢ **pomagać komuś**
pomylić ➢ **mylić**
pomyłka [pɔmɨwka] Irrtum
pomysł ‹-u› [pɔmɨsw] Idee
ponad [pɔnat] über
ponieważ [pɔɲɛvaʃ] weil, da
poniżej [pɔɲiʒɛj] unter(halb)
popołudnie [pɔpɔwudɲɛ] Nachmittag
poprawiać/poprawić [pɔpravʲjat͡ɕ/pɔpravʲit͡ɕ] verbessern
pora roku [pɔra rɔku] Jahreszeit
poradzić ➢ **radzić**
poranek ‹-u› [pɔranɛk] Morgen
porozmawiać ➢ **rozmawiać**
porównać ➢ **porównywać**
porównywać/porównać [pɔruvnɨvat͡ɕ/pɔruvnat͡ɕ] vergleichen
portmonetka [pɔrtmɔnɛtka] Geldbeutel
posadzić ➢ **sadzać**
posiadacz [pɔɕadat͡ʃ] Besitzer
posiłek ‹-u› [pɔɕiwɛk] Mahlzeit
posłać ➢ **posyłać**
posprzątać ➢ **sprzątać**
postarać się ➢ **starać się**
postawić ➢ **stawiać**
postój ‹-u› [pɔstuj] Rast; *(Zug)* Aufenthalt
posyłać/posłać [pɔsɨwat͡ɕ/pɔswat͡ɕ] schicken
poszukać ➢ **szukać**
pośpieszny [pɔɕpʲɛʃnɨ] eilig
potem [pɔtɛm] danach, dann, nachher
potrawa [pɔtrava] *(Essen)* Gericht
potrzebować [pɔt͡ʃɛbɔvat͡ɕ] benötigen, brauchen
potwierdzać/potwierdzić [pɔtfʲɛrd͡zat͡ɕ/pɔtfʲɛrd͡ʑit͡ɕ] bestätigen
poważny [pɔvaʒnɨ] ernst
powąchać ➢ **wąchać**
powędrować ➢ **wędrować**
powiadamiać/powiadomić kogoś [pɔvʲjadamʲjat͡ɕ/pɔvʲjadɔmʲit͡ɕ kɔgɔɕ] jdn benachrichtigen, verständigen
powiedzieć [pɔvʲɛd͡ʑɛt͡ɕ] sagen
powietrze [pɔvʲɛtʃɛ] Luft
powinien *m*, **powinna** *f*, **powinno** *n* [pɔvʲiɲɛn, pɔvʲinna, pɔvʲinnɔ] er (sie, es) sollte
powitać ➢ **witać**
powodować/spowodować [pɔvɔdɔvat͡ɕ/spɔvɔdɔvat͡ɕ] verursachen
powoli [pɔvɔlʲi] *adv* langsam
powolny [pɔvɔlnɨ] *adj* langsam
powrót ‹-u› [pɔvrut] Rückfahrt, Rückkehr; **z powrotem** [s

pɔvrɔtɛm] zurück;
powtarzać/powtórzyć [pɔftaʒat͡ɕ/pɔftuʒɨt͡ɕ] wiederholen
poza [pɔza] außer, außerhalb; **poza tym** [pɔza tɨm] außerdem
poznać [pɔznat͡ɕ] kennen lernen
pozostać ➢ **pozostawać**
pozostawać/pozostać [pɔzɔstavat͡ɕ/pɔzɔstat͡ɕ] übrig bleiben
pozwalać/pozwolić [pɔzvalat͡ɕ/pɔzvolʲit͡ɕ] erlauben
pożar ‹-u› [pɔʒar] Brand
pożegnać się ➢ **żegnać się**
pożyczać/pożyczyć [pɔʒɨt͡ʃat͡ɕ/pɔʒɨt͡ʃɨt͡ɕ] leihen
pójść ➢ **iść**
pół [puw] halb
północ *f* [puwnɔt͡s] Mitternacht; Norden
praca [prat͡sa] Arbeit; **praca ręczna** [prat͡sa rɛnt͡ʃna] handgemacht
pracować [prat͡sɔvat͡ɕ] arbeiten
prać/uprać [prat͡ɕ/uprat͡ɕ] waschen
praktyczny [praktɨt͡ʃnɨ] praktisch, zweckmäßig
prawdopodobnie [pravdɔpɔdɔbɲɛ] *adv* wahrscheinlich
prawdopodobny [pravdɔpɔdɔbnɨ] *adj* wahrscheinlich
prawdziwy [pravd͡ʑivɨ] echt, wahr
prawidłowo [pravʲidwɔvɔ] *adv* richtig
prawidłowy [pravʲidwɔvɨ] richtig
prawie [pravʲɛ] beinahe, fast
prawo [pravɔ] Recht
prawy, prawa, prawe [pravɨ, prava, pravɛ] rechte(r, -s); **na/w prawo** [na/f pravɔ] rechts
prąd ‹-u› [prɔnt] *(elek)* Strom; *(Fluss)* Strömung
precz [prɛt͡ʃ] weg, fort
prezent ‹-u› [prɛzɛnt] Geschenk
problem ‹-u› [prɔblɛm] Problem
produkt ‹-u› [prɔdukt] Erzeugnis, Produkt
program ‹-u› [prɔgram] Programm
proponować/zaproponować [prɔpɔnɔvat͡ɕ/zaprɔpɔnɔvat͡ɕ] vorschlagen, anbieten, bieten
prosty [prɔstɨ] gerade; *(fig)* einfach; **po prostu** [pɔ prɔstu] *adv* einfach
proszę [prɔʃɛ̃] bitte; **proszę wejść!** [prɔʃɛ̃ vɛjɕt͡ɕ] herein!
prośba [prɔʑba] Bitte
prowadzić [prɔvad͡ʑit͡ɕ] *(jdm den Weg weisen, jdn leiten)* führen
prowizoryczny [prɔvʲizɔrɨt͡ʃnɨ] provisorisch
próbować/spróbować [prubɔvat͡ɕ/sprubɔvat͡ɕ] probieren, versuchen
prywatny [prɨvatnɨ] privat
przebiegły [pʃɛbʲjɛgwɨ] schlau
przebierać się/przebrać się [pʃɛbʲjɛrat͡ɕ/pʃɛbrat͡ɕ ɕɛ̃] s. umziehen
przebrać się ➢ **przebierać się**
przechadzka [pʃɛxat͡ska] Spaziergang
przechodzić/przejść [pʃɛxɔd͡ʑit͡ɕ/pʃɛjɕt͡ɕ] vorbeigehen, vorübergehen; **przejść na drugą stronę** [pʃɛjɕt͡ɕ na drugɔ̃ strɔnɛ̃] *(Straße)* überqueren
przechowywać/przechować [pʃɛxɔvɨvat͡ɕ/pʃɛxɔvat͡ɕ] aufbewahren
przeciętnie [pʃɛt͡ɕɛ̃tɲɛ] *adv* durchschnittlich
przeciętny [pʃɛt͡ɕɛ̃tnɨ] durchschnittlich, mittelmäßig, mäßig
przeciw [pʃɛt͡ɕif] gegen
przeciwieństwo [pʃɛt͡ɕivʲɛɲstfɔ] Gegenteil
przeciwnie [pʃɛt͡ɕivɲɛ] *adv* umgekehrt, dagegen
przeciwny [pʃɛt͡ɕivnɨ] umgekehrt, entgegengesetzt
przeciwstawny [pʃɛt͡ɕifstavnɨ] entgegengesetzt, widersprechend
przed [pʃɛt] vor; **przede wszystkim** [pʃɛdɛ fʃɨstcim] hauptsächlich, vor allem; **na przedzie** [na pʃɛd͡ʑɛ] vorn
przedłużać/przedłużyć [pʃɛdwuʒat͡ɕ/pʃɛdwuʒɨt͡ɕ] verlängern

przedmieście [pʃɛdmʲjɛɕt͡ɕɛ] Vorort
przedmiot ‹-u› [pʃɛdmʲɔt] Gegenstand
przedostatni, przedostatnia, przedostatnie [pʃɛdɔstatɲi, pʃɛdɔstatɲa, pʃɛdɔstatɲɛ] vorletzte(r, -s)
przedpołudnie [pʃɛtpɔwudɲɛ] Vormittag
przedstawiać/przedstawić [pʃɛtstavʲjat͡ɕ/pʃɛtstavʲit͡ɕ] vorstellen
przedstawienie [pʃɛtstavʲjɛɲɛ] *(im Theater)* Vorstellung
przedtem [pʃɛttɛm] vorher
przeegzaminować ➢ egzaminować
przegrywać/przegrać [pʃɛgrɨvat͡ɕ/pʃɛgrat͡ɕ] *(nicht gewinnen)* verlieren
przejazd ‹-u› [pʃɛjast] Durchfahrt, Durchreise
przejście [pʃɛjɕt͡ɕɛ] Durchgang; Übergang; **przejście podziemne** [pʃɛjɕt͡ɕɛ pɔdʑɛmnɛ] *(für Fußgänger)* Unterführung
przejść ➢ przechodzić
przekładać/przełożyć [pʃɛkwadat͡ɕ/pʃɛwɔʒɨt͡ɕ] *(Termin)* verschieben, verlegen; *(dolmetschen)* übersetzen
przekonywać/przekonać [pʃɛkɔnɨvat͡ɕ/pʃɛkɔnat͡ɕ] überzeugen
przeliczenie [pʃɛlʲit͡ʃɛɲɛ] Umrechnung
przeliczyć się [pʃɛlʲit͡ʃɨt͡ɕ ɕɛ̃] s. verrechnen
przełożyć ➢ przekładać
przenocować [pʃɛnɔt͡sɔvat͡ɕ] übernachten
przepis ‹-u› [pʃɛpʲis] Vorschrift
przepraszać/przeprosić [pʃɛpraʃat͡ɕ/pʃɛprɔɕit͡ɕ] um Verzeihung/Entschuldigung bitten; **przepraszam!** [pʃɛpraʃam] Entschuldigung!
przerywać/przerwać [pʃɛrɨvat͡ɕ/pʃɛrvat͡ɕ] unterbrechen, abbrechen
przesadny [pʃɛsadnɨ] übertrieben
przestać [pʃɛstat͡ɕ] aufhören
przestrzegać [pʃɛst͡ʃɛgat͡ɕ] beachten; bewachen
przesuwać/przesunąć [pʃɛsuvat͡ɕ/pʃɛsunɔ̃t͡ɕ] aufschieben, verschieben
przeszkadzać/przeszkodzić [pʃɛʃkad͡ʑat͡ɕ/pʃɛʃkɔd͡ʑit͡ɕ] hindern, stören
przeszkodzić ➢ przeszkadzać
przeszłość *f* [pʃɛʃwɔɕt͡ɕ] Vergangenheit
przetłumaczyć ➢ tłumaczyć
przewodnik [pʃɛvɔdɲik] *(Person, Buch)* (Reise-)Führer
przez [pʃɛs] *(räumlich, auch Mittel, Ursache)* durch, über
przybywać/przybyć [pʃɨbɨvat͡ɕ/pʃɨbɨt͡ɕ] eintreffen, ankommen
przychodzić/przyjść [pʃɨxɔd͡ʑit͡ɕ/pʃɨjɕt͡ɕ] kommen
przyglądać się/przyjrzeć się [pʃɨglɔndat͡ɕ ɕɛ̃/pʃɨjʒɛt͡ɕ ɕɛ̃] zuschauen, beobachten
przygotowywać/przygotować [pʃɨgɔtɔvɨvat͡ɕ/pʃɨgɔtɔvat͡ɕ] vorbereiten, zubereiten
przyjaciel [pʃɨjat͡ɕɛl] Freund
przyjaciółka [pʃɨjat͡ɕuwka] Freundin
przyjąć ➢ przyjmować
przyjemnie [pʃɨjɛmɲɛ] *adv* angenehm
przyjemność *f* [pʃɨjɛmnɔɕt͡ɕ] Vergnügen, Spaß
przyjęty [pʃɨjɛntɨ] gebräuchlich, üblich
przyjmować/przyjąć [pʃɨjmɔvat͡ɕ/pʃɨjɔ̃t͡ɕ] empfangen, annehmen
przyjrzeć się ➢ przyglądać się
przyjść ➢ przychodzić
przykład ‹-u› [pʃɨkwat] Beispiel; **na przykład** zum Beispiel
przykry [pʃɨkrɨ] unerfreulich; peinlich
przynajmniej [pʃɨnajmɲɛj] mindestens
przynosić/przynieść [pʃɨnɔɕit͡ɕ/

pʃɨɲɛɕt͡ɕ] *(etwas)* holen, mitbringen, (herbei)bringen
przypadkowo [pʃɨpatkɔvɔ] *adv* zufällig
przyprowadzać/przyprowadzić [pʃɨprɔvad͡zat͡ɕ/pʃɨprɔvad͡ʒit͡ɕ] *(jmdn)* mitbringen
przyszłość *f* [pʃɨʃwɔɕt͡ɕ] Zukunft; w **przyszłości** [f pʃɨʃwɔɕt͡ɕi] *adv* zukünftig
przyszły [pʃɨʃwɨ] zukünftig
przyzwyczajony [pʃɨzvɨt͡ʃajonɨ] gewohnt
psuć/zepsuć [psut͡ɕ/zɛpsut͡ɕ] kaputtmachen, beschädigen
pszczoła [pʃt͡ʃɔwa] Biene
ptak [ptak] Vogel
publiczność *f* [publ̦it͡ʃnɔɕt͡ɕ] Publikum
publiczny [publ̦it͡ʃnɨ] öffentlich
punkt ‹-u› [punkt] Punkt
punktualnie [punktualɲɛ] *adv* pünktlich
punktualny [punktualnɨ] pünktlich
pusty [pustɨ] leer
puszka [puʃka] Büchse, Dose
pytać/spytać [pɨtat͡ɕ/spɨtat͡ɕ] fragen
pytanie [pɨtaɲɛ] Frage

R

rabat ‹-u› [rabat] Rabatt
rachunek ‹-u› [raxunɛk] Rechnung
raczej [rat͡ʃɛj] eher, lieber, vielmehr
rada [rada] Rat, Tipp
radosny [radɔsnɨ] erfreulich
radość *f* [radɔɕt͡ɕ] Freude
radzić/poradzić [rad͡ʑit͡ɕ/pɔrad͡ʑit͡ɕ] raten
ranny *m*, **ranna** *f* [rannɨ/ranna] der/die Verletzte
rano [ranɔ] Morgen; *adv* (früh)morgens
ratunku! [ratunku] Hilfe!
raz [ras] Mal; einmal
razem [razɛm] gemeinsam, zusammen
regularnie [rɛgularɲɛ] *adv* regelmäßig
regularny [rɛgularnɨ] regelmäßig
rejestr ‹-u› [rɛjɛstr] Verzeichnis
reklamacja [rɛklamat͡sja] Beanstandung, Reklamation
reklamować/zareklamować [rɛklamɔvat͡ɕ/zarɛklamɔvat͡ɕ] reklamieren; *(Restaurant)* beanstanden; *(Radio)* werben
reperować/zreperować [rɛpɛrɔvat͡ɕ/zrɛpɛrɔvat͡ɕ] reparieren
rezerwować/zarezerwować [rɛzɛrvɔvat͡ɕ/zarɛzɛrvɔvat͡ɕ] reservieren; *(Urlaub)* buchen
robić/zrobić [rɔbit͡ɕ/zrɔb̦it͡ɕ] machen, tun
rocznie [rɔt͡ʃɲɛ] *adv* jährlich
rodzaj ‹-u› [rɔd͡zaj] Art, Sorte
rodzice [rɔd͡ʑit͡sɛ] Eltern
rodzimy [rɔd͡ʑimɨ] einheimisch
rodzina [rɔd͡ʑina] Familie
rok ‹-u› [rɔk] Jahr
roślina [rɔɕl̦ina] Pflanze
rozczarowany [rɔst͡ʃarɔvanɨ] enttäuscht
rozmawiać/porozmawiać [rɔzmav̦jat͡ɕ/pɔrɔzmav̦jat͡ɕ] reden, sprechen, s. unterhalten
rozmowa [rɔzmɔva] Gespräch, Unterhaltung
rozstrzygać/rozstrzygnąć [rɔst͡ʃɨgat͡ɕ/rɔst͡ʃɨgnɔ̃t͡ɕ] entscheiden
rozumieć/zrozumieć [rɔzum̦jɛt͡ɕ/zrɔzum̦jɛt͡ɕ] verstehen
róg ‹-u› [ruk] Ecke
równina [ruvɲina] Ebene
równoczesny [ruvnɔt͡ʃɛsnɨ] gleichzeitig
równy [ruvnɨ] flach, eben; gleich
różnica [ruʒɲit͡sa] Unterschied
ruch ‹-u› [rux] Bewegung; (Straßen-) Verkehr
ryba [rɨba] Fisch
ryczałt ‹-u› [rɨt͡ʃawt] Pauschale
ryzyko [rɨzɨkɔ] Risiko

rzadki [ʒatci] selten
rząd ‹-u› [ʒɔnt] Regierung; *(im Theater)* Reihe
rzecz [ʒɛt͡ʃ] Ding, Sache
rzeczywisty [ʒɛt͡ʃɨvʲistɨ] wirklich
rzeka [ʒɛka] Fluss, Strom
rzut ‹-u› [ʒut] Wurf; **rzut oka** [ʒut ɔka] Blick

S

sadzać/posadzić [sad͡zat͡ɕ/pɔsad͡ʑit͡ɕ] (hin)setzen
sam [sam] allein; selbst
samochód ‹-u› [samɔxut] Auto
samoobsługa [samɔɔpswuga] Selbstbedienung
samotny [samɔtnɨ] einsam
sądzić [sɔ̃d͡ʑit͡ɕ] beurteilen; glauben, meinen
sąsiad/ka [sɔ̃ɕat/ka] Nachbar/in
schody *pl* [sxɔdɨ] Treppe
seks ‹-u› [sɛks] Sex
sekunda [sɛkunda] Sekunde
sen ‹-u› [sɛn] Schlaf; Traum
sens ‹-u› [sɛns] Sinn
serdeczny [sɛrdɛt͡ʃnɨ] herzlich
sezon ‹-u› [sɛzɔn] Saison
siadać/usiąść [ɕadat͡ɕ/uɕɔ̃ɕt͡ɕ] s. (hin)setzen
siedzenie [ɕɛd͡zɛɲɛ] Sitz, Sitzplatz
siedzieć [ɕɛd͡ʑɛt͡ɕ] sitzen
sięgać/sięgnąć [ɕɛ̃gat͡ɕ/ɕɛ̃gnɔɲt͡ɕ] greifen; reichen
silny [ɕilnɨ] kräftig, stark
siła [ɕiwa] Kraft, Stärke
siostra [ɕɔstra] Schwester
skała [skawa] Fels(en)
skarżyć się [skarʒɨt͡ɕ ɕɛ̃] s. beklagen; s. beschweren (*na* über)
składać/złożyć [skwadat͡ɕ/zwɔʒɨt͡ɕ] zusammenlegen, -setzen; **składać się z (czegoś)** [skwadat͡ɕ ɕɛ̃ s t͡ʃɛgɔɕ] bestehen aus
składnik [skwadɲik] Bestandteil
skontrolować ➢ **kontrolować**
skóra [skura] Haut; Fell, Leder
skrót ‹-u› [skrut] Abkürzung
słaby [swabɨ] schwach
sławny [swavnɨ] berühmt
słodki [swɔtci] süß
słowo [swɔvɔ] Wort
słuchać [swuxat͡ɕ] zuhören
słyszeć [swɨʃɛt͡ɕ] hören
smak ‹-u› [smak] Geschmack
smakować [smakɔvat͡ɕ] schmecken
smutny [smutnɨ] traurig
spacer ‹-u› [spat͡sɛr] Spaziergang
spać [spat͡ɕ] schlafen
spadać/spaść [spadat͡ɕ/spaɕt͡ɕ] fallen, stürzen
spadzisty [spad͡ʑistɨ] steil
spaść ➢ **spadać**
specjaln-a/y/e [spɛt͡sjaln-a/ɨ/ɛ] besondere(r, -s), Sonder ...
specjalnie [spɛt͡sjalɲɛ] *adv* besonders; speziell
spędzać/spędzić [spɛnd͡zat͡ɕ/spɛɲd͡ʑit͡ɕ] verbringen
spis ‹-u› [spʲis] Verzeichnis
spocić się ➢ **pocić się**
spojrzenie [spɔjʒɛɲɛ] Blick
spokojny [spɔkɔjnɨ] ruhig, still
spotkanie [spɔtkaɲɛ] Treffen, Verabredung
spotykać/spotkać [spɔtɨkat͡ɕ/spɔtkat͡ɕ] begegnen, treffen
spowodować ➢ **powodować**
spóźniać się/spóźnić się [spuʑɲat͡ɕ ɕɛ̃/spuʑɲit͡ɕ ɕɛ̃] s. verspäten
spragniony [spragɲɔnɨ] durstig
sprawa [sprava] Angelegenheit, Sache
sprawdzać/sprawdzić [spravd͡zat͡ɕ/spravd͡ʒit͡ɕ] nachprüfen
sprawiać/sprawić [spravʲjat͡ɕ/spravʲit͡ɕ] bewirken, verursachen
spróbować ➢ **próbować**
sprzątać/posprzątać [spʃɔntat͡ɕ/pɔspʃɔntat͡ɕ] aufräumen, putzen
sprzedawać/sprzedać [spʃɛdavat͡ɕ/spʃɛdat͡ɕ] verkaufen
stać [stat͡ɕ] stehen; **stać się** [stat͡ɕ ɕɛ̃] passieren, s. ereignen

stanąć ➢ **stawać**
starać się/postarać się [staratɕ ɕɛ̃/pɔstaratɕ ɕɛ̃] s. bemühen; besorgen
stary [starɨ] alt
stawać/stanąć [stavatɕ/stanɔɲtɕ] stehen bleiben
stawiać/postawić [stav̦iatɕ/pɔstav̦itɕ] (auf-, hin)stellen
stolica [stɔl̦itsa] Hauptstadt
stop! [stɔp] halt!
stół ‹-u› [stuw] Tisch
strach ‹-u› [strax] Angst, Furcht
straszny [straʃnɨ] fürchterlich, schrecklich
straż [straʃ] Wache; **straż pożarna** [straʃ pɔʒarna] Feuerwehr
stromy [strɔmɨ] steil
strona [strɔna] Seite
strój ‹-u› [struj] Tracht
studiować [stud̦jɔvatɕ] studieren
suchy [suxɨ] trocken
suma [suma] Betrag, Summe
surogat ‹-u› [surɔgat] Ersatz
sygnał ‹-u› [sɨgnaw] Signal
sympatyczny [sɨmpatɨtʃnɨ] sympathisch
syn [sɨn] Sohn
syty [sɨtɨ] satt
szczególnie [ʃtʃɛgulɲɛ] *adv* besonders
szczęśliwy [ʃtʃɛ̃ɕl̦ivɨ] glücklich
szczupły [ʃtʃupwɨ] dünn, schmal, schlank
szef [ʃɛf] Chef
szeroki [ʃɛrɔci] breit
szkoda [ʃkɔda] Schaden; **szkoda!** schade!
szkodliwy [ʃkɔdl̦ivɨ] schädlich
szkoła [ʃkɔwa] Schule
szmer ‹-u› [ʃmɛr] Geräusch
sztuka [ʃtuka] Stück; Kunst
szukać/poszukać [ʃukatɕ/pɔʃukatɕ] suchen
Szwajcar/ka [ʃfajtsar/ka] Schweizer/in
Szwajcaria [ʃfajtsar̦ja] Schweiz
szybki [ʃɨpci] rasch, schnell
szybkość *f* [ʃɨpkɔɕtɕ] Geschwindigkeit, Schnelligkeit
szyld ‹-u› [ʃɨlt] (Hinweis-)Schild

Ś

ściana [ɕtɕana] Wand
ścieżka [ɕtɕɛʃka] Gasse; Pfad
śmiać się [ɕm̦atɕ ɕɛ̃] lachen
śmieci *pl* [ɕm̦ɛtɕi] Abfall, Müll
śmierć *f* [ɕm̦jɛrtɕ] Tod
śmierdzieć [ɕm̦jɛrdʑɛtɕ] stinken
śmieszny [ɕm̦ɛʃnɨ] lächerlich; lustig
śpieszyć się [ɕp̦ɛʃɨtɕ ɕɛ̃] s. beeilen; es eilig haben
śpiew ‹-u› [ɕp̦ɛf] Gesang
śpiewać/zaśpiewać [ɕp̦jɛvatɕ/zaɕp̦jɛvatɕ] singen
środek [ɕrɔdɛk] Mitte; Mittel
środowisko [srɔdɔv̦iskɔ] Umwelt
świat [ɕf̦jat] Welt
światło [ɕv̦atwɔ] Licht
świeży [ɕf̦ɛʒɨ] frisch
święto [ɕv̦ɛntɔ] Feiertag, Fest
święty [ɕv̦ɛntɨ] heilig

T

ta [ta] diese
tak [tak] ja; so
taki [taci] solch einer, solcher; *(vor Adjektiv)* so; **taki sam** [taci sam] identisch, gleich
talon ‹-u› [talɔn] Gutschein
tam [tam] dort, da; dorthin
tamten (tamta, tamto) [tamtɛn (tamta, tamtɔ)] jene(r, -s)
tani [taɲi] billig
taniec [taɲɛts] Tanz
tankować/zatankować [tankɔvatɕ/zatankɔvatɕ] tanken
targi [tarɟi] *pl* (Handels-)Messe
targować się [targɔvatɕ ɕɛ̃] feilschen
telefonować/zatelefonować [tɛlɛfɔnɔvatɕ/zatɛlɛfɔnɔvatɕ] telefonieren, anrufen

temat ‹-u› [tɛmat] Thema, Gegenstand
ten [tɛn] der, dieser
teraz [tɛras] jetzt, nun
też [tɛʃ] auch
tłumaczyć/przetłumaczyć [twumat͡ʃɨt͡ɕ/pʃɛtwumat͡ʃɨt͡ɕ] übersetzen
tłusty [twustɨ] fett
to [tɔ] das, dieses; **to samo** [tɔ samɔ] dasselbe
tobie [tɔbʲɛ] dir
towarzyszyć [tɔvaʒɨʃɨt͡ɕ] begleiten
trafiać/trafić [trafʲjat͡ɕ/trafʲit͡ɕ] treffen
trasa [trasa] Route; *(Bahn~)* Strecke
trawnik [travɲik] Rasen
trochę [trɔxɛ̃] ein bisschen
troszczyć się o [trɔʃt͡ʃɨt͡ɕ ɕɛ̃ ɔ] s. kümmern um; sorgen für
troszeczkę [trɔʃɛt͡ʃkɛ̃] ein bisschen
trucizna [trut͡ɕizna] Gift
trud ‹-u› [trut] Mühe; **z trudem** [s trudɛm] kaum
trudny [trudnɨ] schwer, schwierig
trujący [trujɔnt͡sɨ] giftig
trwać [trvat͡ɕ] dauern
trwanie [trvaɲɛ] Dauer
trzymać [tʃɨmat͡ɕ] halten
tu [tu] hier, da
tunel ‹-u› [tunɛl] Tunnel; Unterführung
turysta/turystka [turɨsta/turɨstka] Tourist/in
tutaj [tutaj] hier, da; hierher
tutejszy [tutɛjʃɨ] einheimisch
twardy [tfardɨ] hart
twierdzić [tfʲɛrdʑit͡ɕ] behaupten
twój/twoja/twoje [tfuj/tfɔja/tfɔjɛ] dein(e)
ty [tɨ] du
tydzień [tɨd͡ʑɛɲ] Woche
tygodniowo [tɨgɔdɲɔvɔ] *adv* wöchentlich
tygodniowy [tɨgɔdɲɔvɨ] wöchentlich
tylko [tɨlkɔ] nur, bloß, lediglich
typowy [tɨpɔvɨ] typisch

U

ubezpieczenie [ubɛspʲjɛt͡ʃɛɲɛ] Versicherung
ubierać/ubrać [ubʲɛrat͡ɕ/ubrat͡ɕ] *(Kleidung)* anziehen
ubrać ➢ **ubierać**
uciążliwy [ut͡ɕɔ̃ʒlʲivɨ] lästig
ucieszony (z) [ut͡ɕɛʃɔnɨ (z)] erfreut (über)
uczucie [ut͡ʃut͡ɕɛ] Gefühl
uczyć [ut͡ʃɨt͡ɕ] lehren, unterrichten; uczyć się [ut͡ʃɨt͡ɕ ɕɛ̃] lernen
uderzać/uderzyć [udɛʒat͡ɕ/udɛʒɨt͡ɕ] schlagen
uderzyć ➢ **uderzać**
ujście [ujɕt͡ɕɛ] Mündung
ukąsić ➢ **kąsić**
układ ‹-u› [ukwat] Vertrag
ukłuć ➢ **kłuć**
ukraść ➢ **kraść**
ulepszać/ulepszyć [ulɛpʃat͡ɕ/ulɛpʃɨt͡ɕ] verbessern
ulica [ulʲit͡sa] Straße
ulubieniec [ulubʲɛɲɛt͡s] Liebling
umarły [umarwɨ] tot
umawiać (się)/umówić (się) [umavʲjat͡ɕ (ɕɛ̃)/umuvʲit͡ɕ (ɕɛ̃)] vereinbaren; s. verabreden
umieć [umʲɛt͡ɕ] *(gelernt haben)* können
umierać/umrzeć [umʲjɛrat͡ɕ/umʒɛt͡ɕ] sterben
umowa [umɔva] Verabredung; Vertrag
umówić (się) ➢ **umawiać (się)**
umrzeć ➢ **umierać**
upadać/upaść [upadat͡ɕ/upaɕt͡ɕ] (hin)fallen, stürzen
upaść ➢ **upadać**
upić się [upit͡ɕ ɕɛ̃] s. betrinken
upierać się/uprzeć się [upʲɛrat͡ɕ ɕɛ̃/upʃɛt͡ɕ ɕɛ̃] bestehen auf
upoważnienie [upɔvaʒɲɛɲɛ] Vollmacht
uprać ➢ **prać**
uprzeć się ➢ **upierać się**
uprzejmość *f* [upʃɛjmɔɕt͡ɕ] Höflichkeit; Gefälligkeit

uprzejmy [upʃɛjmɨ] höflich, freundlich; liebenswürdig
uregulować ➢ **regulować**
urlop ‹-u› [urlɔp] Urlaub
urodziny *pl* [urɔd͡ʑinɨ] Geburtstag
urząd ‹-u› [uʒɔnt] Amt, Behörde
usiąść ➢ **siadać**
uspokajać się/uspokoić się [uspɔkajat͡ɕ ɕɛ̃/uspɔkɔit͡ɕ ɕɛ̃] s. beruhigen
uszkadzać/uszkodzić [uʃkad͡zat͡ɕ/uʃkɔd͡ʑit͡ɕ] beschädigen
uszkodzenie [uʃkɔd͡zɛɲɛ] Beschädigung, Schaden
uszkodzić ➢ **uszkadzać**
utarty [utartɨ] gebräuchlich
utrzymać ➢ **utrzymywać**
uwaga! [uvaga] Achtung!
uważać [uvaʒat͡ɕ] aufpassen (*na* auf); beachten
uwierzyć ➢ **wierzyć**
uzgadniać/uzgodnić [uzgadɲat͡ɕ/uzgɔdɲit͡ɕ] vereinbaren, ausmachen
użycie [uʒɨt͡ɕɛ] Anwendung, Gebrauch, Verwendung; Verbrauch
użyć ➢ **używać**
używać/użyć [uʒɨvat͡ɕ/uʒɨt͡ɕ] anwenden, benutzen, gebrauchen, verwenden; verbrauchen

W

w [v] + *loc (Frage: wo?)* in
wahać się/zawahać się [vaxat͡ɕ ɕɛ̃/zavaxat͡ɕ ɕɛ̃] zögern
wakacje [vakat͡sjɛ] Ferien
wam [vam] *dat* euch
wartość *f* [vartɔɕt͡ɕ] Wert
warunek ‹-u› [varunɛk] Bedingung
was [vas] *acc* euch
wasz(a, e) [vaʃ(a, ɛ)] euer, eure
wat [vat] *(elek)* Watt
ważny [vaʒnɨ] wichtig; gültig
ważyć [vaʒɨt͡ɕ] wiegen
wąchać/powąchać [vɔ̃xat͡ɕ/pɔvɔ̃xat͡ɕ] riechen
wąski [vɔ̃sci] schmal
wchodzić/wejść [fxɔd͡ʑit͡ɕ/vɛjɕt͡ɕ] hineingehen, eintreten; hereinkommen
wcześniej [ft͡ʃɛɕɲɛj] *adv* früher, eher
według [vɛdwuk] gemäß, nach
wejście [vɛjɕt͡ɕɛ] Eingang; Eintritt
wejść ➢ **wchodzić**
wesele [vɛsɛlɛ] Hochzeit
wesoły [vɛsɔwɨ] froh, heiter, fröhlich, lustig
wetknąć ➢ **wtykać**
wewnątrz [vɛvnɔ̃t͡ʃ] drinnen, innen
wezwać ➢ **wzywać**
wędrować/powędrować [vɛndrɔvat͡ɕ/pɔvɛndrɔvat͡ɕ] wandern
wiadomość *f* [vˌadɔmɔɕt͡ɕ] Botschaft, Mitteilung, Nachricht
wiara [vˌara] Glaube
widoczność *f* [vˌidɔt͡ʃnɔɕt͡ɕ] Sicht
widok ‹-u› [vˌidɔk] (Aus-)Sicht; Blick
widzieć/zobaczyć [vˌid͡ʑɛt͡ɕ/zɔbat͡ʃɨt͡ɕ] sehen
wieczór ‹-u› [vˌɛt͡ʃur] Abend
wiedzieć [vˌjɛd͡ʑɛt͡ɕ] wissen
wiek ‹-u› [vˌɛk] Alter; Jahrhundert
wielki [vˌɛlci] groß
wielkość *f* [vˌɛlkɔɕt͡ɕ] Größe, Maß
wierzyć/uwierzyć [vˌɛʒɨt͡ɕ/uvˌɛʒɨt͡ɕ] glauben
wieś *f* [vˌɛɕ] Dorf
więc [vˌɛ̃t͡s] *(interj)* also, nun
więcej [vˌɛnt͡sɛj] mehr
wilgotny [vˌilgɔtnɨ] feucht; nass
wina [vˌina] Schuld
winda [vˌinda] Fahrstuhl
witać/po- [vˌitat͡ɕ/pɔ-] begrüßen
wizyta [vˌizɨta] Besuch; *(Arzt)* Termin
wkładać/włożyć [fkwadat͡ɕ/vwɔʒɨt͡ɕ] hineinlegen; *(Mühe, Arbeit, Zeit)* verwenden
wkrótce [fkrut͡tsɛ] bald, demnächst
własny [vwasnɨ] eigen
właściciel [vwaɕt͡ɕit͡ɕɛl] Besitzer, Eigentümer
właściwość *f* [vwaɕt͡ɕivɔɕt͡ɕ] Eigenschaft
włączać/włączyć [vwɔ̃t͡ʃat͡ɕ/

vwɔ̃t͡ʃɨt͡ɕ] einschalten
włączyć ➢ włączać
włożyć ➢ wkładać
wnuk/wnuczka [vnuk/vnut͡ʃka] Enkel/in
woda [vɔda] Wasser
woleć [vɔlɛt͡ɕ] etwas lieber mögen/tun, vorziehen
wolny [vɔlnɨ] frei
wolt [vɔlt] Volt
wołać/zawołać [vɔwat͡ɕ/zavɔwat͡ɕ] rufen
wprost [fprɔst] *adv* direkt; **wprost przeciwnie** [fprɔst pʃɛt͡ɕivɲɛ] im Gegenteil
wracać/wrócić [vrat͡sat͡ɕ/vrut͡ɕit͡ɕ] zurückkehren, wiederkommen
wrażenie [vraʒɛɲɛ] Eindruck
wrócić ➢ wracać
wschód ‹-u› [fsxut] Osten
wspaniały [fspaɲawɨ] großartig, herrlich
wspólnie [fspulɲɛ] *adv* gemeinsam
wspólny [fspulnɨ] gemeinsam
wstawać/wstać [fstavat͡ɕ/fstat͡ɕ] aufstehen
wstecz [fstɛt͡ʃ] rückwärts
wstęp ‹-u› [fstɛmp] Eintritt
wszędzie [fʃɛɲd͡ʑɛ] überall
wszyscy [fʃɨst͡sɨ] alle
wszystko [fʃɨstkɔ] alles
wściekły [fɕt͡ɕɛkwɨ] wütend, zornig
wtedy [ftɛdɨ] damals; dann
wtykać/wetknąć [ftɨkat͡ɕ/vɛtknɔɲt͡ɕ] (hin)einstecken
wy [vɨ] *pers prn* ihr
wybierać/wybrać [vɨb,jɛrat͡ɕ/vɨbrat͡ɕ] (aus)wählen
wybrać ➢ wybierać
wybrzeże [vɨbʒɛʒɛ] Küste, Ufer
wychodzić/wyjść [vɨxɔd͡ʑit͡ɕ/vɨjɕt͡ɕ] hinausgehen, ausgehen; **wyjść za mąż** [vɨjɕt͡ɕ za mɔ̃ʃ] *(von Frau)* heiraten
wycieczka [vɨt͡ɕɛt͡ʃka] Ausflug, Tour; *(fam)* Reisegesellschaft
wycieńczony [vɨt͡ɕɛɲt͡ʃonɨ] erschöpft
wydać ➢ wydawać
wydarzenie [vɨdaʒɛɲɛ] Ereignis
wydatki *pl* [vɨdatci] Ausgaben, Unkosten
wydawać/wydać [vɨdavat͡ɕ/vɨdat͡ɕ] *(Geld)* (her)ausgeben
wydział komunikacji [vɨd͡ʑaw kɔmuɲikat͡sji] Verkehrsamt
wygodny [vɨgɔdnɨ] bequem
wyjeżdżać/wyjechać [vɨjɛʒd͡ʒat͡ɕ/vɨjɛxat͡ɕ] verreisen; ausreisen
wyjście [vɨjɕt͡ɕɛ] Ausgang
wyjść ➢ wychodzić
wykształcenie [vɨkʃtawt͡ʃɛɲɛ] Ausbildung
wykwintny [vɨkv,intnɨ] vornehm, fein
wymawiać/wymówić [vɨmav,at͡ɕ/vɨmuv,it͡ɕ] aussprechen
wymieniać/wymienić [vɨm,ɛɲat͡ɕ/vɨm,ɛɲit͡ɕ] (um-, aus-, ein)tauschen; *(Geld)* wechseln
wymówić ➢ wymawiać
wymyślać/zwymyślać [vɨmɨɕlat͡ɕ/zvɨmɨɕlat͡ɕ] schimpfen
wynajmować/wynająć [vɨnajmɔvat͡ɕ/vɨnajɔnt͡ɕ] mieten, vermieten
wynik ‹-u› [vɨɲik] Ergebnis
wypadek ‹-u› [vɨpadɛk] Unfall; **mieć wypadek** [m,jɛt͡ɕ vɨpadɛk] verunglücken
wypocząć ➢ wypoczywać
wypoczywać/wypocząć [vɨpɔt͡ʃɨvat͡ɕ/vɨpɔt͡ʃɔ̃t͡ɕ] s. erholen, s. ausruhen
wypożyczać/wypożyczyć [vɨpɔʒɨt͡ʃat͡ɕ/vɨpɔʒɨt͡ʃɨt͡ɕ] ausleihen; *(Auto etc)* vermieten
wyprzedaż *f* [vɨpʃɛdaʃ] Ausverkauf
wyprzedzać/wyprzedzić [vɨpʃɛd͡zat͡ɕ/vɨpʃɛd͡ʑit͡ɕ] überholen
wyraźnie [vɨraʑɲɛ] *adv* deutlich
wyraźny [vɨraʑnɨ] ausdrücklich; deutlich, klar
wyrażenie [vɨraʒɛɲɛ] Ausdruck
wysiłek ‹-u› [vɨɕiwɛk] Anstrengung,

Mühe
wysoki [vɨsɔci] hoch
wysokość *f* [vɨsɔkɔɕt͡ɕ] Höhe
wyspa [vɨspa] Insel
wystarczać/wystarczyć [vɨstart͡ʃat͡ɕ/vɨstart͡ʃɨt͡ɕ] genügen, reichen
wystawa [vɨstava] Ausstellung; Schaufenster
wyszukać [vɨʃukat͡ɕ] aussuchen
wywieszka [vɨv,jɛʃka] Schild
wyzywać [vɨzɨvatɕ] schimpfen
wzbronione! [vzbrɔɲɔnɛ] verboten!
wzgórze [vzguʒɛ] Hügel
wziąć ➢ **brać**
wzywać/wezwać [vzɨvat͡ɕ/vɛzvat͡ɕ] auffordern

Z

z, ze [z, zɛ] + *instr* mit; + *gen* *(Richtung, Material)* aus
za [za] hinter; pro; *(mit adj)* zu
zaakceptować ➢ **akceptować**
zabawa [zabava] *(Tätigkeit)* Spiel; Vergnügen, Unterhaltung
zabezpieczenie [zabɛsp,jɛt͡ʃɛɲɛ] Sicherung
zabierać/zabrać [zab,jɛrat͡ɕ/zabrat͡ɕ] wegnehmen; **zabierać ze sobą/zabrać ze sobą** [zab,ɛrat͡ɕ zɛ sɔbɔ̃/zabrat͡ɕ zɛ sɔbɔ̃] mitnehmen
zabłąkać się [zabwɔŋkat͡ɕ ɕɛ̃] s. verirren
zabrać ➢ **zabierać**
zabraniać/zabronić [zabraɲat͡ɕ/zabrɔɲit͡ɕ] verbieten
zachodni [zaxɔdɲi] westlich
zachód ‹-u› [zaxut] Westen
zachwycający [zaxfɨt͡sajɔ̃t͡sɨ] entzückend
zachwycony (kimś, czymś) [zaxfɨt͡sɔnɨ (cimɕ, t͡ʃɨmɕ)] begeistert (von)
zacząć ➢ **zaczynać**
zaczepiać [zat͡ʃɛp,at͡ɕ] belästigen
zaczynać/zacząć [zat͡ʃɨnat͡ɕ/zat͡ʃɔ̃t͡ɕ] beginnen, anfangen
zadowolony [zadɔvolɔnɨ] zufrieden, froh
zadzwonić ➢ **dzwonić**
zagranica [zagraɲit͡sa] Ausland
zagraniczny [zagraɲit͡ʃnɨ] ausländisch
zajęty [zajɛntɨ] besetzt
zakaz ‹-u› [zakaz] Verbot, Sperre
zakład [zakwat] Firma; Wette
zakonnica [zakɔɲit͡sa] Nonne
zakwaterowanie [zakfaterɔvaɲɛ] Unterkunft
zaledwie [zalɛdv,ɛ] kaum
załatwiać/załatwić [zawatv,at͡ɕ/zawatv,it͡ɕ] erledigen; regeln
zamek ‹-u› [zamɛk] *(an Tür; Bau)* Schloss
zamężna [zamɛ̃ʒna] *(Frau)* verheiratet
zamiast [zam,iast] anstatt, statt
zamieniać/zamienić [zam,jɛɲat͡ɕ/zam,jɛɲɨt͡ɕ] tauschen, vertauschen; verwechseln
zamierzać [zam,ɛʒat͡ɕ] beabsichtigen
zamknąć ➢ **zamykać**
zamknięty [zamkɲɛ̃tɨ] geschlossen
zamykać/zamknąć [zamɨkat͡ɕ/zamknɔ̃t͡ɕ] (ab)schließen, zumachen; einschließen
zanim [zaɲim] bevor
zanotować ➢ **notować**
zaopatrywać/zaopatrzeć [zaɔpatrɨvat͡ɕ/zaɔpat͡ʃɛt͡ɕ] versorgen (*w* mit)
zapach ‹-u› [zapax] Geruch
zapakować ➢ **pakować**
zapałka [zapawka] Streichholz
zaparkować ➢ **parkować**
zapisywać/zapisać [zap,isɨvat͡ɕ/zap,isat͡ɕ] aufschreiben, notieren
zapłacić ➢ **płacić**
zapobiegać/zapobiec [zapɔb,jɛgat͡ɕ/zapɔb,jɛt͡s] verhindern
zapominać/zapomnieć [zapɔm,inat͡ɕ/zapɔmɲɛt͡ɕ] vergessen

zapoznać kogoś z kimś [zapɔznat͡ɕ kɔgɔɕ s cimɕ] jdn mit jdm bekannt machen
zapraszać/zaprosić [zapraʃat͡ɕ/ zaprɔɕit͡ɕ] einladen
zaproponować ➢ **proponować**
zaprosić ➢ **zapraszać**
zaprotestować ➢ **protestować**
zaraz [zaras] gleich, sofort
zareklamować ➢ **reklamować**
zarezerwować ➢ **rezerwować**
zaskoczony [zaskɔt͡ʃɔnɨ] überrascht
zastaw ‹-u› [zastaf] Pfand
zastępować/zastąpić [zastɛmpɔvat͡ɕ/zastɔmpˌit͡ɕ] vertreten, ersetzen
zaśpiewać ➢ **śpiewać**
zaświadczać/zaświadczyć [zaɕfˌatt͡ʃat͡ɕ/zaɕfˌatt͡ʃɨt͡ɕ] bescheinigen
zatankować ➢ **tankować**
zatelefonować ➢ **telefonować**
zatoka [zatɔka] Bucht
zatrzymywać/zatrzymać [zat͡ʃɨmɨvat͡ɕ/zat͡ʃɨmat͡ɕ] behalten; anhalten; **zatrzymywać się/zatrzymać się** [zat͡ʃɨmɨvat͡ɕ ɕɛ̃/zat͡ʃɨmatɕ ɕɛ̃] stehen bleiben, halten
zaufanie [zaufaɲɛ] Vertrauen
zauważać/zauważyć [zauvaʒat͡ɕ/ zauvaʒɨt͡ɕ] (be)merken
zawahać się ➢ **wahać się**
zawiadamiać/zawiadomić [zavˌadamˌat͡ɕ/zavˌadɔmˌit͡ɕ] benachrichtigen
zawieść się ➢ **zawodzić się**
zawodzić się/zawieść się [zavɔd͡ʑit͡ɕ ɕɛ̃/zavˌjɛɕt͡ɕ ɕɛ̃] s. täuschen
zawołać ➢ **wołać**
zawód ‹-u› [zavut] Beruf
zawracać/zawrócić [zavrat͡sat͡ɕ/ zavrut͡ɕit͡ɕ] umkehren; *(Auto)* wenden
zawsze [zafʃɛ] immer
zażądać ➢ **żądać**
zbadać ➢ **badać**
zbłądzić [zbwɔɲd͡ʑit͡ɕ] s. verirren
zdanie [zdaɲɛ] Ansicht, Meinung; Satz
zdarzać się/zdarzyć się [zdaʒat͡ɕ ɕɛ̃/zdaʒɨt͡ɕ ɕɛ̃] s. ereignen, geschehen
zderzenie [zdɛʒɛɲɛ] Zusammenstoß
zdjęcie [zdˌɛɲt͡ɕɛ] Aufnahme, Bild, Foto
zdrowy [zdrɔvɨ] gesund
zdziwiony [zd͡ʑivˌjɔnɨ] überrascht
zepsuć ➢ **psuć**
zepsuty [zɛpsutɨ] defekt, kaputt; *(Essen)* verdorben
zewnątrz [zɛvnɔ̃t͡ʃ] außen
zezwalać/zezwolić [zɛzvalat͡ɕ/ zɛzvɔlˌit͡ɕ] genehmigen, einwilligen
zezwolenie [zɛzvɔlɛɲɛ] Erlaubnis
zezwolić ➢ **zezwalać**
zgadzać się/zgodzić się [zgad͡zat͡ɕ ɕɛ̃/zgɔd͡ʑit͡ɕ ɕɛ̃] zustimmen; stimmen
zgniły [zgɲiwɨ] *(Obst)* faul
zgodzić się ➢ **zgadzać się**
zgubić ➢ **gubić**
ziemia [ʑ'ɛmˌa] Boden, Erde
zimny [ʑimnɨ] kalt
złapać ➢ **łapać**
złościć się (na + *acc*) [zwɔɕt͡ɕit͡ɕ ɕɛ̃ (na)] s. ärgern (über)
złożyć ➢ **składać**
zły [zwɨ] böse, schlecht, schlimm
zmartwienie [zmartvˌɛɲɛ] Kummer, Sorge
zmęczony [zmɛ̃t͡ʃonɨ] müde, erschöpft
zmiana [zmˌjana] Veränderung, Wechsel
zmuszać/zmusić [zmuʃat͡ɕ/ zmuɕit͡ɕ] zwingen
znaczenie [znat͡ʃɛɲɛ] Bedeutung, Sinn
znaczyć [znat͡ʃɨt͡ɕ] bedeuten
znać [znat͡ɕ] kennen
znajdować/znaleźć [znajdɔvat͡ɕ/ znalɛɕt͡ɕ] finden; **znajdować się/ znaleźć się** [znajdɔvat͡ɕ ɕɛ̃/znalɛɕt͡ɕ ɕɛ̃] s. befinden
znajoma ➢ **znajomy**

znajomy/a [znajɔmɨ/a] der/die Bekannte
znak ‹-u› [znak] Zeichen
znakomity [znakɔmˌitɨ] ausgezeichnet
znaleźć ➢ **znajdować**
znany [znanɨ] bekannt
znieść ➢ **znosić**
znikać/zniknąć [zɲikat͡ɕ/zɲiknɔɲt͡ɕ] verschwinden
zniszczyć ➢ **niszczyć**
zniżka [zɲiʃka] Ermäßigung
znosić/znieść [znɔɕit͡ɕ/zɲɛɕt͡ɕ] ertragen, erdulden; vertragen
znowu [znɔvu] wieder
znów [znuf] wieder
zobaczyć ➢ **widzieć**
zostać [zɔstat͡ɕ] bleiben; *(zur Bildung des Passivs)* werden
zreperować ➢ **reperować**
zrobić ➢ **robić**
zrozpaczony [zrɔspat͡ʃɔnɨ] *(Person)* verzweifelt
zrozumieć ➢ **rozumieć**
zwariowany [zvarˌjɔvanɨ] verrückt
zwiedzać/zwiedzić [zvˌɛd͡zat͡ɕ/zvˌɛd͡ʑit͡ɕ] besichtigen
zwierzę [zwˌjɛʒɛ̃] Tier
zwracać/zwrócić [zvrat͡sat͡ɕ/zvrut͡ɕit͡ɕ] zurückgeben; *(Kosten)* erstatten, ersetzen
zwrócić ➢ **zwracać**
zwyczajny [zvɨt͡ʃajnɨ] gewöhnlich
zwykle [zvɨklɛ] normalerweise
zwykły [zvɨkwɨ] üblich
zwymyślać ➢ **wymyślać**
zysk ‹-u› [zɨsk] Gewinn

Ź

źle [ʑlɛ] *adv* schlecht, schlimm

Ż

żaden, żadna, żadne [ʒadɛn, ʒadna, ʒadnɛ] keine(r, s)
żałować [ʒawɔvat͡ɕ] bedauern
żart ‹-u› [ʒart] Scherz, Spaß, Witz
żądać/zażądać [ʒɔndat͡ɕ/zaʒɔndat͡ɕ] verlangen, fordern
że [ʒɛ] dass
żeby [ʒɛbɨ] damit, dass
żegnać się/pożegnać się [ʒɛgnat͡ɕ ɕɛ̃/pɔʒɛgnat͡ɕ ɕɛ̃] s. verabschieden, Abschied nehmen
żenić się/ożenić się [ʒɛɲit͡ɕ ɕɛ̃/ɔʒɛɲit͡ɕ ɕɛ̃] *(von Mann)* heiraten
żeński [ʒɛɲsci] weiblich
żniwo [ʒɲivɔ] Ernte
żona [ʒɔna] Ehefrau
żonaty [zɔnatɨ] *(Mann)* verheiratet
życie [ʒɨt͡ɕɛ] Leben
życzenie [ʒɨt͡ʃɛɲɛ] Wunsch
życzyć [zɨt͡ʃɨt͡ɕ] wünschen
żyć [ʒɨt͡ɕ] leben
żywy [ʒivɨ] lebend; lebhaft